奋斗者笔记

我的小企业365天经营打拼日记

（美）保罗·唐斯◎著

张超斌◎译

Boss Life

Surviving My Own Small Business

化学工业出版社
·北京·

Boss Life, 1st edition by Paul Downs

ISBN 978-0-39917-233-5

Copyright © 2015 by Paul Downs. All rights reserved.

Authorized translation from the English language edition published by Blue Rider Press.

本书中文简体字版由 Blue Rider Press 授权化学工业出版社独家出版发行。

本版本仅限在中国内地（不包括中国台湾地区和香港、澳门特别行政区）销售，不得销往中国以外的其他地区。未经许可，不得以任何方式复制或抄袭本书的任何部分，违者必究。

北京市版权局著作权合同登记号：01-2018-5729

图书在版编目（CIP）数据

奋斗者笔记：我的小企业 365 天经营打拼日记 /
（美）保罗·唐斯（Paul Downs）著；张超斌译 . —北京：化学工业出版社，2018.10
书名原文：Boss Life: Surviving My Own Small Business
ISBN 978-7-122-32763-5

Ⅰ.①奋⋯　Ⅱ.①保⋯　②张⋯　Ⅲ.①中小企业－企业经营管理　Ⅳ.① F276.3

中国版本图书馆 CIP 数据核字（2018）第 171819 号

责任编辑：王冬军　张　盼　　　　　装帧设计：水玉银文化
责任校对：边　涛

出版发行：化学工业出版社（北京市东城区青年湖南街 13 号　邮政编码 100011）
印　　装：三河市双峰印刷装订有限公司
710mm×1000mm　1/16　印张 16　字数 242 千字　2018 年 11 月北京第 1 版第 1 次印刷

购书咨询：010-64518888　　　　售后服务：010-64518899
网　　址：http://www.cip.com.cn
凡购买本书，如有缺损质量问题，本社销售中心负责调换。

定　　价：42.00 元　　　　　　　　　　　　版权所有　违者必究

谨以此书献给我的母亲
您看到了开头，却没能看到结尾

Boss Life: Surviving My Own Small Business

　　1986 年，我成立了一家定制家具的小公司，自此当上了小老板。那时候我刚走出大学校门，一点经验都没有。此后，公司成了我生活的全部、学习的源泉和奋斗的动力。

　　公司刚起步那会儿，我没有经商经验，也没有导师指点，只想着做点东西，享受其中的乐趣。我发现自己很有设计产品和推广销售的天赋，公司业绩节节攀升。1987 年，我聘用了第一位职员，不久之后，我觉得管理、现金流、税务以及商业运营的其他细节都有些超出我的能力范畴。随着全球化的实现，网络带来了新的竞争和机遇，公司发展起起伏伏，然后在 2008 年遭遇了破坏性的经济危机，不过我们撑了过去，甚至当年还盈利颇丰。我只是个幸存者，并未实现商业上的成就。

　　2010 年，我有幸获邀在《纽约时报》的"我是老板"博客分享自己的经历。我经常投稿，利用这个平台写写大型强权机构——尤其是健康保险和信用卡行业——对生意人的残酷。不过，专栏文章都是以我自己的公司为中心的。

　　我决定以我作为商人的不足为主题，讲述个人经历中的艰难之处。与前合伙人的争端、应对现金流和不满意的客户、解雇职员、适应迅速变化的经济环境，这些都已经写过了。

　　许多读者写信给我，讲述了他们自己的奋斗历程，感谢我公开自己的诸多失败。由此看来，谦虚认真地思考小公司的命运是件稀罕事，但我觉得博客有太多限制，一些错综复杂而又敏感的事件不得不过度简化或直接省略。

本书将深度挖掘我的"老板"历程，描述现实中的公司、公司经营者、在公司工作的职员以及我们共同面对的挑战。希望本书能激发读者更好地理解影响小公司经营者行为的因素，再深入一步，则是阐释作为经济重要构成的小公司如何运作。那些从来没有创造工作岗位的人常常对"岗位创造者"喋喋不休；政客制定规则，却很少遵从；职员不理解经营者的行为动机，却牢骚满腹；胸怀壮志的创业者没有弄清楚即将面临的挑战，就敢豪迈地赌上自己的未来。这些人都需要了解公司管理的另一面，本书就是为他们准备的。

书中某些人和客户的名字稍有更改，我尽力还原当时的对话。话虽如此，书中的事件确实发生过。如果书中的描述有冒犯之处，我在此事先表示歉意。

　　如果本书是一本标准的商业书籍，我会把为了实现商业成就所做的成功决策写出来，再列举几个失败案例，以示谦逊。可惜我并非商业天才，也没有敌国之富，我的经历没有大而不当的结论，结局也谈不上皆大欢喜，所以本书将会与众不同。

　　我想给读者讲讲公司在 2012 年的遭遇。那时候我们正努力再现前一年的成就，年初一路高歌猛进，之后销量急转直下。大部分客户对我们的产品表示满意，有些客户则挑三拣四，给我们造成了巨大损失。我的员工兢兢业业，但也有几个惹来了严重麻烦。赚来的钱又赔进去，然后再赚回来。与此同时，我还要顾及错综复杂的家庭事务。这就是现实生活，这就是小公司命运兴衰的真实写照，这就是身为老板所要面对的不确定性和挑战。

　　本书所指的"老板"是哪一类人？一般来说，老板是管理其他人的人，但这也涵盖了大公司里的中层管理者，而我所说的是公司归其所有并负责运营的人——职员少于 20 人的小公司老板。职员近 3000 万人的 700 多万个美国公司都属于这个范畴。这些老板自主决策，管理所有员工，盈亏自负。所有问题直达他们，他们要提出解决方案，弄明白如何应对，然后再执行方案。身为老板，必然要加班、努力工作，承受无穷无尽的压力。

　　这些老板每天都要担负多种职责：管理员工、管理资金、应付各种机构、跟房东讨价还价，各种事务不胜枚举。稍微大点的公司，资源也比较多，可以雇人或设立单独部门来做这些工作，但小公司腾不出足够的资金，无论老板有没有受过相关方面的训练，或者有没有意愿去做，这些重担都会落到他的肩上。一着不慎，公司就会或快或慢地倒闭；若做得好，上述工作又要周而复始。如果危机突现，比如现金短缺，或者设备故障，或者个人出现了问题，就需要投入更多的精力。即便公司侥幸渡过难关，也难保前途一帆风顺，只会重蹈以往的辛苦和压力。

但这并不是说当老板永远这么累。制定确保成功运营的流程，就像破解错综复杂的谜题。公司运转良好，拿出客户认可的产品或服务，会给人带来极大的满足感。没有什么能比客户满意、欣然付款更令人兴奋的了。大多数员工努力做好工作，大多数人都很好相处，保证员工薪水源源不断就是一项真正的成就。公司能让老板和员工同时获得安全感和发展空间，它可以逐步扩张，进入全球市场，甚至持续盈利。老板可以享受每一次微小的成功所带来的喜悦，并且在整个职业生涯中，无论他们所做的事是否带来财富，都是其引以为傲的资本。

任何一行的生意都具有双重性：存在无数不完美的现实版本和老板创业时的理想版本——一切按照预想发展，钞票到手，收入稳定可观，甚至钱多得不得了。

用金钱来衡量成就，这是一项难以逾越的标准。即便公司善于制造产品，员工管理完善，精于应对客户需求，但如果不能盈利，就算不上成功。

在回顾以往的同时，我会集中阐释四个主题：第一个主题是销售，主要是我这家小公司如何与多样化的客户打交道，如各种机构和个人。第二个主题是运营，主要是公司如何制造产品、如何管理员工，以及如何将生产车间从 19 世纪的过时模式转变成 21 世纪的现代模式。这个转变过程极度繁琐，我们所找到的（或者未能找到的）解决方案对整个经济都将有启发。第三个主题是资金，主要描述现金流或资金短缺如何影响我的决策。最后一部分则会描述我如何行使老板决策权，在老板职责和为人父、为人夫的职责之间取得平衡。本书的细节是我的公司和我的个人生活所特有的，希望我的人生教训能对诸位有益。

BOSS LIFE 目　录
Surviving My Own Small Business

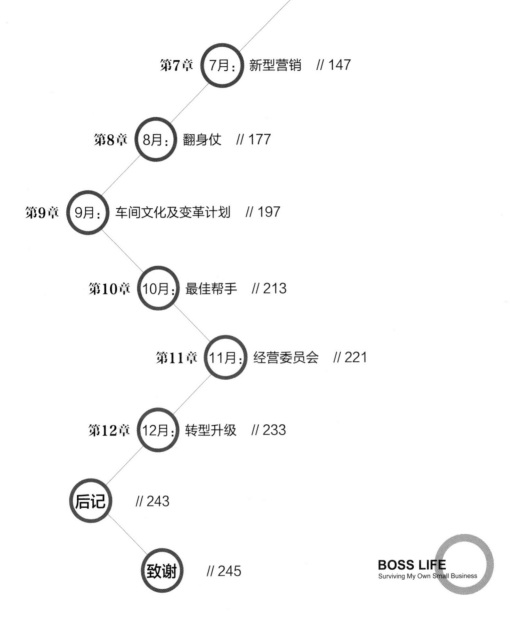

BOSS LIFE
Surviving My Own Small Business

第 1 章

1月：从零开始

日期:

2012 年 1 月 2 日，星期一

初始银行余额:

$137154.32

相对于年初现金差额 (现金净额):

$0

年初至今新合同金额:

$0

1月2日上午9点，宾夕法尼亚州布里奇波特一家旧工厂的四楼，定制会议室办公桌生产商保罗·唐斯家具公司在此召开会议，拉开了第26个年头的帷幕。我站在一张破旧不堪的办公桌前——这是2008年纽约一家银行大裁员时退还公司的库存，13名员工昏昏欲睡，坐着等我开口。

每周的这个时间，我们如期召开会议，议程通常包括回顾是否实现月度和年度销售目标，讨论正在进行的项目以及汇报现金余额。这些我随后都会讲到，不过首先要给大家一个惊喜：好消息！ 2011年完美收官，库存现金量创下新高，全部订单足够我们大干两个月了！我满怀信心地宣布：我们终于成功了！公司终于不再只造办公桌，它还能"造"大把的钱。

两年前，也就是2010年年初，我还没有现在这样的信心。十年来，由于我领导无方，加之持续两年的严重经济萧条，公司濒临破产，员工人数由23人减少到6人，银行账户上仅剩16239美元——只够维持三天运营。小公司的存亡依赖现金，现金就像燃料，要用于租房、采购、投放广告和发放工资。如果没

有现金，店铺、设备、网站、训练有素的员工和设计目录等都将闲置，公司就会倒闭。

我迫切需要手头有现金的客户。要是能多卖出去点产品，就柳暗花明又一村了——这是没能耐的老板永恒的渴望。对我而言，这真是再应景不过了。2008 年以前，我的现金管理非常糟糕。随后，全世界滑入经济大萧条的深渊，买家都销声匿迹了。我和生意伙伴为了怎么利用手头现金而争吵不休，结果某天晚上，他带着我们的现金付清了所有银行欠款。一夜之间，我手里的 10.5 万美元花出去 8.8 万。我立刻裁员一半。订单越来越少，员工士气低落，10 万美元账单到期未付，我扪心自问：还有多久会关门大吉？ QuickBooks 财务软件给不了我答案，于是我自己做了一份银行资金流向数据表，把能想到的所有收入和支出都计入其中。我可以更改交易日期，看看推迟或提前付款是否会影响银行余额。只要余额不低于 0，生意就还能维持下去。数据表成了我查看现金状况的新方法。不幸的是，数据表说明我将在三周后破产。

2009 年哀鸿遍野，我也差点儿没挺过来。客户的生意照常运转或扩大规模的时候，就会购买我们的定制会议室办公桌。2008 年年底，我们还跟进经济危机之前启动的几个项目，但销量很快大幅下跌。但凡能揽来的业务，我照单全收，但我不得不把剩余的 11 名员工再裁掉 5 名。我把所有员工的薪酬降低了 15%，自己的年薪则降至 3.6 万美元。我手上的现金很少能留存一周。思考是否要关闭公司给我造成无穷压力，我常常胸闷气短，彻夜无眠，但始终没有放弃。我盘算收支，付清供应商款项，总算撑到了下一年。2010 年如期而至，但丝毫放松不得——1 月的每一天都在担心现金耗尽。不过进入 2 月份，买家开始下订单。到了 2010 年 3 月，订单稳步增加，我得以把所有人的薪资调回之前的水平，并且重新聘用了一些被解雇的员工。到了 2010 年年末，员工增至 10 人，银行存款达到了 106777 美元。

好形势持续到了 2011 年，员工人数再次增加，业务完成量也有所提高。到了 2011 年年末，一个大订单给我们带来了大额报酬，银行余额飙升至 303834 美元，我给员工和自己发放了总计 166680 美元的年终奖。我当时非常开心。我挺过了大萧条最惨的阶段，学会了管理现金流。三年时间里，我从几乎破产走到相对稳定，付清了大堆供应商欠款，对2012年公司业绩进一步增长满怀期待。

三年的艰难困苦和劫后重生可以通过金钱一词得到充分反映吗？这些数字是否真正体现我所承受的压力、员工对工作的敬畏和债主对我能否偿还债务的质疑？当然不能，但这些数据是衡量生意成败的客观标准。各行各业归根结底都避不开"钱"这个字眼，而且数据是不会撒谎的。

再说回那次会议。当天我手里有137154美元，但其他数字都要重新调整，询价、销售、利润都要归零。每年都要从头开始，我会担心这一次订购电话不再响起，订单不再来，我的现金会枯竭。我不相信我们为了增加销量所采取的措施会突然失效，但我曾经历过艰难时期，很难再对未来抱有希望。

开支也从0开始计算，但每一分钟都在增长。房租、电费和设备租赁费用一刻不停。工资和物料费用在员工开始工作之时就要开始计算。这些都是压死骆驼的一根根稻草。公司运营——包括15名员工的薪酬和我个人像样的工资——每天要耗费大约9000美元。

我们通过两种方式来平衡开支：拿下新订单和发货。一般付款条件是下订单付一半，发货前再支付35%，到货10天内结清剩下的15%。如果生产和销售稳定，每周都会收到大量付款。我们的目标是收大于支，但生产每一张办公桌都要耗费巨额成本，所以即便生产车间一切顺利，大多数现金仍被用于支付房租、物料、工资及其他费用。我们的计划是略有盈余，在一年内稳步积累，实现"正向现金流"。

你可能会觉得正向现金流和利润是一码事。其实不是。在不产生利润的条件下，公司仍然可以有正向现金流；反之，在不产生正向现金流的条件下，公司仍然可以有利润。这是为什么？对于制造商来说，利润是描述特定情境的专业术语：产品价值超出特定时间内所消耗的成本。"销售"的含义也不像你所想的那样。按照其会计学定义，当成品交付给客户时，才会形成销售，这适用于与我的公司相似的工厂。客户签署报价单，然后再支付大额定金，这不是销售。在会计看来，客户只是借给我们一些现金，而我们要通过交付办公桌成品来偿还。到货之后，定金和发运前所支付的款项才变成我们的钱，办公桌的价值才以销售形式计入损益表，任何未偿付款项则列入资产，虽然它们并没有在我们手上，没办法用来平衡开支。

没有正向现金流也可以获得利润：我们可能生产并运送了办公桌，支付了生产费用，但没有收到客户付款。如果成本在特定时间内低于已交付的产品的价值，即便我们没有收到付款，也仍然算作利润。若手头现金短缺，就无法购买物料、支付员工薪酬，公司运营终将停止。此故事的寓意：拿到钱才是真理，否则利润无从谈起。

没有获得利润也会存在正向现金流？假设我们签了一大堆订单，就会骤然增加许多定金。在此期间，工厂可能运营不善，制造产品的成本可能超出所交付的产品的价值。我们获得了现金，但并没有获得利润。如果一家公司善于营销，但产品管理较差，就很容易出现这种情况。我曾用这种方式管理公司很多年，发展的速度仅仅略高于衰退，新客户的钱弥补了为老客户生产家具所产生的损失，人人都得到了他们订购的产品，但销售停滞导致了现金短缺，我只能自掏腰包维持开支。

获得现金还有第三种办法：借。无论哪种途径获得的收入都会计入现金流计算。借钱的麻烦在于最终需要偿还。如果能找到一个心甘情愿给你钱的傻瓜，那就不用还了。在本人的公司里，我就是那个傻瓜。每当自掏腰包弥补现金短缺（常有的事），我就是在借钱给公司。我总是计划着立刻偿还，可惜让我麻烦缠身的差劲管理，使我无法获得足够的利润来偿还自己。26 年以来，我借给公司508774 美元，只收回 121676 美元，还欠 387098 美元。我是坐拥 50 万来维持公司运营的富翁吗？不是。以工资名义支付给我的钱又变成借款回去了，这个过程循环往复，而且很不明智，因为经历这个过程的每一元钱在通过公司账户流出的时候都要被征收工资税。

我的目标是随时保证正向现金流，可惜事与愿违。各项支出都有固定时段：

月初交房租，隔一周的星期二付工资，信用卡偿还日期有两个，还要持续不断地采购物料及其他物品。进账的不稳定性更加严重，有时候会收到大量现金，有时候则分文不入。这就是我要保证合理的银行余额的原因：现金流为负的日子，依然有保障。年初的137154美元是15天的流动资金，可以支付账单和工资，也可以用于可能提高业务的项目，比如增加广告或添加新设备。但若按照保守估计，每天支出9000美元，我还有三周时间来思考资金停止流入之后该怎么办。

我早已知道该怎么做：签新合同，把成品运出去。2012年的幸运数字是200000，这是月度新订单和运送成品的目标——每月能产生稳定的20万美元现金流。如果每日成本是9000美元，工作日为250天，那么本年度会有15万美元的正向现金流。

卖出去20万美元的产品，运出去20万美元的成品，这就意味着我们要制造许多办公桌。这个任务可不轻，大大超出了我们任何一个人的能力。在小型家具生产车间里，每名员工达到12万美元销售额属于优良，达到15万美元属于优秀。我的14名员工要达到240万美元销售额的目标，也就是说接下来的一年中每人要达到171428美元销售额，所以我们要提高效率。

为了实现这个目标，我们该怎么做？你可能会想到让每一名员工都参与生产，去切割木头。然而，制作办公桌只是公司流程的一个步骤。制造业的公司必须具备6个主要环节，才能生存下来：产品设计、市场营销、生产制造、物流、售后服务和管理。产品设计既指概念方面，即我决定制造家具，又指个人方面，即我们生产的每一张办公桌的具体设计。市场营销是推介自己的产品，把客户吸引过来。市场营销涵盖了销售。生产制造是指产品的实际制造过程，其中包括工厂布局、物料采购、聘用并管理员工以及设计形成成品的工艺流程。物流是把成品交付给客户的过程：包装、运输和安装。售后服务可能被当作营销或生产的一种形式，但我把它看作一个独立环节。它涉及应对客户问题，通过环节链逐步反馈，提高团体的整体能力。管理是监督其他所有环节，涉及记账、会计、应对政府法律法规和人力资源管理。

需要注意的是，这 6 个环节不仅有着线性的联系，还通过反馈循环相辅相成。例如，产品设计必须考虑潜在客户的预期（市场营销）、工厂的生产能力（生产制造）、运送与交付的问题（物流）和现实世界中出现的问题（售后服务）。改变某个环节的性质和地位会影响整个流程。

公司完全可以撤掉其中任意一个环节，交由其他人做。这种方式叫做"外包"，它往往是合乎逻辑的，即如果你不擅长某个环节，那么雇一个擅长的人来做。其中，寻找管理环节服务供应商要花费大量金钱和时间，并且会严重妨碍有效的反馈循环，其优点是可以获取内部难以培养的专业人才。还需要注意的是，如果公司规模特别小，一个人就可以承担所有职责，尤其是创业之初，老板很可能要负责所有环节，如此一来，反馈循环就会迅捷而频繁，甚至可能根本不会被注意到。这种情况有利也有弊，取决于反馈循环是否造成了行为变化。

这里要提一下兴趣爱好与真正的生意之间的区别。许多人认为，从兴趣爱好转向生意很容易，但这种看法低估了 6 个环节的难度。业余爱好者只需做到其中两个环节：产品设计和生产制造。市场营销可有可无，因为客户就是业余爱好者自身。物流是个问题，但通常微不足道，因为产品的生产地点十分接近其使用地点。售后服务很好办——没有购买方，业余爱好者的回应取决于其当时的心情。管理可以忽略。做业余爱好者比做生意简单太多了！需要面对的问题少之又少，几乎所有时间和工作都用于做有趣的事情。

我常常面对这样的挑战利用小公司有限的资源来合理地执行 6 个环节。1986 年，我萌生了做家具的想法，但没有一点经验。出于需要，我首先学习了产品设计和生产制造，一个人边实践边自学。我最终学会了执行 6 个环节，其中有些刚刚够做好这门生意。生产制造是新员工进入公司的途径。新员工先要上生产线，之后其中一些人会调到其他岗位。

2012 年年初，公司有 13 名全职员工、1 名兼职会计和 1 名临时工。办公室里有 6 个人：我自己；埃玛·沃森，行政管理；丹·司默龙和尼克·罗思曼，与我一起构成销售队伍；安迪·斯塔尔，设计师；帕姆·波特，会计。生产车间有 9 个人：车间领班史蒂夫·马图林，罗恩·戴德里克担任副手；肖恩·斯洛温斯基、泰勒·鲍威尔、威尔·克里格和爱德华多·洛佩斯，木匠；戴夫·福华里，喷漆工；鲍勃·富特，运输经理；杰西·莫雷诺，临时工。

除了埃玛和杰西之外，所有员工都在公司工作多年。木工都有一种深入骨髓的平静和自信，做东西又好又快。最好的木匠有"点木成金"的特质：话不多，工作高效且保证质量。他们心中明白如何将错综复杂的项目分解成独立的步骤，产品出现问题时能扭转乾坤，而且不断冲击最终目标。以我的经验来看，这种天赋十分鲜见。与此同时，每个文化里都有这样的基因。无论哪一个行业，总有些人拥有化腐朽为神奇的能力。完成伟大作品陈列博物馆的工匠只是少数，大多数人只能做出平凡的物品，这些物品在满足需求之后就被弃置。我们的产品就属于这一类，我们就属于这样的工匠：不为名，不为利。有机会做出好东西，这本身就是一种满足。

用木材制作物品是一个积累的过程，上一步做好才能进行下一步。许多环节都可能出现问题：木头太难处理；机器出现故障；设计或生产出现失误。失之毫厘，谬以千里，哪怕是稍微偏离规范，都会在整个生产过程中逐步积累。与此同时，客户则期望我们拿出销售人员所推介的产品，工匠不能随意更改设计。

考虑到应对小错误和偶尔出现的大故障的必要性，我的员工极度重视可预测性。他们是执行专家，其特殊技能是了解物料的特性、设备的运行状况，精确执行生产制造工艺。他们要求每一个步骤都精益求精。他们深知，即便产品出了问题要返工，公司也只能收取一次费用。所以无论何种类型的创新，比如新设计、新物料、新设备或新工艺，他们都持质疑态度。"新"通常意味着"不可靠"，所以他们从内心里持保守态度。

可惜的是，新的市场营销方法、新技术和新的竞争对手层出不穷。买家会选择从物美价廉的公司进行采购，我们必须不断创新，不断寻找更好的做事办法，否则会自绝门路。所以我面临的最大挑战是如何在非创新人士构成的公司里保持创新意识。

在2010年形成周一例会制度之前，我从来没有跟员工进行过任何正式的经常性沟通交流。23 年以来，我倾向于每天多次巡视车间来了解进程。公司的车间很庞大，主车间面积超过 2 万平方英尺 ①。车间里声音嘈杂，堆满了各种机械、工作台、木料和半成品。车间里的 6 个员工通常相隔甚远，导致跟一个人说的话不一定能传达给所有人，我自以为已经解决的问题总是在另一个地方重现。我最后才想明白，每周在一个安静的地方聚聚将事半功倍，周一例会便应运而生。

我通常以收到的新订单数量打开话匣，然后回顾现金状况——上周收入多少，支出多少，本周又会收入多少，支出多少——并对比年初的现金余额，预测本周期末现金状况，这个数据我称之为"现金净额"。我会询问员工是否存在生产制造问题：机器出了故障、实验性技术不好用等等。我向他们表明，进行讨论的目的在于解决问题，而不是要惩罚谁。讨论时要严谨客观，不能扎堆聊天。这个持续 15 ～ 20 分钟的会议是我每周的固定工作之一，那么我平常都忙什么呢？答案是销售。

销售是市场营销的一个分支，但对于公司的成功至关重要。这个步骤把我们与 6 个环节的重要组成部分——客户联结起来。产品设计决定了我们为客户生产何种产品；市场营销告诉客户可以买到什么样的产品；生产制造环节是制造客户定制的产品；物流环节是将成品运送给客户；管理环节确保客户的订单得到准确理解，准确制造；售后服务环节应对客户的任何投诉。客户就是上帝，客户决定一切。客户作为每一单交易的另一个终端，其要求和需求指引着公司运营的每一个环节。

公司刚设立时，我没有任何销售经验。单单是跟潜在客户会面就够难为我了，更不要说敲定交易了。既然机遇不等人，我制定了一项沿用至今的策略：认真聆听，判断客户需求，然后设计符合其需求的产品。通过这种方式，公司避免了产品设计制造与客户需求脱节的问题。只是早期客户的产品需求多种多样，他们所预期的专门化生产能力是公司所不具备的。为此我转变了策略：设计能够在我的小作坊里制造的产品，然后按照客户需求进行更改，后来变更的设计可

---

① 1 英尺 = 12 英寸 = 0.3048 米。1 平方英尺 = 144 平方英寸≈ 0.093 平方米。——编者注

以作为新产品的基础。我要根据客户需求并借助他们支付的金钱，逐步丰富产品目录。

没想到，我竟然具备实施上述策略的品质和设计技能。（这不是理所当然的，许多好工匠都不会设计或销售。）如今的工具丰富多样——数字摄影、网站、廉价的建模软件和电子邮件——为我这样的小公司提供了低成本表达途径，我们可以激发客户签下大额支票所需的信心。然而，公司设立之初，这些工具都还没有诞生。那时候竟然有人从我这里购买产品，我至今都惊奇不已。很庆幸，正因为他们，才有了今时今日的我。

最初几年，所有环节都由我自己把控，雇了第一批员工之后，我转而主抓产品设计、市场营销和销售。1992年，我彻底从生产制造中抽身而出。当时的公司规模还很小，但在稳定发展。幸运的是，一些能提高生产力的工具开始面世。我不再用铅笔绘图，并在1997年用上了计算机。1999年，我开始接触电子邮件和数字摄影。2000年，我推出了公司的第一个网站。2003年，客户开始通过谷歌搜索找到我们。到了2004年，通过谷歌广告关键词竞价推广，公司的市场营销范围急剧扩张。2006年，公司开始使用3D建模软件SketchUp，向潜在客户精确展示产品设计。所有这些工具都有助于提高销售效率，从而带来可观的销量增长。截至2007年，我是公司唯一的销售员。在2007年和2008年两年间，我聘用了一位外部销售员，主要负责纽约的市场。他尽职尽责，直到2008年秋季，那边的生意无人问津。之后，他辞职，我又做了两年销售。

销售会占用大量时间：实地考察；拟写计划；签单；把控工厂生产制造，确保产品符合要求。每一次交易都极度个性化，具有巨大的商业价值。2011年我们的平均订单金额超过了1.3万美元。

为了提高效率，我设计了一套标准工作流程：分析客户情况，发送一份详细的计划书，其中包括办公桌图纸和断面图、虚拟设计模型、报价。这个办法收效显著，节奏张弛有度，与制造家具如出一辙：明确的流程可以分解成独立且可重复的步骤来执行。

我可以在 3 个小时内拟订一份简单的计划书，复杂的业务则可能要花费数天时间。我认为，若能迅速交付一份全面的计划书，可以让客户深刻感受到公司的定制设计和生产能力。这个办法似乎的确有效。若我们的提议最符合客户预期，他们就会下订单；反之则不会下订单。我总是忙于处理询价单，很少有时间查看已发送的计划书的进度。

2010 年年初，经过两年的低迷期，询价的客户迅速增多。我迫切地想签单，所以无论希望多么渺茫，只要有人询价，我都会在 24 小时内发送一份几乎完美的计划书。那些日子我长时间加班，最后得了腕管综合征。订单越来越多，可腕部疼痛难忍，我再也没办法应对每一通来电。2010 年 5 月，我决定冒险一次：把车间的一个员工调到办公室，帮我处理销售事务。我当时想，公司外的人很难理解我们的生产模式，只能从内部提拔。

这个决定很可能出大岔子。抽调车间熟练工就意味着降低生产能力，现金流和利润会大滑坡，调来的新人需要磨合，所以在一段时间里，我们送出的计划书和敲定的单子会减少；到了最后，这个举措可能会以失败告终，差劲的销售技巧可能导致公司失去好客户，我就只能把气馁的员工重新调回车间。但我不能再做孤军奋战的销售员了——这有害健康！

我心里有了合适的人选。尼克·罗思曼在这里工作 11 年，技术娴熟，常常提出改善流程的好点子。他活力十足，待人和善。对于有木匠天赋的人来说，这是很不寻常的：大多数木匠不善言辞，沉默寡言。尼克帮忙运用过一些软件，所以我知道他会用计算机。他还曾经跟我说过，他会竭尽全力帮助公司，也想在公司里更上一层楼。2010 年 5 月，我向尼克宣布："你晋职销售员了。"我没想过这次职位变动会如何影响他对工作和自身的看法。当工匠是一码事，做销售员则是另一码事。那时我才知道，他所期望的岗位是设计，而且对销售的看法既负面又老套：销售员个个油嘴滑舌，蛊惑人心，把人们辛辛苦苦挣来的钱骗进自己的口袋。他并不认为我通过销售挣来的钱是公司资金的唯一来源，他的每一分薪酬也不是因为销售才有的。尽管心怀疑虑，尼克仍旧同意调任。接下来，我需要考虑如何教他销售流程。当时办公区里只有两个人——设计师安迪·斯塔尔和我。

办公区十分宽敞：6000 平方英尺，中间分出一块，靠窗还有另外 9 间小办公室。地面距离天花板 14 英尺，管道暴露在外。这里不像电视上那样光鲜夺目，而是老旧不堪，肮脏混乱，夏暖冬凉。墙是毛坯墙，光秃秃的混凝土地面上沾满了我们在 2007 年扯掉那个恶心的地毯时留下的胶水污痕。

安迪和我选定了房间两端带窗的办公室，私密性得到了保障，但不利于我俩和公司其他员工沟通交流。办公区位于工厂的一端，车间的工作台离这里差不多有 300 英尺。我很早就觉得这种布局会导致效率低下和沟通不畅，但没有采取相应措施。现在我开始反思这个问题。那要不要让尼克自己选一间办公室？考虑到他需要学习的东西大多比较细碎，例如怎么跟客户谈话，怎么立刻提供设计反馈，我决定，让他进我的办公室，坐在我旁边——这样最利于他学习。

20 多年来，我一直独占一间办公室，我清楚地意识到要失去自由了。不能再大声放音乐；天气炎热的时候，我喜欢光着膀子，头上绑一块湿手绢；天气寒冷的时候，我会裹上几条毯子；有时候，我会充满挫败感地大声号叫，或者坐在那里盯着窗外；我放着一把空气枪，欧掠鸟飞进车间，我就拿枪打它们，员工回家之后，我就在主车间练靶子；困了累了，我就躺下打个盹。

如今，尼克就坐在离我 3 英尺的地方。后来，我发现多个伴挺好。我每天殚精竭虑做销售，公司其他员工却没有看到。我常常想，我这么呕心沥血，"观众"怎么就漠不关心呢？我觉得这是因为员工认为工资是理所应得的，那些钱都是魔法变出来的。现在好了，尼克可以亲眼看到我所做的一切。自打公司成立以来，我第一次向员工讲述公司与外界打交道的各种方法。我把自己关于设计和销售的知识倾囊相授，我们俩均乐在其中。

尼克是一个好学生——兴趣盎然，富有热情，勇于提问，能够理解新知识，再提出改进。但我惊讶地发现他有阅读障碍。这丝毫不会妨碍车间工作，但对于销售这一行则是不可小觑的问题。

书面沟通是销售流程的重要步骤。有些工作通过电话就能完成，但大多数后续工作要用到电子邮件。我写作很在行，尼克却不行。我开始把每一份邮件都抄送给他，让他熟悉我的行文风格。他剪切粘贴，组成了常见问题答案库，终于大有提高。

经过三个月的手把手培训后，我才让他自己开发客户，过了一个月，他签下了第一个订单。熟悉了销售之后，他的业绩逐步稳定。他善于通过电话与客户沟通。他学会了使用所有软件和拟写吸引眼球的计划书。他意识到销售并不是坑蒙拐骗，客户购买我们的产品完全出于自愿。他将车间经验融入销售，转变成为一名充满想象力的设计者，提出了许多我未曾想到的好主意。

到了 2011 年春季，尼克和我的销售量基本持平，我开始考虑再雇一个销售员。一手签单一手拿钱让人心情愉悦，可做了 25 年销售，我身心俱疲。我想从销售岗位抽身，集中精力通过其他途径改善公司。

只是这次不能再从车间调人，因为其他员工都不是合适的销售候选人。有一天，我突然接到可能解决这个问题的人打来的电话。丹·斯莫林在科罗拉多州的工厂工作多年，一步步从车间工人晋升到了管理层。当时他正准备搬到费城，想离妻子的家人近点。他四处打电话，寻找项目经理岗位。在工程行业里，项目经理通常要负责产品制造、交付和剩余工作收尾。丹虽不是销售员，却习惯于跟客户打交道。他具备工厂职员常见的性格特征——镇静、谨慎和称职。

我核对了丹的个人信息，并在几周后对他进行面试。我告诉他，我需要一个同时能够参与设计的销售员。他说，这个挑战颇有些趣味，可以一试。

聘用丹的办法符合我这些年来一直遵守的模式——只要有能力胜任这个岗位，哪怕是第一个来面试的，也要接受。我特别喜欢自告奋勇、毛遂自荐的人。几个优秀员工，包括尼克、设计师安迪·斯塔尔、运输经理鲍勃·富特，都是这么来的。我觉得发布招聘启事太费事，整个流程都得亲自操作：写招聘启事、发布启事、接电话、读简历、筛选简历、面试和做出最终决策。其中，现代科技减轻了一部分负担，特别是拟写和发布招聘启事这一块，但其他环节没办法实现自动化，而且占用太多时间。

另外，无论哪种行业，简历和面试并不能真实反映应聘者的技能水平。好工匠往往不善表达。我没办法通过面试深入了解应聘者的能力好坏。让应聘者在车间试用也有诸多难题。车间工人都忙得不可开交，谁会花几天时间培养一个新人？新人能做哪方面的工作？我不愿让新手员工去插手客户掏钱买的东西，也不能让员工承担受伤的风险，或者因为操作员经验不足而导致机器损坏。我的解决办法就是挑一个候选人，确定聘用，做最好的打算。可以预见的是，这个办法不太好用。不仅最初的决定是在冒险，后续的事情会更糟糕。

公司没有制定针对新人的培训程序。车间领班史蒂夫·马图林负责新人入职培训。作为工匠，他无可挑剔，但在沟通交流方面，他实在不行。他的方法简单粗暴：把新人安排到工作台，布置一些工作，示范如何操作，只教一遍。如果这一节课没学会，新人就是笨蛋，不值得再教。史蒂夫会竭尽所能给新人安排事做，但他不是当导师的料。如果新人很机灵，那么自己会观察正在进行的工作，询问其他员工，从而得到所需的信息。新人天资聪颖，成长速度自然快；如果天分不足，或者学得慢，新人则会胡乱混日子，直到我发现问题，把人给辞了。正如你能想到的，公司流程这么不健全，很难招募到新员工。

聘用丹·斯莫林之前，所有新员工都要先进车间。我坚信，保罗·唐斯家具公司取得成功的根本在于能够制造家具。我原本打算让丹在车间待几周，熟悉公司制造流程，后来想想还是算了。他得尽快学习我的处事方式。管他是不是擅长喷砂或拼接三合板，这都不重要。我决定让他跟尼克一样学习：办公桌放在我旁边，看看我每天都做什么。

新聘用的行政助理埃玛·沃森也需要培训。是时候让所有人共用一个办公室了。我们把两间空置的办公室中间的那堵墙换成了推拉门，然后搬进去5张办公桌。尼克和安迪在门的那一边，埃玛、丹和我在门的这一边。门开的时候，我们可以随意地互相谈话；门关的时候，两边可以同时打电话。想要私密空间，可以去其他办公室。安迪和我都注意到，共用办公室可以互相激励，方便沟通，而与销售人员时刻保持联系让他的工作更加便捷。

丹从2011年5月开始上班。他迅速学会了使用公司软件，然而通过电话与客户交谈则有些问题。通电话的时候，思考与讲话同时进行，即便很熟悉相关话题，也很难立刻给出技术问题的答案。丹还在学习会议桌的相关知识：哪种尺寸适合哪种办公室，哪种布局最适合哪种场合，哪些木材相得益彰，怎么布线。不过，一旦能挺过开场对话，他就能搞定接下来的事。他的书面沟通和设计构思都让我满意。他在 2011 年 6 月做成了第一笔交易。到了当年年末，他总共拿下了 16 单生意，价值总额 270870 美元。对比来看，尼克做成了 51 单，价值总额 972601 美元；我做了 48 单，价值总额 887356 美元。

当然了，订单最高纪录是我创下的。2006 年，我做成了 101 单，价值总额 1570954 美元。这还是一边管理公司一边做成的。2011 年终，我的最高纪录似乎短时间内不会被打破。尼克和丹都是销售好手，可惜他们的业绩不稳定。他们俩总有一个人为自己的业绩洋洋得意一两个星期，接着好几周空手而归。我不知道这个特点是他们本身所致，还是家具行业本来就这样。

各种各样的潜在客户都会给我们打电话，相应的订单金额差别也很大，从几千美元到数十万美元不等。有些客户要求迅速交付，有些则可以等上几个月或几年。所以订单的速度控制难免会千差万别。我自己也体验过业绩不稳定的感觉，只是丹和尼克的空窗期比我频繁，也比我长。是他们本身有问题？抑或只是偶然？不管他们能否卖出产品，我照旧每两周付一次工资。尼克刚从车间调到销售岗位的时候，他最担心的是收入会减少，于是我给他开了相当于小时工所能获得的薪酬——每年 6.2 万美元。除此之外，每做成一单，他可以得到 2% 的提成。丹也是一样的待遇。许多老板给销售员开无底薪、全靠提成的待遇，任由他们自己去打拼。我没有那么铁石心肠。销售是件苦差事，我自己摸爬滚打了 25 年，可不想让手下再去经历。所以我退一步海阔天空，以工资形式支付他们的大部分薪酬，如果他们能达到 100 万美元销售额，就能再挣 2 万美元。

2012 年的首个星期一一如既往。例会结束后，大伙儿各归其位。6 人回车间切割木材做家具；1 人回喷漆间，给原木上一层平滑光亮的涂料；2 人打包完工的家具，准备发运，其间偶尔停下手里的活打扫车间。对于车间工人来说，每天基本没什么区别。项目随时在变化，但他们总是待在同一个车间，面对同样的机器，切割同样的木材，身边是不变的面孔。

办公室里则是另一番景象。我们 6 个人切身体验了销售行业的胜利与失败。

我的情绪随着询价的频度和订单的多少起起伏伏。1月的第一周，我们收到了14个询价电话和电子邮件，比2011年平均每周12个略有提高，可是没有敲定一份订单。第二周，询价的依然很多——17个新客户，每一个都是潜在买家，可是仍然没有敲定一份订单。我的心开始吊到嗓子眼了。两周都没有订单，这是史无前例的，随着空窗期延长，我越来越忧虑。没有事做、没有钱挣的痛苦又回来了。天无绝人之路，13号星期五一大早，尼克做成了当年第一单生意：巴尔的摩市某个住宅开发商下了价值总额16940美元的订单。当天下午，某个买家订购了刻有其姓名首字母缩写的办公桌，他又拿下8038美元。接下来的一周内，尼克再次拿下4个订单，价值总额123986美元。在1月的最后一周，他又敲定3个，价值总额25041美元。他当月的订单总额达到174005美元，真是开了一个好头。

然而，由于丹没有做成一单生意，月度20万美元销售额的目标是实现不了了。事实上，自从圣诞节以来，他就没做成一单。我或许应该怪罪自己也没做成一单生意，可我聘用第二个销售员就是为了让自己从销售岗位脱身。我依然来电话就接，而且如果是来询价的，我会先跟客户交谈，初步磋商之后再转交给丹或尼克。某些业务需要我来牵头，特别是订单金额可能很大的时候。我对尼克或丹的信任还没有达到任其做主的地步。一般的业务可以完全交给他们，金额通常在5000～20000美元之间。

1月的最后一天，星期二，正当我认真反思聘用丹这步棋是不是走错了的时候，他的一位客户"救了他"。他与马里兰的一家电信公司敲定了价值18694美元的订单。当月新订单总额达到了193602美元，虽然没有达到20万美元的目标，但已经十分接近了。尼克连战连捷，又拿下23327美元的订单。截至2月6日星期一，新订单总额达到216926美元，尼克拿下197332美元，丹拿下18694美元，我则拿下了更换配件的903美元订单。我心里喜忧参半。一个销售员芝麻开花节节高，另一个却出师不利，举步维艰。我随时可以再去做销售，比丹做得更好，把他的那份工资收归囊中。应该撤掉他吗？这个想法值得一试，但经历这么多风风雨雨，我不能鲁莽行事。我花费了那么多精力去培养他，还是等一段时间，看看情况如何再说吧。

第 2 章

2 月：竞价推广及合伙人

日期：
2012 年 2 月 6 日，星期一

初始银行余额：
$125891.42

相对于年初现金差额（现金净额）：
– $11262.90

年初至今新合同金额：
$216929.00

在 1 月份的第一次例会上，我传达了许多信息。加上所有新订单的总额，上个月已完成业务的总值是 216614 美元，1 月份发运量预期也会大大提高。公司可谓蒸蒸日上，那为什么现金净额比年初还少了 11262 美元呢？

因为现金流入的同时也在流出，而且常常是流出速度大于流入速度。大多数新订单都预付了定金，公司还收到了 1 月份发运前的付款和交付后的尾款，现金额高达 215034 美元，而支出金额则达到了 226279 美元。截至目前，工作日共 26 天，每天的运营成本是 7803 美元。以这样的消耗速度，我只剩下 16 天的运营资本。

我通过 QuickBooks 来确认账目符合标准记账方法，但该软件提供的现金管理工具实在不称手，只得用 2008 年设计的数据表来展望未来。例会刚结束，我就加入了我所知的收入和支出，更新了数据表。数据表按周划分，每天的现金余额一目了然，而每周的期末余额就是下周的期初余额。如果哪天的余额出现负值，我会调换支付款项。未来总有那么一天，我会把已知的所有收入全部耗尽，

关键就在于保持现金流入，避免这一天的到来。

更新数据表之后，我发现，除非能达到 1 月份获取订单的速度，否则运营资本撑不过 2 月份。只有得到定金，才能维持当前的支出水平。

我不想让你们觉得我时刻都在担心钱的问题，其实只是每天几百次而已。每当想换换思路的时候，我就会去车间转一圈。

车间十分宽敞，长 252 英尺，宽 122 英尺，天花板离地面 14 英尺，外墙开了几扇大窗。每 24 英尺一根混凝土立柱，将整个车间分割开来。手推车上摆满了即将送进喷漆间的办公桌部件，远处是一堆堆木材，长储物架上放着一块块三合板，再过去是一台台机械设备。

机械设备多得看不见工人，尺寸也不一样，小到可以手持，大到像小型货车。它们的作用分成三类：木材部件切割、磨光和组装。刚入行那会儿，木材加工机械还相当原始，操作员要凭借自己的技术备料。不同工人的操作是不一致的，每个人使用工具都会得到略微不同的结果，根本没办法重现之前的结构。多步骤产品的误差会逐渐累积，好工匠会在产品加工过程中做出调整，但要制造出结构复杂的产品，得有好手艺。在这样的条件下，若想保证质量，必须让一个人从头跟到尾，弥补中间的误差。另外一个办法是把产品分成可以重复制造的小部件，也就是量产。在我的公司里，从来没有哪一样产品的销量达到需要生产线的地步，所以我们一直采用单人生产模式。

近些年来，我采购了新一代机械，即计算机数控车床，不过称呼它们为机器人更合适。它们按照安迪·斯塔尔写的计算机代码运转。以这种方式运作的机械共有两台，一台激光切割机，一台计算机数控铣床（简称 CNC）。激光切割机能切出复杂精致的形状，比如用三合板切出的商标。CNC 是处理大部件的，工作范围长 10 英尺，宽 5 英尺，可以深度切割大块木材。这两台机械的精度可以达到千分之一英寸，也就是说，误差累积的问题迎刃而解了。既然所有部件无需太多修正就能组装到一起，我们放开胆子设计复杂的产品，也可以安排多个人做同一个项目。

还有一种新型机械利用数字传感器针对不同的部件进行调整，但仍然需要操作员操控。公司有两台特别昂贵的德国产三合板磨光机，其中一台连纸上的铅笔痕迹都能擦除。技术精湛的工匠用手动磨光机也能达到这样的效果，但速度较慢，失败的概率较高。

不可思议的是，机械就像工人一样，水平参差不齐。另一台三合板磨光机按说应该跟第一台一样高效精准，可惜它做不到。它完全不行，时不时地会毁掉放进去的部件。这台的购置年代久远，现在已经很少用了。

机械对所处理的物料有着严格的尺寸限制，致使我们改变了设计产品的方式。CNC 所能处理的最大尺寸是 5 英尺 ×10 英尺，三合板磨光机的最大处理尺寸是 54 英寸宽。许多原料板材宽 4 英尺，长 8 英尺，再大一点一个工人举不动，所以无论成品办公桌有多大，我们都把 4 英尺 ×8 英尺作为部件的最大尺寸。施加这个限制还有别的原因：部件较大，运输成本增加，运送到客户的地方之后也放不进电梯。还记得经商各环节之间的反馈循环吗？这就是一个很好的范例：生产制造与运输会影响产品设计和市场营销，对部件尺寸产生限制。

大多数时候，销售员可以引导客户选用尺寸和形状处于限制范围之内的办公桌。可是，如果某个产品难以生产或运输，我是该拒绝，还是迎难而上？这取决于订单金额，大订单总是让人心动。假设客户很有钱，定制的产品不易生产，我们不确定是否能够盈利，这种情况我们又该如何应对呢？

现在车间里就有这么一个实例：一张巨大的 U 形办公桌，两翼各长 13 英尺，底座宽 12 英尺。客户 S 公司是总部位于中东的食品行业巨头。这一单花了很长时间才敲定。2011 年春季，他们第一次打来电话，但直到 11 月才要我们提交计划书。尼克用设计师提供的简单草图做了设计初稿。草图上除了办公桌尺寸和形状之外，唯一的数据就是顶部分成三块，顶宽（从外边到 U 形内侧的尺寸）5 英尺。如此一来，办公桌的两翼将会达到 13 英尺，底座长度为 12 英尺，宽度为 5 英尺，太难做了！这么大的尺寸根本放不进磨光机，在车间里也很难搬动。S 公司还要求外观传统，底座上要添加许多精致的细节。

尼克在 2011 年 11 月提交了第一份设计图，客户觉得可以，只是要求略作修改。尼克修改了一番，这次好了很多，客户又要求再调整。尼克做了调整，客户很喜欢，却又担心我们离他们总部太远，不想让我们做了。

我提议乘飞机去客户总部亲自展示。2011 年 12 月初，我跟 S 公司的总裁及其团队谈了几个小时。面对面交谈打消了他们的疑虑：办公桌交付延期、超出预算、轻薄易碎。我承诺办公桌顶部会按原设计做成 3 块，3 月中旬必定交付，预算仍旧是原定的 4.5 万美元，最后终于拿下了这个订单。时间紧迫，但我们可以挤时间，只是预算有点冒险。

给办公桌定价的时候，我们利用复杂的 Excel 表格，综合考虑尺寸、形状、材料、顶部的块数、电力及数据配置和其他因素，得出两个重要数据：总价和完成工作所需的预估工时，其中包括产品设计、生产制造、喷漆和运输环节。对于大多数办公桌来说，我们的数据相当准确，但是遇到特别大和（或）特别复杂的，它的算法就会出现问题。一旦无法预测某些业务结果如何，我们只能靠猜测，然后寄希望于上天眷顾。通过估算，S 公司的办公桌要耗费 314 个工时。

史蒂夫·马图林、罗恩·戴德里克和肖恩·斯洛温斯基负责制造这张办公桌。他们三个都是熟练工。这个项目要求他们摒弃以往的技能，在没有新机器帮助的情况下完成一些极度困难的任务。CNC 能派得上用场就一定要用。U 形桌面划分成了几个部分，每一部分小到能用 CNC 处理，再粘合成三大块面板。U 形周边用 4 英寸宽的硬质樱桃木条封边，形成 6 英寸宽的红木条带轮廓。红木条带围绕办公桌的中间面板，中间面板宽 30 英寸，再用花纹精美的非洲木材红影木镶面。每一个嵌条分成多块，用 CNC 切割，然后黏合，保证桌面完全平整。桌面的所有部件组装完成后，再用手持磨光机打磨至完全平整，而这个工作以往都是由机器完成的。

如果你全程观察史蒂夫和罗恩用两周时间制造办公桌面，中途绝不会看到任何壮观场面。两人没有胜利后的欢呼，也没有完工时的雀跃。他们先从粘合着手。所有部件全长将近 300 英尺，全部用笨拙的铁夹扣在一起。每一英寸都要完美契合，然后用铁夹扣住，直到胶水变干。黏合工作用了一周时间。接下来，他们只能一刻不停地磨光。手持磨光机的移动速度要把握好，否则会磨穿纸一样薄的镶面，毁掉办公桌的桌面。他们重复同一个动作：臀部紧贴桌边，腕部弯曲，直到背部接近水平，双臂打直，然后再把磨光机放回起始位置。一丝一毫都必须甄于完美，否则磨得参差不齐，看起来不像那么回事。弯腰，移动，伸直。弯腰，移动，伸直……一整天都拿着热乎乎、嘈杂的磨光机，这个活又累又热，要像演唱会钢琴家的双手一样精细操作。

这个场景看着很爽，可是作为商人，我兴奋不起来。拿着高工资的工人用传统方法制造复杂的办公桌，这种情况我绝对不想再看到。一个项目占用了我三个最好的工匠，稍微简单的业务就没人顾了。我们原本可以做完较轻松的业务，提早交付，实现月度生产和交付目标，结果呢？S公司的办公桌占用了工时，累得工人没办法加班。这是赔钱的节奏啊！

S公司的订单只是车间在产的1月份的5个订单之一，这几个订单总额是187639美元，虽然略低于20万美元的生产目标，但算上1月份216614美元的生产总值，我没有太大担忧。更何况其他事情也没落下。上个月完工的办公桌正在打包发运，办公室里的几个人照常处理询价，努力做成订单。

客户通过两种方式联系我们：电话和电子邮件。大多数客户都是浏览过网站之后联系我们。我们的产品独树一帜，许多人想买，却在当地店铺里买不到，于是转向谷歌搜索。于是，客户与制造商的联系就建立起来了：有购买意向的客户找到了我们。

网络面世之前，买卖双方建立联系的方式特别复杂，而且成本高昂。产品越专业化，客户与制造商之间的鸿沟越深，做成生意就越难。在覆盖国内或国际市场的媒体上购买广告推广服务，成本更是高得离谱，具有一定规模、提供的产品是人人所需的公司才有资本采用这种方式。像我的这种小公司就只能覆盖地方市场。直邮营销和区域性宣传单推广的成本并不低，但还在可接受范围内。最初的14年里，我的公司就是靠这样推广发展起来的，市场营销预算都用于当地杂志书面广告。

我的第一个广告出现在1993年。我没经验，只能找专业摄影师、写手和平面设计师，花掉了将近1万美元。（现在用数字摄影和廉价软件，基本没有成本。）月度广告费用超过2万美元，占黑白色版面的八分之一。我把公司的部分股权卖给了我父亲和兄弟，才筹得了广告经费——他们是同情我才投资的。

杂志每月发行 10 万册，其中寻找定制餐桌的读者会有多少？不多。只有少数潜在客户看到我发布的广告，前来店里考察的人更少。谁会有时间进行这样的购物呢？当然是拥有豪宅且需要家具的富婆。

面对面沟通让人紧张不安。我们要翻遍画册，看看有没有感兴趣的。客户不一定能找到心仪的家具，即便找到，又可能买不起。那时候竟然能卖得出去产品，简直太神奇了。作为产品设计和销售之间的反馈循环步骤，这些会面又不可或缺。客户想要的产品各种各样：梳妆柜、床、嵌入式储藏柜、橱柜、门廊等等。我什么产品都做，但餐厅家具最在行。生产餐厅家具有很多优势：第一，客户会在这类家具上花很多钱，特别是定制一个与餐厅相得益彰的餐桌；第二，做成套的椅子让车间工人可以重复作业，从而大大提高效率；第三，改善传统设计的方式数不胜数。

我跟客户进行过上百次会面，生产了符合他们需求的各种桌椅和上菜用的器具。客户越多，产品设计类型越丰富，以后的客户所能看到的东西就越多。这就是实实在在的反馈循环。

在 20 世纪 90 年代，公司逐步发展，到了该年代末期，公司共有 6 名员工，销售额达到 60 万美元。我的年薪在 3 万～4 万美元之间浮动，可是我逐渐厌倦了面对面销售。向富太太出售定制家具是一项多步骤活动，到某个节点，她们的丈夫会参与进来。这些人大多白天上班，所以我不得不在夜间和周末接待他们。与此同时，我作为丈夫和父亲，也想给家里帮点忙。妻子南希和我在 1994 年喜得一对双胞胎，1996 年又添了一个儿子。双胞胎的其中一个生下来就患有严重的自闭症，我妻子需要人帮忙。我白天在公司忙，再急急忙忙跑回小孩子到处跑的家里，晚上再出去见客户。我在大多数星期六也要工作。后来我听说了名为"网站"的神奇东西，所有资料和定价都可以在上面展示。任何人都能在任意时间浏览，然后衡量自己买不买得起。而且一旦有了新的设计创意，我立刻就能发布出去。

1999 年，我开始设计公司的第一个网站。到了当年年末，我一共推出了 150

多个产品设计，每一款都附有定价。我把网站地址也印在了杂志广告上。这下好了，购物便捷了，打电话咨询的人多了，我用于应付只看不买的人的时间也减少了。

1999 年，从我这里买过餐桌的一位建筑设计师承接了当地一家公司的翻新业务。这家公司想要配备新款电力和数据接头的大型会议室办公桌，于是他问我有没有兴趣。办公桌长 24 英尺，中部宽 5 英尺，樱桃木、卷纹枫木和有影枫木要搭配使用。这个设计让人大开眼界。

截至那时候，我们生产的最大的桌子还不到它的一半，但公司有这个生产能力。我对设计图做了微调，然后交给史蒂夫·马图林制作。当时公司还没有购置 CNC。史蒂夫单枪匹马，以惊人的工艺提前制作完成。我们把办公桌组装好，我用自己的第一台数码相机拍了照，然后在 2000 年把照片和相关数据放到网站上，命名为"丽平科特会议室办公桌"(Lippincott Boardrom Table)。

往后快进三年。当地杂志依然有公司的广告，公司销量逐步增长。"丽平科特办公桌"卖疯了。人们在谷歌上搜索"会议室办公桌"时，第一个就是这款办公桌。2003 年，除了订购餐桌的客户，还有人打来电话订购会议办公桌。相比印刷广告而言，网络渠道的效率更高，成本更低。2003 年，网站带来的生意不到 5%，到了 2005 年，这个比例飙升至 95%，我彻底摒弃了印刷广告。

由于"会议室办公桌"搜索排名第一，我们不需要消耗任何成本就能挣钱。显然，得益于此的不只有我们，于是谷歌推出了广告关键词竞价推广服务，将这个业务商业化。通过这个业务，付费广告商会在搜索结果页面占据最好的位置。来看看它是怎么运作的：潜在广告商（比如我们）找出潜在客户可能使用的搜索词汇（比如"会议室办公桌"），然后向谷歌支付一定的费用，只要有人搜索这些词汇，就会出现对应的广告。如果我们的报价高于其他所有广告商，公司的广告就会排在搜索结果的第一位。如果报价仅次于出价最高的广告商，公司的广告就会排在第二位，以此类推。公司从 2004 年开始使用谷歌广告关键词竞价推广服务，算是最早的一批。我竞拍了大量搜索关键词，主要集中在餐桌这一块。可是咨询会议室办公桌的人越来越多，而且这些买家比普通居民更容易应付，我需要在餐桌和会议办公桌之间做出抉择。最后，我意识到，假如真要销售会议办公桌，我们就需要重新思考产品设计方式、销售策略、生产流程以及如何将产品安全地送到客户手中。产品设计、市场营销、生产制造、物流和售后服务，做生意的每一个环节都将因新市场而推倒重来。后来的几年时间，我一直在做这方面的努力，直到 2008 年出现经济危机。

这段简史使得网络带来的机遇显而易见。难道我是个富有远见的商业预言家？不，我靠的是运气。发展速度起伏不定的谷歌用一种算法来解读整个网络，然后选择我的小网站的一个页面作为特定行业的最佳展示。谷歌为满世界的陌生人和我提供了一个有效的渠道，我完全是坐收其成。世纪之交时，我每天仍旧做着日常工作。所有销售都是我一个人来做，这占据了大部分时间。我还负责市场营销、产品设计、生产安排、项目管理、物料采购、记账和支付工资、银行业务、招聘与解雇，还有开卡车去送货。算起来，每天要工作 10 ～ 12 小时，然后回家照顾孩子。天天连轴转的生活，哪有时间高瞻远瞩。重大决策的起因往往很细微。我之所以创立网站，是想避免周末上班；夫妻为了哪种椅子最合心意而争执，促使我推出新设计；找人合伙是因为我单枪匹马，想找个导师教我所欠缺的商业技巧；我考虑涉足会议办公桌行业，是因为人们突然产生了这种需求。我所作出的许多决策前后矛盾，好决策压住了坏决策的风头，公司才活了下来。

与合伙人的故事就说来话长了。简短来说，我在 2002 年把部分所有权卖给了一位客户。有人提醒我这样不行，但我无计可施。公司需要扩张，于是我聘用了一些人来减轻工作负担，但公司要扩大，我就得加班，我陷入了进退维谷的境地。找人合伙似乎能解决问题。合伙人诚实可靠，交易公平。他提供资金，公司搬到了大车间，更换了信息基础设施，车间引入了计算机数控机器。为了应付逐步提高的销量，我们被迫聘用了车间工人。所有这一切都花费巨大，造成了混乱。那些年里，公司不仅没有一分钱利润，反而赔了很多钱。

若不是因为一场意外，结局可能会是另一番景象。与我合伙之前，合伙人已经拥有几家经营状况良好的加工公司。我期望找一个能够指导我、帮助我学习新商业技能的合伙人。我擅长产品设计和销售，但工厂经营、支出控制、员工管理等老板必须做的事情，我做得很差劲。

合伙关系确立后，合伙人说务必理清账目，严格把控财务。他推荐了一位经验丰富的注册会计师——他的妻子珍妮，也是他之前所有生意的财务经理。我对珍妮的印象很好。她秀外慧中，兢兢业业，易于相处。以前我做财务是收据随处乱放，由她接手我自然乐意。她立刻着手处理，利用公司前两年的数据做成了几个账本。这个过程耗费了 4 个月时间。

突然有一天，她在睡梦中去世，终年 54 岁。合伙人一下子崩溃了。当时谁也没想到，这对我们的生意也会造成巨大影响。在他们之前的公司里，合伙人和珍妮携手并肩：他当大领导和首席运营，她是让生意保持正轨的掌舵人。

珍妮于 2003 年 4 月份去世。合伙人振作精神，在接下来的 5 年里，我们竭尽全力推广产品，应对市场和客户的变化。我们合作得相当愉快。可没了珍妮的指导，我们每年都亏本。我们的确获得了不少成就。有了他的资金（大部分都亏进去了），我摆脱了困境，让生意更上一层楼。

再回到 2012 年：我们可以生产复杂的桌子，然后运送到美国和加拿大的任意地点。这两个国家的市场十分广阔。我们利用谷歌搜索，把网撒遍这一大块市场来寻找客户。

大网捞到了一些古怪的鱼儿。时常有来自世界各处的客户询价。2 月 13 日，一位身在科威特的家具经销商发来邮件，希望我们为 5 张桌子报个价。他正在拟写科威特市新政府大楼的家具供应标书。他提供的产品设计信息不足，我们没办法估算实价，不过我可以给他发一个大致的估价。

如果说有什么让我困扰的地方，无非就是报价了。有必要在这个生意上花费时间吗？这个业务有谈成的可能吗？许多年前，我一定会果断地回答"没有！"。核实国外的合作伙伴有难度，运送和安装不方便，还要冒着收不到钱的风险，这些问题会压得我无法承受。但是这一次，出于偶然，我以全新的眼光看到了机遇。

一年前，也就是 2011 年的冬季，我发现销售人员多了之后，许多工作都有了套路——拟写合同、给客户寄送完工的样品、留意付款款项。各项系统已经到位，但是占用了我太多时间。我决定招聘一名助理。我向来喜欢用最简单的办法填补岗位空缺，于是委托妻子帮忙。她的朋友遍布天下。刚听我说完，她就想到了一个人：她的朋友埃玛·沃森。几年前，埃玛的丈夫从外交使团退休，他们俩便搬到了这里。她正在找工作，以防丈夫的退休金不够花。

我聘用了她，而她的性格正适合这份工作：爱岗敬业、精明能干、勤奋努力。培训过程中，我与她密切合作，需要新颖的想法时，她往往能给出恰当的意见。与我们这些人不同的是，她从来没涉足过这一行业，正所谓当局者迷旁观者清。

招聘的时候，我首先考虑的是应聘者能否胜任。然而，人上一百，形形色色，他们的性格、技能和经验往往跟所应聘的岗位扯不上关系。在大公司里，没有人在意某个员工是否一专多能——哪里出现了问题，就再招一个人来解决。在我们这样的小公司里，员工的第二能力是担任公司潜在新职务的资本，老板可以顺势而为。

我问埃玛：科威特有客户询价，有没有必要处理？她的回答令我意想不到：不如先联系一下科威特的美国贸易代表。我从来没想过找政府帮忙，根本不知道如何下手。幸好埃玛了解大使馆的程序，她自愿联系科威特的商务部人员，我同意了。如果他们的回复内容还行，我再决定要不要把有限的资源用于这个项目。埃玛全身心投入其中，抓住主动权，而这是其他员工很少做到的。她只不过是个兼职行政助理，却通过承担更多职责来证明自己的用处，也许是为了转成全职吧。

这些年来，我曾聘用过 120 多名员工。这些员工可以分成两类：一类是做好分内事就回家的人，一类是总在想方设法超越他人的人。以我的经验来看，第一类员工的人数远远超过第二类。在我这家小公司里，最让人头疼的问题是为员工找到晋升途径。公司不够大，发展不够迅速，没办法为所有员工提供职业发展道路。恰恰相反，车间工作分成数个环节，员工是一个萝卜一个坑，除非出现职位空缺，否则他们只能守在那个岗位上。这种现象违背了常理，特别是高层岗位。高层岗位的人跟了我很长时间，也没有打算离开。我知道有些下层员工对此颇有微词，可是我不知道该怎么应对。公司规模限制了用于尝试新想法和拓展其他市场的资源，而有限的资源又反过来制约了扩大公司规模的能力。这就像小公司的"第二十二条军规"①。解决问题的唯一途径就是提高利润。利润是实现其他发展的专用款项，只是我不善于赚取利润，甚至连维持生存的现金都不知道从哪里来。在没有额外存款的情况下，我没办法朝新方向发展。有人提出好主意是件好事，但我需要谨慎考虑可能给公司带来的成本压力，以及是否有能力抓住机遇。由于缺乏资源，我常常被迫打击提议做这做那的员工的积极性。员工憋屈，我心里也不好受。我敢打赌，员工不提意见的主要原因是得不到我的回应，所以干脆不提也罢。

最后，我跟科威特的那个客户视频聊天，他似乎还值得信赖。我发去了一份简短的计划书，列举了一些产品和大致的价格，然后坐等埃玛再提出新想法。如果要开始出口，她将不可或缺，公司也能打开一块全新的巨大市场，皆大欢喜！我对于承接中东客户有些疑虑，比如售后服务问题，但我乐于试水。开发更多客户的成本相当低，正好我手头还有些现金。

科威特客户询价并非我们开拓海外市场的唯一机遇。2011 年春季，有人从纽约打电话问我是否有意给他的大型欧洲家具生产公司（后文采用化名"欧式家具"）做些定制工作。我告诉他，能不能做取决于他们的想法。他给我提供了更多信息：欧式家具已有百多年的历史，走出了欧洲市场，扩展到了远东、澳大利亚、南非和中东，现在要打进美国市场，并且已经在纽约开了一家展售厅。打电话的人叫奈杰儿，是一个负责美国项目的澳大利亚人。他需要应对欧式家具的客户对定制产品的需求，这活本来可以在他们的德国工厂做，但运输时间是个问题，所以他通过谷歌寻找位于美国的定制家具生产商。

奈杰儿于 2011 年 5 月来公司考察。我带他全程参观：产品设计、软件建模和追踪订单。我们一同参观了车间，主要看了 CNC 和表面镶饰技术。他深受打动，反正口头上是这么说的。我们公司正所谓麻雀虽小，五脏俱全。

---

① "第二十二条军规"（catch-22）一词来自美国作家约瑟夫·海勒的同名长篇小说《第二十二条军规》，现已成为一个独立的单词，用来形容任何自相矛盾、不合逻辑的规定或条件所造成的无法摆脱的困境、难以逾越的障碍，表示人们处于左右为难的境地，或者一件事陷入了死循环，或者跌进逻辑陷阱等。——编者注

　　我想更深入地了解欧式家具的生产线，于是在几周后去了趟曼哈顿。说出"曼哈顿市中心的欧式家具展售厅"这几个字时你脑子里想到了什么？结果可能正如你所料。那是一栋历史悠久的建筑，全市美景尽收眼中。桌椅光泽亮丽，到处摆满了计算机，员工年轻而时尚，英语带着迷人的外国口音。这一看就是家资金雄厚的大公司。

　　他们的设计全都相当现代化，锃亮的不锈钢和镀铬金属部件与木材混合使用。木料选材和纹饰设计简朴而克制，不存在异乎寻常的纹理，而是匀称统一，制作精良。金属部件我们做不了，但可以负责生产大部分的木材部件。这与公司以往的产品不同，不过我们有能力做到。

　　奈杰儿和我讨论了下一步的安排。我走到他们会议办公桌周围的一张椅子旁，无意识地顺手拉了一下。令我吃惊的是，椅子一动不动。那上面没有安装小脚轮。椅子重量接近 50 磅，底座可以旋转，但就是不能移动位置。我说："为了打入美国市场，你首先要更改这个设计。美国人希望椅子能随处移动。"他叹了口气，说道："嗯，有人提过这个意见。我们比较喜欢把椅子摆在桌边，那样更整洁。"他把椅子转过来，坐进去，再转回去，椅子仍在原地。他用优雅的动作向我这个美国人展示了怎么坐椅子。反正是欧式坐法，管他呢。

　　这加重了我那段时间的疑虑：他们的产品和运营不是早已确定了吗？这可是市场遍布全球、历史悠久的商业巨头，他们找我们这个小巫做什么？

　　奈杰儿给了我答案。欧式家具预计成功打入美国市场需要数年时间，而且最终还是要找一家美国工厂。他们在其他国家的工厂都是通过与当地公司合资起步的，每当进入一个国家的市场，他们都要找合适的合伙人，在工厂起步阶段和运营期间共同操作。

　　在开拓美国市场时，他们想找一家规模非常小的公司，因为对于这样的小公司而言，即便订单很少，业务量也不可小觑，只是生意起步需要一段时间。如果直接找站稳脚跟的大公司，初期订单量不足以引起对方的重视。另外，他们所要找的公司还要具备最高层次的工艺水平，产品质量绝对不能低于德国工厂。会面结束时，我对合作的无限可能十分憧憬，也为被他们选中而深感荣幸。

回到办公室，我从网络上查找了许多有关欧式家具的信息。新闻报道说这家公司年销售额达到 1 亿美元。欧式家具自有工厂强调管理层与工人的合作关系、利润共享模式和对环境的关注，尤其看重能够推出新产品的业界设计师，将他们视作创意英雄。这显然是一家了不起的公司。

我们与欧式家具之间的关系在 2011 年逐渐升温。在同一时期，我们正全力处理其他项目，但对于欧式家具的询价，我们迅速应对，并保证周转时间特别短。到了秋季，我们获得了总值 8111 美元的第一笔订单。

说来奇怪，与欧式家具的沟通交流十分困难。他们发来的设计图纸和询价单有时候不完整，或者完全看不懂。更严重的是，他们的项目命名方式不统一，我们搞不清某个询价单是前一个项目的修改版，还是一个全新的项目。有时候询价单上会给出客户名称，有时候则只有一个日期，或者只有一个发票编号，即使同一个客户的不同产品也杂乱无章。我本以为欧式家具相对容易应付，所以一直把询价单发给丹，可乱七八糟的东西弄得他发狂。我不禁怀疑他们如何把控流往全世界的订单。

虽然问题一大把，奈杰儿却对现状很满意。纽约的销售人员发现，美国的买家对定制产品的需求高于全世界其他地区的客户，而欧式家具的某些设计不适合美国的布线传统。我们接了几个解决这类问题的部件订单。

到了 2 月底，我又去了趟纽约。自从第一次会面之后，奈杰儿一直在回避订单量能否大幅度提高的问题。欧式家具想把木质桌面生产业务移出自家工厂，上层管理者曾经讨论过让我接手。我公司的车间正好有地方，这样就能在不增加广告成本的条件下提高销量。

奈杰儿和我讨论了定制产品报价。他问我，他的亚洲工厂给同样的产品报价很低，为什么我报价这么高？我告诉他，原因有两个：第一，由于他们没有提供任何设计图纸，我们根本不了解细部构造，无法量产，生产效率必然低下；第二，由于没有精密的机械来做出欧式家具想要的模样，我只能安排手艺最好的工人做他们的业务。他坦承亚洲工厂其实是组装流水线，经营了很多年才把价格降下来。但是除非我们降价，他不会给我们派送大量订单。订单量提不上去，我就不能降价。如果他不表明诚意，我绝不会去借钱买那些将来才能用到的昂贵机械。我直率地问他："你预期今年的订单量有多少？"他答道："今年最少有25万美元的订单，2013年能达到100万美元。到那时候，你的车间能提高生产率吗？"说实话，我觉得他说的这些数据经不起推敲，他的人根本没办法把控那么多订单。但现在质疑他还为时尚早。他糊弄我，我也糊弄他。"当然能啦，"我告诉他，"不过你提供的信息要更完备。"我打定主意要看到我们将来制造的产品的设计图纸，但我的真实目的是去他的车间转一转。我问他："能不能把你自家工厂的照片或视频资料给我发一些？或者我亲自去看看？"能去参观是最好的。那样就能看到工厂里的机械设备，深入了解他们的工人，弄明白竞争对手的水平。

奈杰儿说他会问问领导同不同意我去参观。会面结束后，我百感交集。我觉得他的销量预期毫无根据，而且我知道，如果没有大量的外部投资，我到年末肯定应付不了他们上百万美元的订单。我没有资金去购买将来可能要用到的机械设备，也没办法面试、聘用和培训新增员工。风险太大了，但现在还没到收手的时机。我们俩谁都没拿出诚意，看来只能走着瞧了。

第 3 章

3 月：推陈出新

日期：
2012 年 3 月 1 日，星期四

初始银行余额：
$145855.88

相对于年初现金差额（现金净额）：
$8701.56

年初至今新合同金额：
$407271.00

　　2 月份的订单量保持良好势头：12 个订单，总值 213669 美元。尼克仍是最佳销售员，拿下了总值 150104 美元的 6 个订单。丹拿下了 4 个订单，总值 37768 美元。我做了两单，总值 25797 美元。丹与尼克的差距依然巨大，不过当月销售总值超出了我的计划。如果这样的形势持续下去，丹的销售额够不上他的那份工资，我将需要考虑怎么处置他。一般来说，对于销售业绩下滑的业务员，可以只付佣金或直接解雇。真把他辞了也在众人的意料之中——这本来就是老板应该做的事情——只是我没那么铁石心肠。我能想象到宣布这么一个可能毁掉丹的人生的决定是多么让人难堪。他刚进入销售行业，家里的妻子失业，还有 4 个小孩要养。他需要稳定的收入，而我有权力决定他能不能得到。尼克承担了两个人的业务重担，所以我就睁一只眼闭一只眼了。

　　公司的现金储备相当充分，过去 4 周收入 232475 美元，其中包括 2011 年给联邦政府做的业务的付款。政府在交付 30 天后支付全款，而我们正好在 12 月份给空军送了几批货。其他的都是定金。同一时期，我们的开支也相当大：总计

185782 美元，也就是每天 9289 美元。开支略高于我的预期，不过总体局势还算可以，这一年开了个好头。

有了现金，我决定开始收取公司欠我的钱的利息。欠款总额相当大——387098 美元，其中一大部分源于我与合伙人合作以及之前的那几年。每当公司用光了现金（每年总有那么一两次），我就借出去。进账总是难以预测，但支付房租和工资的时间是固定的。我尽量把自己的工资储存起来，个人账户里的存款通常在 1 万～2.5 万之间，跟用于家庭开支的钱分开。我没有其他的理财选择。在与合伙人合作之前，公司的账目乱七八糟，没有哪家银行愿意贷款给我。1994 年那届辱的一天仍然历历在目：我穿上最好的衣服，与我开户银行的经理坐在一起，却被告知贷款给我的风险太大。所以我只能把自己的钱投给公司。在独资经营的 16 年里，我借给公司 167650 美元，而这些钱有去无回。

合伙人带来了一些转变。他妻子整理了公司账目，可惜还没来得及教我现金管理，她就去世了。记账与现金管理截然不同，前者是记录公司资金的流入与流出，后者则是预测可能出现什么样的状况。记账与清算账目有标准流程，现金管理却没有。令人惊奇的是，每家公司都会自己想办法预测现金流和控制开支。合伙人对此一窍不通，于是交给了我，我的办法就是看看银行余额有多少，先付工资，任由其他账单累积，然后听天由命。我们经常现金短缺，也曾激烈讨论过为何会陷入这种困境，但从来没找到解决办法。在他看来，欣欣向荣的公司不应该出现亏损，可我也不懂啊。我们商定，公司需要现金的时候，两人各出一半。在经济崩溃之前，我们向公司贷款 21 次，平均每次 31776 美元，其中付还 9 次，平均每次 20286 美元。2005 年，我们开通了限额 10 万美元的银行信用卡账户。那时候，不管哪家公司，只要收入有增长，银行就肯贷款。他们迫不及待地贷款给我们，条件是抵押个人资产（我的房子和他的资金）。我们在 11 个月里用完了这笔钱。2008 年 10 月，合伙人一声不吭，拿着我们的现金偿付了银行贷款。他坚信公司就要完蛋，他投进去的钱打了水漂，但是不想让自己的信用评级上出现拖欠银行贷款的记录。由于他的这一举动，公司清偿了外债，没想到这竟然是件好事。

2008 年那个灾难性的秋季之后，我被迫在没有借款的情况下经营公司。那段日子很艰苦，幸好我挺住了——至少一直到次年夏季。当时我发现公司网站编码方式有问题，导致谷歌很难识别我们的网页。2004 年聘来修整网站的开发人员对搜索引擎优化一无所知，所以每一个网页和每一张图片的源代码里都没有添加描述文字，只有字母和数字。我通过谷歌广告关键词竞价推广给网站吸引了流量，但网站从来没有在免费排行榜出现过。我知道随着市场竞争越来越激烈，我需要实施更好的市场营销策略，否则只有死路一条。于是我挪用了孩子们的大学基金（31251 美元），全部用于开发新网站。网站开发用了 7 个月，新网站在 2010 年年初上线，恰巧经济和我的运势都开始复苏。巧合吗？也许。值得吗？绝对超值。若没有花这笔钱，公司肯定倒闭。

我一直惦记着公司欠我的钱。如果这些钱投入股票市场，现在还会剩下许多本金，过些年也许会给我带来可观的收益。可由于公司经常没钱，我把钱投了进去，既没拿到利息，连本金都收不回来。现在好了，手里有了现金，我决定至少收回利息。作为老板，我想怎么操作都行，只要不违反国内税务局（IRS）规定——利率必须与公司支付外部商业贷款的利率同等——我就可以随心所欲地设定利率。我可以自主决定收回本金或只收利息，或者暂时不收。在管理现金流的过程中，这种灵活性十分有用，是我在公司最初需要资金时自掏腰包的主要原因。如果从银行或其他商业贷款方借钱，我就完全失去了这种灵活性。银行收不回钱，就会取消我的抵押品赎回权。

决定了每月偿付后，我要选择一个利率。年息 10% 在银行利率中算高的了，但低于专做小额风险贷款的机构的利率。我还决定不收回本金，否则会进一步减少公司现金流。我签了第一张偿还支票，金额为 3225.82 美元。我犹豫着要不要去存这笔钱。积习难改啊！公司有钱我心安，从公司拿钱我心里有愧。

2 月 29 日，我跟去年打电话询价的"老式包装"敲定了一个订单。他们的预算相对较低，想要一套可以经常重新装配的办公桌。打电话询问这种办公桌的客户有很多，我决定设计一款。

公司产品目录里有几款组合办公桌，只是尺寸太大，价格又高，不方便组装。低成本、方便使用的办公桌要有紧凑坚固的折叠结构，这我们生产不了。我找了密歇根州生产这种东西的一家公司：带转轮的套件，价格低，外观好。我在12 月订了一套，急匆匆地把转轮腿拧在胶合板上，做成了样品。样品很棒！易于折叠，坚固结实，轻轻一碰就能移动，轮子还可以锁定。我做了一个采用这种套件、可以按尺寸和木材定制、包含布线、价格合理的办公桌设计图。

没过多久，"老式包装"就打来电话。有客户提供资金，我们实现设计图的良机到来了！

这就是我推陈出新的惯用方式。我喜欢设计好用的产品，但仅仅出于好玩而去制造并不明智。首先，造什么？如何判断某些新设计能得到市场青睐？如果不被看好，样品怎么处理？家具尺寸大，占地多，难以存放。我可不想办一个无限扩张的失败设计品展览馆。解决问题的办法是仔细聆听潜在客户的需求，再动手去做，这样才会皆大欢喜：客户提供研发资金，得到好用的成品，我也可以把新设计用在持续的市场营销中。

过去，说服第一位买家付钱是很难的。概念设计图纸枯燥无味，难以理解，但在销售谈妥之前制作样品的代价高昂，存在巨大风险。如今不成问题了。通过建模软件，客户可以直观地看到产品样貌和工作原理。在给"老式包装"的计划书里，我用上了这个杀手锏。功能齐全的桌腿结构虚拟模型做好之后，再设计整个办公桌就容易多了。计划书送出去一个月后，客户定金到账，生产将在 3 月中旬开始。

3 月的第一天，另一个项目也到了重要节点——S 公司的办公桌可以送入喷漆车间了。从零制造家具分成两个阶段：制造和喷漆。制造就是切割木材，再拼成使用形态；喷漆是将液体漆喷涂到木材表面，干燥后形成保护层。若喷涂得当，则涂层表面平滑、有光泽、手感好，而且能保护木材免受脏污和水浸。

我们工厂采用耐久防水的"催化聚氨酯"涂层，不过这种漆很难处理。它由3 种成分构成：树脂、溶剂和催化剂，混合的比例必须十分精确。在液体涂层硬化之前（大约 15 分钟）必须均匀喷涂到木材上。喷枪和喷管重约 2 磅，胳膊要伸直，与木材保持一定的高度，速度要把握好。喷得太少，表面会干燥且有斑点；喷得太多，涂层还未干燥时会四处乱流。我们常常会通过染色改变木材的天然色。着色剂混合成分的比例也必须像聚氨酯一样精确。而且所有涂料必须纯净，绝对不能有灰尘。

如果涂层出现瑕疵，唯一的办法是等它干燥之后打磨干净，再重新喷一遍。即使桌面涂层的一小点不够好，整个涂层都要重做，因为局部重新喷涂永远不可能与整体完全一致。

喷漆工要有艺术家的眼力，掌握数学和化学知识，体力好，扛得住长时间工作，干净得一尘不染，能应付时间紧、任务重的压力，同时具备这些条件的人万里挑一。优秀的喷漆工凤毛麟角，工资自然不低。

我的喷漆工戴夫·福华里将他的超能力全部施展在 S 公司的这张办公桌上。3 月第一周的末尾，我们把它重新组装起来进行验收。太华丽了！车间的人都跑来欣赏，毫无例外地伸手摸一遍桌面。三大块面板的面漆光洁平滑如镜，没有一丝一毫的尘土污迹或其他瑕疵。戴夫是高手，他的力量和敏捷度使之与众不同。距离客户在新总部召开董事会议还有 8 天，得赶紧把办公桌运过去。

当初还在生产餐厅家具的时候，我负责交付所有产品。通过观察客户与所购产品的第一次接触，我学到了很多东西。客户在交付日会紧张不安。销售是在客户脑海里构筑成品样貌的过程，他们对于我们能够做出好产品的期望会通过实际产品得到证实，当然，也可能恰恰相反。在我送货那会儿，我可以确保一切顺利，客户满意。只有客户满意了才会结清余款，否则付款会延迟，还要分派人手去处理问题。

谷歌把我们公司的市场从美国扩展到了整个北美洲，如今我们的客户遍布美国和加拿大两个国家，我们要尽最快速度把大件的易碎产品运到四面八方的客户手中。损坏就全完了，我们的产品独一无二，不可能再从库存里找出替代品。

如此一来，完好无损地运输和交付产品的任务就只能交给别人。可惜的是，卡车司机和安装工的水平参差不齐：有些小心翼翼，十分称职，有些则毛手毛脚。如何找到称职的人？如何让他们多加小心？除了支付薪酬之外，还有什么办法确保他们完成任务？我想出了三种办法：通过中介寻找卡车司机和安装工；重新设计桌子，降低运输和组装难度；优化包装设计。具体如何操作呢？

第一，中介。公司的业务量较小，不足以吸引大型卡车运输公司，另外还需要聘用我们从未涉足过的地方的安装工，所以我们通过货运中介和安装工中介分别找到了运输公司和安装公司。两家中介拿着我们的业务参数，让感兴趣的供应商竞标。他们的职责是找到高质量供应商，并在出现问题时进行处理。供应商从代表我们这样的小公司的中介获得大量业务，所以会多用点心，而我们给中介提供了大量业务，所以他们也会对我们上心。这是我不喜欢四处寻找低价供应商的典型范例。我们把业务交给中介，中介则成为我们的利益捍卫者。这种做法会提高运输和安装成本，但会节省许多时间，减少许多麻烦。我在许多年前选定了一家货运中介和一家安装工中介，自那以后一直与他们合作。我们的私人关系与所付的佣金同样重要。

第二，设计。一般来说，搬运、组装家具的人应当配备专用工具，具有一定的技能，但对于客户来说，这两项都没有，步骤说明派不上用场。我们的办公桌独一无二，通用说明书根本没用，所以每一个项目都要拟写一个新说明书。我自己写过几次，但占用了太多时间，而且客户最终还是要打电话给我寻求帮助。我决定以易于组装作为调整结构图的首要目标。因此，办公桌的所有部件必须小到一个人能够拿起和移动，同时又不需要过多部件。部件可以自动调准，只有组装位置正确才会形成整体。手握式球形把手可以将所有部件连接到一起，因而无需工具。即便是没有组装经验的人，也能一眼看出如何组装。我们把这个方法应用到公司的所有产品上，结果，组装的速度得到了大大提高。在组装办公桌的过程中，拆装动作会重复多次，那么从一无所知的客户的角度出发来反思组装步骤，对于公司的熟练工来说也有益处。

第三，包装。包装的目的不仅仅是保护货物，还要在从车间到客户的途中唤起每一个人的共鸣。在货物运送过程的每一个节点，它所传达的信息是不同的。包装要镇住库房工人，把安装工无所谓的态度转变成积极捍卫，最后让客户满意。经过多次实验，我们确定了一个双层策略：包装每一个部件，再将整个订单装入板条箱。办公桌的每一个部件都用泡沫塑料包裹，然后再包上硬纸板，贴上详细的标签，说明其中是什么部件以及如何打开。接着，把所有部件放入定制的板条箱内，板条箱没有顶盖，可以防止堆放。对于卡车司机而言，装运的货物看起来又重又结实，而且豪华无比，则需要额外小心。安装工打开板条箱后，包装精美、标示清晰、易于搬运的部件即可轻松地送到客户的地盘。曾有多个客户反映，安装工告诉他们，我们生产的办公桌是最容易组装的。精心设计的包装将安装工变成了友善大使，也让客户心情大好。

易于组装的办公桌最终给我节省了开支，但包装和装箱的成本高昂。运输经理鲍勃·富特需要一名全职帮手才能应付车间货物发运。这里把所有员工分门别类，看看各部分所占的人数比例：在 14 名员工里，4 人负责产品设计和销售，6 人在车间制作家具，2 人在喷漆间，剩下 2 人负责物流运输。换句话说，做木材加工这一块的人数——许多人认为这是公司的主要活动——少于供应链里其他环节提供附加值的人数。

S 公司的办公桌部件打包、为超大桌面量身定制板条箱共用了两天时间，货物运出之后，我一直在暗自祈祷。板条箱安全抵达安装工的地方，一天后，他们回复说安装顺利。

我将价值 7551 美元的最终发票发给 S 公司的联络人，同时附带了保养说明书。对方毫无回应，这让人心神不定，但并非仅此一例。我觉得他们在忙着召开董事会议。他们还有十天时间来结清账目。之前的付款都没有延误，于是我把注意力转向了其他事务。

埃玛一直在跟政府联络，美国商务部很乐意帮助我们。她还发现宾夕法尼亚州本身就有出口辅助项目，而且许多海外城市都驻有贸易代表团。商务部和贸易代表团都与另一个组织——世界贸易中心（WTO）——签约提供人力。埃玛预约了世界贸易中心的人来参观，两人来访，各给了我们三张名片。

与所有来访参观人员一样，他们也费了一点时间才明白我们这个家具公司只生产会议办公桌。这些专业人士参观过许多工厂，我们这间比不上那些大公司。我们在某些方面十分先进，比如自动化机械和网络化市场营销，但在其他的诸多方面，我们的确如他们亲眼所见：规模小，资金不足。政府人员对此毫不在意。他们的工作是推动出口，因此需要与美国本土的公司合作。有了政府提供的服务，他们对于公司必然取得海外市场的胜利感到欣喜若狂。在他们闲扯的时候，我看着他们，心里不禁疑惑他们每天都做些什么。他们工作努力吗？有没有想过会拿不到工资？（应该不至于，因为给他们发工资的正是印钱的那帮人。）如果每天早上西装革履，做一些完全可以预知的事情，然后回家守着老婆孩子热炕头，这样的工作我会想去做吗？如果今天、明天和未来的工资数额都已知，我会去做吗？如果安全感和幸福感都提高了，我会去做吗？

　　贸易人员走后，我们仔细翻阅了他们留下的昂贵而精美的宣传册。我们首先要决定加入商务部运营的联邦政府项目还是宾夕法尼亚州提供的州级项目。当地联系人是我们刚刚见过的同一批人，但目标国家的人员则不是。埃玛认为应该选择联邦政府项目。她的理由是：地球上的任何人都听说过美国大使，但宾夕法尼亚州贸易使团却默默无闻。既然要合作，就要找那些掌握着敲门砖的人。我表示赞同。这个决策使得我们可以获取商务部的多级别服务，合作名称叫作"金钥匙配对服务"。（这名字是谁想出来的？）我们只需支付几百美元，目标城市的商务部办事处会给当地商人打电话，询问是否有意与我们会面。具体流程是：首先进行问卷调查，其中描述了我们生产什么，希望达成何种海外业务，接着与贸易代表进行电话联络。我对于出口仍然半信半疑，但埃玛很是热心，所以我同意加入"金钥匙配对服务"。在这个节点，我花了 300 美元，钱不多，正好可以看看情况。

　　3 月 9 日，新的折叠办公桌完工，可以发货了。我给其中一张桌子拍了几张照片，既有支起状态，也有折叠状态，准备放到网站上。可惜车间灯光太亮，总也拍不好，于是我用美化软件生成了一张较好的照片。我只发布真正制造出来的货物的美化图片，而且总是会添加几张办公桌在车间里的照片，虽然都拍得不好看。我想让人们明白，凡是展示出来的，都是我们切实能生产的。

　　拍照简单，定价很难。新产品该定什么价格？如何给产品定价？这问题出乎意料地难以回答。定价思路有两个：第一，市场价是多少？第二，生产成本是多少？第一种思路不适合我们。因为竞争对手从来不公开价格，所以我们毫无头绪。我们大致了解批量生产办公桌的成本，但这对于定制办公桌定价没有参考价值。如此一来，我们只能从内部成本预期着手。

定价数据表预测了每个项目的成本，但查看实际生产数据时，我发现那些预测结果通常都是错误的。每个项目都会出现失误，工人的技能水平不同，导致十分相似的办公桌的生产工时相差很大。另外，实际的物料成本也含糊不清。数据表预测了我们需要采购多少物料，但面积计算很不准确，而且自从 2007 年以来，我们根本没有更新不同木材的成本数据——我没时间追踪上百种起伏不定的价格。我以为大萧条使得木材需求和价格都下降了。考虑到车间的状况，错误的成本数据可能没什么影响。木材尺寸是不规则的，有些存在瑕疵，所以出料量不会前后一致。有时候上一个项目的余料能接着用，有时候则不行。失误和返工导致重复订料，还需要付出额外的加工时间。为了稳妥，我们将理论物料成本提高40%，之后加上 78 美元 / 小时的人工成本（依照相关工资标准，无论哪个工人做该项目的成本），上述数额的总和就是理论上的最低可盈利成本。保险起见，我们将总和提高 7.5%，另外加上 2% 的销售佣金，得出任意产品的理论定价。

我曾告诉尼克和丹，要从客户那里拿到至少上述价格，可有时候要降价才能卖得出去。如果数据表得出 10032 美元或 40151 美元这样的数值，也就是正好高出显而易见的降价点，我们也会更改价格。我会愉快地四舍五入，少要几十美金。我了解零售定价方面的很多知识，因而知道略低的价格确实会触动人心。

总而言之，这个思路很有用。物料成本低于我们的要价，所用工时也比数据表预测结果少了 5%。在过去的两年时间里，这个思路带来了正向现金流和利润。但有一次，我实在厌倦了这些时间与成本预测，其正确与错误的概率相同，有时对我们有利，有时则对我们有害。

于是我又回到了模块式办公桌这个问题上。我想把它放在网站上，同时给出一个价格。"老式包装"那个业务给我提供了工时参考。我们曾预测四张办公桌会耗费 69 小时，结果只用了 50 小时，低了 28%。物料成本预测是 2234 美元，但总共只花了 841 美元。（不过我们可能用光了手头的物料，所以 841 美元并非实际成本。）基于这个数据，以后同样的办公桌价格将会低于"老式包装"的价格。"老式包装"定制了四张胡桃木办公桌，其中两张配备数据接口，总共支付了 9210 美元。我利用实际工时再次运行了定价数据表，得出的新数据是 1594 美元。也就是说，四张办公桌为一组，每张办公桌定价 1594 美元，生产同样的办公桌还能提高效率。我预计客户不止需要一张办公桌，实际订单总额将超过 5000 美元。

我制作了产品网页，方便人们看到呈 U 形放置的四张办公桌，每张办公桌的定价是 1594 美元。读了正文，人们会清楚地看到多张办公桌订单中每张办公桌的单价。我很喜欢低价吸引购买者这个想法。等潜在买家联系我们时，再商谈细节。

网站上共有 182 种办公桌，按照形状、特征和价格分类，便于买家寻找所需的办公桌类型，而且当人们搜索具体条目时，谷歌更容易给出正确的匹配结果。针对多种多样的办公桌，我们打出的广告也不同：大型、小型、圆形、定制、会议室等等。模块式办公桌还没有隆重推出，于是我拟写了一条新广告，希望给这个页面增加浏览量。我试了试"模块式办公桌"这个关键词能产生多大的流量，谷歌向我保证说，这个条目的搜索量很大，但其他办公桌供应商的竞争较小。我写了一个朗朗上口的标题，设定了浏览者每次点击该广告可获得的报酬（3.50 美元），然后制定了一个时间表，让它在每个工作日的早上 7 点到晚上 10 点之间出现。这条广告是我们投放的 126 条的其中之一，每条广告目标单一，所以产生的流量都不大。不过总而言之，这些广告带来了稳定的电话询价数量。

3 月的第三周，欧式家具的奈杰尔打来电话。他联系了总工厂的上司，他们同意我去参观几天。机票自费，但他们负责其他所有费用。这一趟将花费 1400 美元，但如果能看一眼他们的工厂，我很乐意花这笔钱。我以前从未遇到这样的机会——国内的竞争对手绝不会让我去看，所以我没尝试过要求参观。另外，坦白地讲，要让竞争对手进我的车间，我也得慎重考虑才能决定。

我和奈杰尔确定在 4 月的最后一周会面。我星期一出发，星期五回来。此外，他要我着手设计放置在纽约展售厅的办公桌。他们现有的办公桌没有现代化布线条件，需要我在原有基础上进行升级。他们不出设计费，但对办公桌本身给出了合理的价格：6523 美元。这是我们公司首次尝试融合欧式家具的外观和我们设计的部件。生产这种办公桌极具挑战：桌面是三个完全一样的等边三角形，角为圆弧形。桌面要配备电源和数据接口，木材纹理要贯穿桌面和接口，不能有中断。我对于如何生产这张办公桌胸有成竹，但我想首先深入了解欧式家具如何应对这样的项目，说不定他们掌握了优于我们的特殊方法。

下一个星期二，S 公司的联络人打来电话。我的心猛地一沉。如果组装完工后客户没有再联系我们，那就皆大欢喜，而一旦他们打来电话，要么是好消息，要么是坏消息。我敢肯定，S 公司对产品不满意。原来在董事会议结束后，他们发现办公桌上有划痕。行政助理告诉我，划痕不大，但是她从某个特定角度能看到划痕。她坚持认为罩面漆有问题。这似乎不太可能！我亲自在送货之前仔细检查了桌面，一切都没问题。有时候客户划坏了桌面，但几乎都会主动承担责任。除丽光板和花岗岩之外的其他面板——包括玻璃、大理石、金属面板和木质面板——很容易被尖锐物体划出痕迹，任何木质桌子终究会被用户的首饰和笔记本电脑底部划出大量微小的划痕，这是日常使用难以避免的结果。

我让她通过电子邮件发几张受损部位的照片。照片在第二天发了过来。照片很不清晰，是用手机摇摇晃晃地近距离拍出来的，但我还是看出了端倪。按照从 1（未损坏）到 10（被狼啃坏）的损伤等级来看，这些划痕大约在 1.5 左右。换句话说，这些划痕对于任何实际使用的桌子都是正常的。与此同时，我又问了戴夫·福华里：哪里出问题了吗？他说没有。他涂了很厚一层罩面漆才得到了客户想要的外观，但整个喷涂过程进展顺利。

看来是客户对于自己的行为反应过激了，但他们不这么认为。他们还欠着我 7500 多美元，责怪他们无济于让他们开心或让我拿到钱，但修复这样的罩面漆又不能在他们那里进行。喷涂罩面漆的化学物质有毒，残留物质会布满整个会议室，而且如果不重新喷涂整个桌面，新喷涂的位置会很扎眼。如果真要重新喷涂，那必须把桌面运回这里，其他办法都会导致一场无休止的消耗战，客户不开心，我拿不到钱，两败俱伤。重新喷涂的成本略低于应付的尾款，但至少能让客户满意，除非他们再次划伤桌面。我必须亲自到场看一看怎么回事。

我在 3 月 27 日凌晨 4:30 出发。宾夕法尼亚州运输安全管理局规定四个候机室的所有旅客必须过同一道安检，这增加了计划外的 45 分钟时间。我只能插队到最前面，跑着去赶飞机。经过两次转机和一段漫长的驾车路程之后，我终于走进了会议室，S 公司的行政助理就站在我旁边。从门口看去，办公桌毫无异样。"你得从某个特定角度去看。"行政助理说。我从某个特定角度去看，还是没看出什么。"得走近点。"我走近，头部离办公桌桌面几英寸高的时候，看到了几处细微的划痕。虽然我认为这是正常磨损，但我还要显示出同情。"你觉得这罩面漆有瑕疵吗？"她问道。坦率点的答案是："不，你们自己划坏的，是你们的错。"但我没说，而是问她桌上曾经放过什么东西。她翻了翻清单：玻璃器皿、垫纸和便签纸文件夹。她一直很小心。我问她是不是杯子底部没有上釉——通常是这些导致了划痕——她说她早就想到了这一点，把杯子送去当地陶器厂重新上釉了。这个时候，首席执行官进来了。他说出现这种事情，他很失望。他是真心喜欢这张办公桌，还说其中一个董事会成员问过是哪家生产的，想自己也订一个。只要我们修好这一个，他会告诉我是谁问的。（大公司的首席执行官当然不是傻子。）我只能投降。我同意在 4 月中旬来拉桌面，并在三周后送回，不耽误他们下一次董事会议。首席执行官说由他们支付卡车租金，但我们要派运输经理来监督包装和装运，而且要我们亲自开卡车回去。这笔开销让人既心疼又肉疼啊！

我对于划痕的罪魁祸首依然耿耿于怀。我们拿出所有盘碟，终于找出了元凶：果然是杯子惹的祸。当地陶器厂根本没有给底部重新上釉，只是涂了一层清漆。我拿一个杯子在桌上动了一下，啊哈！细微的划痕出现了！

半夜回到家，我已经筋疲力尽了。我感觉自己像是一个屈服于他人威风的笨蛋，但争论只会引来更大的麻烦。到家时，我看到了一个惊喜。妻子在前门贴了她画的一张卡通画——我双臂呈胜利姿势伸展，前面有一个商人，正给我一大沓美钞。虽然事与愿违，但有家人支持总是好的。

这是一本商业书籍，但要想深入了解一个老板，还必须知道他的家事。我的家庭生活算是美满的了。我在读大学时认识了妻子南希，当时她 18 岁，我 19 岁。我俩刚毕业就一起搬进了两人的第一间公寓，同时我开了公司。在那些生意并不稳定的岁月里，南希一直是我的坚实后盾。她在一个收入断断续续的家庭长大，应付得来经济不稳定的生活，也能应对抚养具有特殊需求的孩子的挑战。

我们育有三子：18 岁的双胞胎兄弟彼得和亨利，16 岁的小男孩休。休和彼得与普通孩子一样，读的是当地高中。亨利患有严重的自闭症。很早的时候，亨利的孪生兄弟正常发育，我们就知道他不对劲了。亨利在各个方面都落后很多。在他两岁时，正式诊断结果出来了，此后便是多年的理疗、特殊教育、言语矫治和行为治疗，可这一切都无济于事。

到了 18 岁，亨利的智商依然只有婴儿水平。他不会说话——他拼命想说话，可惜大脑发育跟不上，舌头和嘴唇没办法吐出语句。他不会读书，对他人几乎没有兴趣，也不肯看电视。他只喜欢几样东西：坐着车四处逛、反复地听某一张甲壳虫乐队的 CD（音箱声音开到最大）和吃东西。他身高 1.92 米，体重 93 千克，而且还在继续发胖。

亨利的情绪反复无常。由于不会说话，他很难表达自己想要什么。我们学会了猜测他的需求，但有时候他会充满挫败感地哭泣，或者不断抽打自己的脑袋，或者声嘶力竭地大喊大闹，上蹿下跳。如果有人在这时候靠近他，他就会动手打人——两手掐住脖子，试图摔在地上。

12 岁之前，亨利通常还比较安静听话。青春期开始之后，暴力行为出现了。到了 15 岁，他每周总会有一两次突然袭击我妻子。如今到了 18 岁，荷尔蒙冲动爆发的次数减少，发脾气也越来越少。可他的体格太壮实了，一旦发作就难以掌控。南希和他独处时总是小心翼翼，但出门办事时还是会开车载着他，他也很乖。他喜欢坐车去商店，对于他来说，那里就像一个食物博物馆。

乍看之下，他身材高大，是个英俊的小伙子，但细看就能看出端倪。幸运的是，人们对他很宽容。即便他大喊大叫或者突然大哭，人们都会按照我们的提示行事。如果我们把他的一切行为看作正常且必然的，所有人都能平静对待。然而，他在公共场合发脾气的时候，我们就很难堪了。因为他的这些症状，我们不能一直待在家里——他感觉厌烦，我们也是，更不要说这个 90 多公斤的自闭症小伙子上蹿下跳砸坏家里的水泥墙和楼梯踏板了，所以我们就带他出门，顺其自然。

亨利的孪生兄弟彼得则截然相反，驳斥了占星术和"后天教育比先天更重要"这一说法。他比亨利早出生两分钟，两人却有着天壤之别。他被麻省理工大学提前录取，继承了他母亲爱与人交往的天性与待人随和的品质。小儿子休志不在此，但他聪明又勤奋，也许抚养亨利的那些困难都是通过这两个孩子得到弥补吧。

虽然要同时顾及生意和抚养一个具有特殊需求的孩子，我也称不上英雄。家家都有本难念的经，每一个老板都要选择如何应对压力。不停地工作、酗酒、出轨、大喊大叫、路怒？或者稍微温和些？如果能自主选择，就选一个吧。高度的压力往往会引发过激的行为。

双胞胎出生之前，我经历了一段时间的低谷，但回想那些年月，我还是很快乐的。自孩子降生那一刻，人生就发生了翻天覆地的变化。一边要抚养孩子，一边要打理并不挣钱的生意，压力自然越来越大。我试过把工作问题留在工作时间，但有时候会把紧张情绪带回家，然后因为某些琐事突然大发雷霆。所谓琐事通常是妻子提出的合理要求，她认为我"肯定"有能力提供所需的金钱或腾出时间。之后自然是争吵，我咆哮她不懂工作上的事情，她咆哮我总是说生意会变好，我会给家里更多钱，腾出更多时间陪家人，但从来没有兑现诺言。每一对夫妻都会有一个引发反复争吵的话题，而这个就是我们家的话题。

大萧条来临的时候，我每天都在努力维持生意，紧张情绪挥之不去，达到了难以忍受的程度。我觉得应对紧张情绪的唯一办法就是每天把生意上的所有事情——无论好坏——都告诉南希。刚开始，她不喜欢听，因为这让她想起了早年时的艰苦。可后来我们夫妻的关系越来越融洽了。把工作和家庭生活分隔开是一个巨大的错误，了解了状况之后，妻子从对头变成了我的同盟。

孩子们现在已经可以自己照顾自己了，亨利大部分时间都不在家。他在家的时候，生活稍微艰难一些，但只要生意顺利，我就能过得体面。

3 月的最后一个星期五，我回顾了当月销售数据——很差劲。3 月份的销售额仅有 135732 美元，远远低于 20 万美元的目标，季度销售额 60 万美元的目标也远远没有达到。前三个月的销售总额只有 543003 美元。尼克这个月最糟糕，只拿下了价值 25502 美元的订单。丹比 1 月份和 2 月份略有提高，拿下了价值 49783 美元的订单。18 日之后，两人再没有售出任何东西。我是当月销售冠军，销售总额达到 60447 美元。"最佳销售员"是我最不愿意获得的名号，看着尼克和丹"摇摇欲坠"，我内心十分不安。

3 月份的销售分布很古怪。订单总数并没有减少，从 1 月份 11 个订单、2 月份 12 个订单增长到了 3 月份 16 个订单。客户增多本应是好事，但在这种情况下，多出的订单的总额并不大。5 个最小的订单总额仅有 5854 美元。微不足道啊！其余 11 个订单平均只有 11807 美元，远远低于前两个月单笔订单的平均值，即 17688 美元。

我们的订单价值参差不齐，大多数介于 5000～20000 美元之间——其总体价值不到目标总额的一半。因此，大订单十分重要，最大的订单——价值超过 50 万美元——则会对我们的财务状况产生巨大影响。逮到几条大鱼，皆大欢喜；只捉到几条小鱼，目标难以实现。我们在 3 月份就只捉到几条小鱼。尼克和丹向我保证，他们正在努力攻关几个大订单，很快就能到手。我们随时都可能重归正轨。

有一件事是无可置疑的：销售目标没有达到，严重影响了现金流。如果达到目标，现在会多出 3.2 万美元现金——定金。几个月销售强劲，随后一个月销售疲软，这是行业常态，这样的情况我见过多次。可我也见过销售额连续数月减少，那则是致命打击。车间工人是按照一定的生产能力配备的，工资和设备成本都摆在那里。如果销售速度跟不上生产速度，我们会遭受重创：现金流入速度低于开支，最终将无业务可做，然后就要裁人。

我不知道现在该怎么办，但从销售岗位抽身而出的那份自信已经灰飞烟灭了。我不能再指望另外两个销售员，更不能看着他们在未达到目标的情况下再搞砸一个订单。我要自己拿下更多订单，首先从迎合欧式家具开始，或许他们会给我带来更多业务。

第 4 章

4 月：商业伙伴小组

日期：
2012 年 4 月 2 日，星期一

初始银行余额：
$136260.92

相对于年初现金差额（现金净额）：
- $893.40

年初至今新合同金额：
$543003.00

    这是公司开门营业的第 25 个 4 月份了，而纳税日之前的那几周一如既往地平静，未曾体验过这种压力的尼克和丹则坚信大鱼很快要上钩了。在整个 3 月份，询价电话数量平稳，我们送出了几份可靠的计划书，而有些客户总是说再修改一下先前的报价就会下订单。

    尼克在为凯泽家庭基金的一位买家准备第 23 份计划书——创造了公司新纪录。他在一年前给出第 1 份报价，如今正绞尽脑汁再做出更改。他仍旧采用同一个基础设计——10 英尺的圆桌，桌面同时使用木材和大理石。每过几周，身在曼哈顿的买家就会打电话，信誓旦旦地说他的老板马上就会做出决定，然后要求我们再更改一次——换种木材，增减数据接口，还有永恒不变的降价。这个设计本身并不便宜，送货的成本也不低。整张办公桌 2.2 万美元已经是我们的底线，可买家还是不知足。尼克不止一次问我是否有必要再发一份计划书。"耐心点。"我告诉他。我以前曾经历过这样的事情。一般情况下，询价方会再无回应，但有时候会拍板买下，我们绝不能因为偷懒而让潜在的业务从指缝中溜走。

同时，尼克一直在忙着处理弗吉尼亚州空军基地的业务。对方明确提出了所需的产品，这一单做下来就是 4 万美元。他再次提交了多种设计方案，花费大量时间应对细微的变更请求。空军基地的人告诉我们，计划书给他们留下了"十分深刻"的印象。利用他们提供的图片和我们的建模软件，尼克完美地模拟了他们的房间，最终做出了令他们满意的办公桌设计方案。他们再三承认他做得很棒，但是这个业务必须通过招标才能进行——联邦政府承包法规定的。我告诉尼克，如果我们能说服对方由我们帮忙拟写招标计划书，这事就成了。若由我们来拟写，除了我们，没有别的竞标方能满足要求。这个伎俩在以前很奏效，但这次不行了。在联邦政府承包网站上发布的招标说明中，该办公桌的描述十分笼统，而且要求所有投标人必须到空军基地参加公开陈述。从公司到那里要开车 6 个小时，我叫尼克去参加。他做了大量准备工作，我们绝不能因为不到现场而失去这次机会。

丹也在忙着价值超过 3.5 万美元的大单——加利福尼亚州大型建筑公司卡利重工业的三张办公桌。除了设计图纸外，我们还向对方提供了全套办公桌平面图，帮他们设计楼层电力及数据布线孔。

我一直在和当地一家银行的设备经理联系。他们准备进行总部翻新，纠结于修补现有的办公桌还是换张新的。当然了，我知道哪个决策更明智，可他总不回复我的邮件，我只能等待。

有一个潜在买家倒是迫不及待。一个好朋友想让我给他做一套卧室家具，我不太想接受这个订单。这些年里，我曾生产过相当多的床和梳妆柜，这些东西复杂到令人难以想象。我告诉他，只收成本费就顶得上买一辆新车，可他执意要买。我没有跟他讲我真的特别讨厌给朋友做东西。虽然做成的那几次都没什么问题，但是我不喜欢金钱交易玷污了原本纯洁的社交关系。

他缠了我差不多一年，我最近给他发了设计图，但没有提到价格。他要的东西很多——大雪橇床及配套床头柜，两个大梳妆柜，一个书架。主体全部都采用结实的樱桃木，细部则采用非洲的安丽格饰面薄板。除了原料难找之外，只有领班史蒂夫·马图林花费大量时间才能完成这个业务，所以人工成本一定会很高。

我计算了一下，即便给他最优惠的价格，结果依然令人震惊：28797美元。我担心朋友会被这个价格吓到，但这时候退缩又太尴尬。

只要拿下上述业务的任意一个，年度目标就能实现，签下两个或以上，我们就抢占了先机。而且美好的愿景不止这些，直觉告诉我，有大业务要来了！终究会来的。

我希望订单来得越早越好，这不仅仅是为了注入现金流，也是为了待完成订单量考虑，即等待完成的订单数量。订单下达当天，我们不会立刻着手生产。若在客户停止设计变更之前就急匆匆地生产出办公桌，问题可就大了。我们有自己的做法：把终版设计图纸和照片发给客户，告知对方这些文件所展示的正是我们所要制造的产品。我们同时还会附上成品样板：客户讨论过的木材品种和颜色。接下来，我们等着客户确认一切准确无误，或者提出变更。有时候，客户公司的内部决策流程要数周时间。通常情况下，订单下达后，车间要至少等待两周才会开始动工。如果客户流程过慢，可能要等一个月甚至更久。

4月初，待完成订单量仅可维持5周多一点。这是个大概估计——我自创的公式，每星期运算一次，但不会抵消超出或少于预计的业务工时。它最多只能大致地反映现实状况。不过我发现，即便是有瑕疵的评估方法，只要能持续地应用，也是很有帮助的——结果本身不重要，重要的是每周的变化。

新年伊始，我们计算出待完成订单量仅可维持不到4周时间。1月份和2月份销售量很大，足以让我们比年初有更多业务可做，但总体趋势在下降，3月初曾经达到可维持7周的巅峰。销售减缓，车间的生产速度却开始加快。

至少我觉得如此。每月运出货物的总值一目了然，但我不知道其中有多少是人工成本，有多少是物料成本。从表面上来看，我们按照每周4万美元的速度生产，如果某星期的销售额低于这个数值，那就是在吃老本。待完成订单量仅可维持五周多一点，假设车间保持当前的生产速度，5月初就没活可干了。

待完成订单量逐渐减少还意味着流入的现金越来越少。我们拿不到定金，未来可预期的现金总额也在减少。到4月的第一个周末，完成所有订单所能得到的现金只有107410美元。完成订单需要5周时间，所产生的资金却只够维持3周。

在剩下的时间里，我们还要照常支付物料费、房租、广告费和电费。怎么才能缩减开支？

公司最大的支出项是工资。付工资时间是每隔一周的星期二。工资金额因具体工时而变化，但平均值是 3.6 万美元，其中包括 15 人（含我在内）的薪酬、养老金和工资税，但不包括每月 10140 美元的健康保险（15 名员工中的 9 人及其家人，含我在内）。员工的时薪介于 13 ～ 36 美元之间，所有数目相加，这些人每小时的总工资是 317 美元（不包括我）。另外还有工资税、工人抚恤保险和失业保险，这些都很繁琐，但增加了大约 18% 的成本。

工资总额难以减少，除非裁掉几名员工。我又不能让所有人少工作几个小时，这在目前是行不通的。S 公司的办公桌耗费太多时间，其他业务都已经滞后了。完不成订单，就拿不到发运前付款或尾款，而这些是我肯定要拿到的目前唯一的现金来源。

我也不能让工人无薪加班，因为不支付薪酬违反了劳动法，而降低工资标准是极端的、打消士气的举措。2008 年秋季，我把员工的工资下调了 15%，这是很少见的做法。我之所以能逃过一劫，是因为所有人都明白我们深陷漩涡，他们也没有别的更好的地方可去。2012 年，木制品行业的经济环境依然不稳定，但比以前改善很多。如果我再次下调工资，有些人会毅然离去——很可能是我最好的员工。我们还有业务可做，我希望我们能扭转乾坤，所以我不想冒险而让人离职。

幸运的是，有一个员工永远不会离职。他的薪酬很丰厚，降低他的工资一定能缓减目前的危机。多年的经验告诉我，不管给他分配什么样的工作，他都能扛得住——加班、身兼多职、重新安排个人财务，甚至在必要时把钱借给公司。这个傻瓜是谁呢？恭喜你猜对了，正是老板本人。

多年来，我曾无数次增减自己的工资，以此控制现金支出速度。难道我坐拥金山银山，家财万贯，随时都能为公司提供资金？并不是。

我虽没有破产，公司却也没有为我带来多少财富。众所周知，生产定制家具不是一个赚钱的行当。例如，回顾一下公司从 2003 年到 2011 年的业绩。这段时期的销售总额达到 16352367 美元，利润却是负值。大部分亏损出现在 2008 年经济崩溃之前，也就是合伙人和我努力发展公司却经营不善的时候。从 2003 年到 2008 年，亏损总额达到 1086648 美元，合伙人临走的时候自认了大部分亏损。剩下的三个股东——我父亲、兄弟和我在那些年里紧急借款给公司，公司才没有关门大吉。自 2009 年以后，我想方设法止住了亏损，公司的利润达到了 210114 美元，但累计亏损仍然有 872084 美元。

在那些起伏不定的年月，我尽力支付了所有账单。最为重要的是，我手下的员工都准时拿到了全额工资。所有税务都准时全额支付，所有供应商和房东都拿到了全额付款（虽然不一定准时，但我利用 2009 年以后的大部分利润逐步偿还了欠款）。公司仍欠合伙人和我一大笔钱，但不欠其他任何人一分钱。

在 2003 年至 2010 年期间，我的平均年薪是 78484 美元，其中还包括需要支付的健康保险，即公司所有者的课税补偿。我的现金工资比较少，每年要借给公司平均 29363 美元（而且是在缴纳工资税之后），所以我平均每年的工资仅有 49121 美元。相比那些年薪百万而让员工忍饥挨饿的贪心老板，我算好的了。

既然收入不高，我的生活方式自然要与收入相匹配。妻子和我十分简朴。我们不经常旅行，即便想出去，情绪不定的亨利也使得我们仅限于走亲访友。我有两辆旧车：一辆 1992 年版丰田凯美瑞，一辆 1999 年版本田奥德赛。南希很节俭，我们的衣服大多是从旧货商店买来的。她还是个好厨师，所以我们从不下馆子，每天晚上都在家里吃饭。

不过，我并没有穷困潦倒。不管公司能值多少钱，它目前不适合出售，我的净资产略低于 40 万美元。房产价值大约 16.5 万美元。两辆车一文不值。从 1998 年开始存储的退休金有 92356 美元，Vanguard 账户上有 48525 美元的备用金，支票账户上有 2011 年生意兴隆时存下的 78525 美元。

那笔意外之财来得及时。大儿子 9 月份上大学，妻子准备攻读硕士学位，以便通过教学来应对空巢体验。她的课程与亨利的安排相协调，亨利在家，她也在家照顾他，而我则能安心工作。两人的教育费用都要在 9 月份缴纳，第一年就会把我的所有积蓄掏得一干二净。

我不是在抱怨，我比世界上的大多数人强太多，但我仍然没有安全感。我用自己的钱垫付公司欠下的债务。除了公司欠我的 387098 美元之外，即使公司破产，办公场所的租金仍要全额支付。目前距离续租还剩下 26 个月，月租金 9250 美元，也就是 240500 美元。公司有两张信用卡，透支金额为 6.5 万美元，我们每月基本要透支 3 万美元。如果逾期未偿还，银行就会抵押我的个人财产。事实上，只让某些员工坚守岗位，维持开门营业，也有一个最低开支标准。如果裁掉所有人，那就没人工作，我就彻底完蛋了。日常开支太大，我不敢再次单枪匹马地经营公司。要想不被行业淘汰，我每天要开支 5000 美元。如果自掏腰包，60 天后，所有现金都会消耗殆尽，我家的房子也会被取消赎取权。

拥有这么一家收入上百万的公司没有让我变成富翁。公司半死不活，我深感羞愧。每次参加聚会，听到那些医生和律师天花乱坠地谈论非洲之旅、高尔夫球场和豪华汽车，我都觉得丢脸。如果我像同代人一样去读法学院或商学院，去大公司工作，至少能有一份高工资来证明我努力奋斗了。没错，过上那样的生活，其他方面失败也没关系，更何况还不用在上班的过程中创造自己的职业。

你见过哪个木匠富得流油吗？恐怕没有。若真有这样的人，也没人提及他们。我真的很想知道如何让我的公司转变成为业务精良、员工高薪、老板有钱的好公司。我自己没能想明白，因而需要另辟蹊径，寻求指导。

从哪里获得好建议呢？这个问题从一开始就纠缠着我。在 1986 年，我大学刚毕业就开了公司，行业里没有任何熟人，当时也没有网络，有问必答的万能图书馆更是闻所未闻。我本能地靠自己去摸索，现在回想起来，这样的方式有百害而无一利。我被最基本的商业问题撞得鼻青脸肿：从哪里采购物料？如何保管记录？如何缴纳员工税务？如何发布广告？答案太难找到了。很多书籍在讲如何经营公司，但涉及木制品行业的一本都没有。我从来没想过有谁会想帮我，所以我从不求人，而且我总觉得时间紧迫，每当有新想法，即便十分差劲，也会立刻实施。这些年来，我一直都在混日子。

归根结底，没人在乎我如何经营公司，也没人在乎我是否有能力经营公司。只要税务照缴、工资照付、账单全清，会不会做生意都没关系，这是我在 2002 年冒险合伙的主要原因。我迫切地需要指导。我天真地以为，既然合伙人有钱，那他肯定特别懂公司经营。可惜事与愿违。他之前的公司经营得很好，但我们撞了南墙才知道，前车之鉴不一定能作为后事之师。

合伙人曾是我多年的唯一意见来源，他教会了我很多东西，也把我引入了歧途。并非他存心不良，也不是因为愚笨，而是他的经验无法应对我们遇到的问题。他不善于辨明老方法不管用的情况，我们也从未想出办法来面对被他完全忽略的问题——如果他对某个问题不管不顾，我也会置之不理。这导致了许多现金流问题和车间管理问题。

幸运的是，合伙人理智可敬，所以我们的合伙关系并没有转变成为私人仇恨。然而，我们关于如何发展的想法出现了分歧，特别是在2008年秋季，他想关门认亏，然后撒手不管。他一声不吭，拿着公司的大部分运营资金还清了银行借款，以减少个人负债。公司欠他很多钱，从他的立场来看，这个做法完全合理，但是我要靠这些资金维持公司运营啊！公司没了，我做什么？我们的想法差别太大，不可调和，自那以后，我再也不听取他的意见了。

在合伙人担任我的商业导师的那些年里，世界发生了翻天覆地的变化。互联网面世，寻找基本信息的障碍消失了，我们坠入了铺天盖地的内容世界。不幸的是，数量并不代表质量和实用性。我发现商业出版物毫无助益。随便拿起一份杂志或报纸，或者读一篇博客，总会看到一个故事像广告一样翻来覆去地讲，让人厌烦。这个男人如何获得成功，那个女人如何获得成功，这个大公司如何获得成功，你也可以获得成功。这些故事用长篇大论去讲结局，对于方法却讳莫如深，而且几乎总是省略真正重要的细节。他们过度宣传软件创业公司，对于史蒂夫·乔布斯或马克·扎克伯格等奇人更是当成神一样崇拜。我读过有关这两人的许多文章，但没有一篇一语中的：他们的运气好得不得了。

我没有见过深入细致描述我这样的小公司的文章。我要找的是解决问题的具体方法。这些问题错综复杂，技术性强，与所涉及的人的性格有关。鉴于商业记者面临的格式限制，以及本身缺乏专业知识，无怪乎写出来的东西会简短而笼统。谁也不想写老板每天面临的多重挑战，更不会去展示老板同时处理所有问题的难度。

我最大的难题是寻找数据。我的大多数财务决策都是在不了解正常标准的情况下做出的。竞争对手和我一样都是小型私营公司，关于市场规模、最大的竞争者、竞争对手的要价等等信息都无处可寻。公司的每位员工每年创造大约 14 万美元产值，多还是少？第二好的车间工人该拿 18 美元还是 21 美元的时薪？这个工人到别家公司能拿多少钱？对于我和员工而言，这个差别有着重大意义。广告关键词推广每月消耗 1 万美元或更多，太多还是太少？我在丰厚的工资基础上还付给丹和尼克 2% 的销售佣金，这是否明智？采用别的分红方法是不是更好？这些不确定性累计的成本是每年成千上万美元，远远多于我从公司拿到的钱。我想知道公司的支出水平是过高、过低还是正好。这些问题大多都没有现成的答案，而像广告关键词竞价推广这个问题，我可以从客观性存疑的渠道获得含糊的答案（谷歌本身，或者追求私利的顾问）。

我怀念合伙人，因为他总是乐于倾听，他知道我所谈论的那些人，而且他提出的建议虽然存在缺陷，初衷却是好的。自他走后，我倍感寂寞。没错，员工和我会讨论小工厂时时刻刻都在出现的技术问题，比如物料、业务、机械故障等等，但遇到较大的问题，特别是在员工个性与我的资金激烈交锋时，公司里没有人能理解我的想法。

我很想结交一些小公司老板，但我没能在社交场合遇到他们。妻子负责安排我们的社交生活，我们经常外出，但南希是个艺术家，所以我们认识的人大多从事艺术行业。从商业和制造业的角度来看，他们所做的东西全都不可理喻。

2011 年年底，我找到了一个可能解决问题的办法。它来自于一封邮件：伟事达集团发出的商业伙伴小组邀请函。他们为小公司老板组织定期的小组会议，每个小组都严格审查，确保公司规模相同，但行业类型多种多样，比如制造商、零售商、建筑师和会计师等职业以及软件行业人士，既可以让大家各抒己见，又能避免小组内直接竞争。每个小组都有创业者，有些是多世代的家族企业，有些则和我一样，公司开了很长时间，却处于瓶颈期。最低年度收入门槛确保了参与的公司都是能继续生存下去的。每个小组由经验丰富的组长领导，每周举办一次团体会议和个体会议。我可以把自己的规划和问题交给组长和其他成员进行分析，然后再听听他们公司的事情。

我喜欢这个想法。如果真的有用，我将能和同类人互动。我也很喜欢让每家公司更上一层楼的做法。参加这个小组每年要支付 1.2 万美元，还要抽出一部分时间，但比攻读 MBA 便宜而且容易得多。

我回复了邀请函，团队领导埃德·柯里安排在我的车间会面。我们在 2011 年 12 月见了面。埃德 65 岁左右，在宾夕法尼亚州的一个采煤小镇长大，在越南待过一年，之后在为汽车制造商生产精密测量仪器的公司工作多年。那家公司有几千名员工，他一路打拼到了管理岗位。公司被德国竞争对手收购后，他去了安永会计师事务所。退休后，他加入了伟事达集团。这些年来，他一直担任其中一个小组的组长，但小组扩大之后，他准备解散，然后再组建一个。我们在我的办公室聊了大约一个小时。埃德提出的问题很巧妙，而且会认真听取答案。一周后，我去参加了介绍会，觉得还不错，于是签了合同。

在 4 月份，我总共参加了三次会议。小组成员构成十分有趣：一家会计师事务所，一家软件创业公司，一家卡车货运公司，一家咖啡烘焙公司，一家房屋粉刷与维修公司，一家文件存储公司，两家软件企业，还有三家制造商——其中一家对金属部件进行精密打磨，一家生产预制金属楼梯，另一家则生产定制会议办公桌。小组成员全部为男性，年龄在 20 多岁到 70 岁之间。其中有三家公司是多世代家族企业：精密打磨公司由创始人的儿子经营，卡车货运公司和咖啡烘焙公司则可以追溯到 19 世纪。其他所有公司均由创始人经营。

我特别想深入了解那家楼梯制造商。公司老板名叫萨姆·萨克斯顿，是小组里最年轻的成员。他于 2003 年毕业，前往南达科他州发家致富。他买了一片农场，建起了排屋，把挣来的钱小心翼翼地攒起来。经济危机之后，他回到东海岸，想通过收购公司来增加财富。他收购了一家生产预制楼梯的公司，然后兼并了一家规模较小的竞争对手，把两家公司合二为一。他从银行贷款数百万美元才完成收购和兼并，因而公司需要迅速发展才能还清债务并积累资本。

我是想制造东西而成立了公司，萨姆却是因为想成立公司才进入制造行业。他以非常中庸的态度看待公司的制造环节。对他来说，这个环节与其他所有环节一样，都要投入大量成本。行政管理、市场营销、销售、产品制造、运输：所有环节都必须出一份力。如果不能挣钱，他就无法偿付贷款，银行就会取消他的抵押品赎取权。

萨姆精神头十足，身材高大，看着很强势。他讲话速度快，充满自信。自高中以来，他所做的一切都是为了取得商业上的成功。他在巴布森学院学习企业家精神，25 岁之前就获得人生第一小桶金，而在收购工厂以后，销售额翻了一番。公司有了正向现金流，每月都在偿付大量欠款。他最头疼的问题是运营——即便是在最好的情况下，大公司里的几十号人也是很难管理的。萨姆的运营体系十分脆弱，而且他没有全面了解自己的产品是如何制造出来的。他表示，他想掌控生产环节，从而让公司发展得更快。

由于两家公司生意比较相似，我在 1 月份的会面结束后找到萨姆，提议互相参观车间。3 月底，萨姆和他的车间领班迪安来我公司考察。在参观车间的过程中，他们礼貌地表示了兴趣。访客常常会被车间里的氛围震撼到，但萨姆和迪安曾出入过工厂，所以并没有太大反应。之后，我带他们去办公室，演示了如何制作计划书、设计图纸和利用谷歌文档让所有人同时看到数据。这些都没有引起他们的任何看法，真正让他们感兴趣的是我们追踪从合同到交付的生产活动的数据库软件。员工每天输入用于各个项目的工时，我们可以看到每个业务在生产流程所处的阶段以及到每个节点所用的工时，而且所有业务都一目了然。这个数据库软件还有其他许多功能，出奇地好用。

合伙人的女儿用了两年时间给我们写了这个软件。我给她发了 6 万美元工资，我们赚大了！微软公司或其他软件商的类似软件要价数十万美元，而且要经过修改才能匹配我们的流程。所以说我花了一点点钱，就获得了超级精良的软件。萨姆和迪安没有这样的软件，因此运营步履维艰。他们没办法弄清楚每个业务的进度，每个订单耗费了多少工时。他们仍然采用纸质凭证来掌控每一个业务，但纸质凭证很容易丢失或损坏，而且需要大量的数据录入工作。

我告诉他们，花哨的软件并不能解决所有问题，况且每个项目的工时估算不太准确，输入的数据也存在一定错误——员工常常从下拉列表中选错业务，结果他们的工时被计入了别的项目。在计算机上，错误的数据看起来跟正确的数据一模一样，很难判断它们是否确切反映实际情况。但我绝对不想再回到纸质时代。我们用纸质凭证很多年，结果比这更糟糕。

我在4月的第一周去参观了萨姆的工厂。他的工厂离我这里隔着几个镇子，位于一个名不见经传的工业园内最不起眼的建筑里。那里没有标识，空白的高墙上仅有几扇门。第一扇门锁着，第二扇门进去之后，只看到没人用的前台办公桌占据的小房间，办公桌后是灯光昏暗的厨房，再往里又有一道门。没人接待。我打开那扇门，猛然就进了车间。车间十分宽敞而阴暗，机器在有规律地轰鸣着，右边有几个工人在用硬纸板包装一个螺旋形楼梯。"萨姆·萨克斯顿？"我喊道。一个员工停下手里的活，领着我走到一道楼梯前。"上去，穿过那扇门。他们会给你指路。"我爬上楼梯，进了一个有着六个隔间的小房间。每个隔间都有人戴着耳机，全神贯注地盯着小屏幕，专心致志地在通话。终于有一个人抬起头。"萨姆·萨克斯顿？""好的，跟我来。"他领着我去了办公区的另一端。他敲了一下门，没等里面回答就打开了门。总算到了"内室"！

萨姆正坐在办公桌后面打电话。他朝我挥挥手，竖起一根手指：稍等。我坐在沙发上，四处看了看。萨姆的办公室很暗，只有一扇小窗户可以眺望阴沉沉的停车场。墙壁涂成浅灰色，地毯是深灰色，石膏墙板上有几个大洞。没有艺术品，没有家庭照，所有家具都很廉价老旧，破破烂烂。萨姆的办公桌上杂乱无章地放满了纸张，电脑占据了大部分空间。

通话结束，萨姆迅速起身，满脸笑意地伸着手绕过办公桌。"抱歉让你久等了——都怪那些顾问！"他顿了一下。"这办公室让你见笑了，没你的整洁。"他指指墙上的洞。"有时候我情绪激动就想砸东西。先参观车间，然后再聊聊吧？"萨姆走到一个小隔间旁边，告诉里面的姑娘他的去向。我们下楼去了车间。

我仔细观察这个开阔的空间。车间很大，天花板高度有18英尺。我还没来得及开口，萨姆就回答了我的问题。"3.8万平方英尺，目前有29个工人，我今年的销售预期是240万美元。"让我大开眼界的参观开始了。

萨姆的运营方式和我的十分相似：机器切割部件，工人组装。在美国，焊工人数远远多于技能熟练的木工，所以在工作类似的条件下，他付给工人的小时工资比我少了 3 ～ 5 美元。

金属加工不像木制品加工一样灰尘满天飞，但污垢更容易积存——到处都是薄薄的一层黑色金属碎屑。不过，一旦习惯了这些，车间里的布置还是相当有序的。工人以令人满意的速度四处移动。萨姆知道所有人的名字，把每个人的事迹都给我讲了一些。一半工人是肤色各异的美国人，剩下的则是来自东欧、墨西哥和中美洲的移民。没有女性。萨姆告诉我，有些工人是退役军人，有些读过商学院，有些则是在做别的工作时学到了技术。

我们回到楼梯顶部，在小隔间旁边停了一下。我们一直在讨论广告关键词竞价推广，萨姆也用这种方法寻找分布广泛的客户。萨姆说："你用电子邮件发给客户的那些计划书制作精美，但是我们不会那么做。我们总是跟客户预约好审核计划的时间。我们给他们打个电话，确保他们坐在电脑前，然后启动名为'Glance'的程序。我们的屏幕上显示的东西，客户都能看到。我们逐条讨论他们的开价，展示我们的设计和价格，然后要求他们提供信用卡信息。除非真正掏钱买产品，否则他们根本拿不到我们的文件。"我思考了一会儿。这个办法似乎太盛气凌人了。"谁负责设计楼梯？"我问道，"客户能否看到他们所要的产品的图纸或图片？"萨姆叫一个小伙子打开一份报价单。楼梯的图纸是简化版，类似的楼梯图片很清楚，但这个楼梯就是不让人看明白。报价单上的价格用大字体写出，很容易看到。这种方法与我们大相径庭——设计本身并不像价格那样被突出显示。设计本身不参与销售，打动人心的是销售员。我很想亲眼看看他们进行一次屏幕共享，但直到晚上才有这样的安排。

吃午饭的时候，我一直在追问谁负责设计每一套定制楼梯。是销售员吗？销售员是否掌握了设计楼梯的知识，从而做好销售工作？萨姆告诉我，这根本不成问题。楼梯没有那么复杂，只要高度测量准确，即使是螺旋楼梯也可以用简单的算法设计出来。所有的结构细节都很简单，每个楼梯都采用同样的组装方法。这跟我们的方法类似——有限的结构细节可以用于制造多种多样的产品。但他们的产品复杂程度远远低于我们，极少的设计方案就能迎合他的大部分买家，偶尔有客户定购设计复杂的楼梯，懂设计的员工就能解决问题。

我问他如何招聘销售员。"我们在分类网站 Craigslist 上发布招聘广告。"这也能行？"很多四肢发达、头脑简单的人来应聘，但也有几个之前做过销售的。我先进行电话面试，这能反映许多问题。如果电话面试通过，就叫他们过来面试。面试通过，先在车间里培训，同时派到外面去接受锻炼。我有一个顾问，叫鲍勃·瓦克斯，他很棒。到现在为止，我们已经合作一年了。我们的销售量翻了一番。你应该见见他。"一听到顾问这两个字，我的第一反应是退缩。不过让销售量翻一番倒是挺诱人的。

萨姆说，他刚买下这个公司的时候，"有几个不太称职的销售员墨守成规，自从我让鲍勃培训他们之后，他们对新办法不满意。我只能裁掉他们"。我表示同情，裁人可不是件易事。萨姆耸耸肩："非裁不可。卖不出去东西就别想当销售员。我经常考核他们。"我对于薪酬很感兴趣。他是如何分配工资和佣金的？"最开始我让他们每月支取 2000 美元，之后就全靠佣金了。"如果连续几个月的业绩都不够他们支取的钱呢？他瞥了我一眼：这还要问？"当然是辞掉他们了。培训之后有三个月试用期，如果他们业绩不佳，收拾行李走人吧！他们做不好，我就找别人来做。"吃完午饭，他又回到了顾问那个话题："要我说，你真应该给这人打个电话。他很专业，一定能帮到你。"我有点犹豫不决。我们有自己的做事方式，而且进展顺利，目前正是紧要关头，我担心任何改变都会火上浇油。在回去的路上，我一直在考虑这件事。既然工人不称职，我为何害怕裁掉他们？为什么要优先考虑他们的利益？这真是好老板应该做的事吗？

4 月的第二个星期六，我从学校接回了亨利。他将在家里待上两周。12 岁之前，他住在家里，同时参加当地学校的自闭症教育课程。七年级的时候，青春期到来，他的行为越来越乖张，我们有幸找到了附近一所能接受他的寄宿学校——坎贝尔特殊教育学校。当地教育系统支付每年 6.5 万美元的学费，亨利长到 21 岁之后则由我们自己承担费用。

亨利离家之后，我们的生活发生了巨大变化。直到那时候，我才明白他占据了我们多少精力，对我与其他孩子之间的关系有多大的影响。他离家的时机对生意也有好处。他是 2006 年去的寄宿学校，我当时负责拥有 18 名员工的公司的所有产品设计、销售和行政管理。我无法想象亨利在家会有怎样的结果。在他对抗青春期的冲动时，妻子和我将面对无休止的紧急事件。我坚信，若非联邦法律强制地方学校支付相应的教育费用，我的公司早就倒闭了。若那段时间亨利一直待在家里，我肯定要破产。

亨利的学校是一个农场的一部分，有一些简单的杂务给他做。他得到了很好的照顾，吃得饱，有事做。我们在家里就做不到这些。这所学校的作息时间安排与普通学校相同，所以每逢感恩节、圣诞节、春假和暑假，他都会回家来。这时候，我们的生活方式就要随之变化。与所有的年轻小伙子一样，他总是吃个不停，所以橱柜和冰箱都得锁上。亨利夜里不会自己醒来撒尿，所以我会在凌晨 2 点和 6 点带他去厕所。吃饱睡足之后，他会听音乐。他喜欢音量开到最大，一遍又一遍地听同一张唱片。听腻了之后，他会把 CD 播放机扔出去。亨利还要求每天坐车出门逛至少两次，去哪里随意，但只要时间少于一小时，他就会勃然大怒。

这样的生活让人筋疲力尽。妻子负责白天，我下班后接手。想在办公室加班是不可能的了。他在 4 月 22 日回到学校，我第二天就飞去德国拜访欧式家具。

亨利在家让我有了把工作安排给其他人的好借口。埃玛接过了紧急行政管理任务，丹和尼克则要决定谁接下一单。开车载着亨利四处逛的时候，我可以到车间转一转。略作停歇没问题，可他发现这里的冰箱没有上锁，一会儿看不住，他就会自己喝掉汽水，吃掉三明治，我就得掏钱给人买午餐。

亨利待在家里的时候，我会查看银行账户余额，盘算那些因为没有定金存入而越来越少的资金，还有维持运营所需要的成本。根据估计，银行账户余额会在 5 月初消耗殆尽。只有减缓开支速度，这一天才会晚些到来。是时候停止给我自己发工资了。

我先估算公司能够支付多少工资，然后再确定自己的薪酬。任何员工都不能容忍这样的支付方式，但我早已习以为常。从 1999 年到 2008 年年初，算上 2010 年整年和 2011 年年初，我的年薪是 7 万美元。2008 年 11 月，我把自己的薪酬减掉一半，员工的工资则降低了 15%。一年后，我恢复了员工的工资，但自己的工资直到 2010 年才恢复。也就是说，13 年来，我的工资从来没涨过。

我们两周结一次工资，每年 26 次，相当于 7 万美元的工资每次发放 2692 美元。加上税务，每次给我自己发工资都要从运营资金中抽出 3230 美元。对于一个包揽销售、产品设计、人力资源、市场营销、接打电话和行政管理的员工来说，这笔钱并不多。2011 年，公司业绩喜人，年中的时候，我决定给自己加薪。我把年薪调至 14 万美元，相当于每两周 5384 美元。加上税务，我每次从运营资金中抽出 6461 美元。如果聘用别人来做我做的那些事情，估计至少也要这个数。

2011 年年末，我们突然拥有了大笔现金。我决定给所有员工发一份丰厚的年终奖，自己的那一份更丰厚一些，略微补偿这么多年的多做少赚。如此一来，我在 2011 年的最后一份工资还包括 7 万美元的年终奖。第二年年初，我决定再次给自己加薪。我想看看如果我发放与 2011 年总额相同的工资，但每次金额固定，而不是每次一小笔，年终一大笔，是否依然会有正向现金流。于是我把自己的年薪从 12 万美元提到了 18 万美元，每次支付 8307 美元。我的年薪相当于公司年收入 240 万美元的 7.5%，这已经算少的了。像我们这种规模的公司，老板要拿 10% 才像回事。无论合理与否，我的月工资成本在 1.6 万美元以上。如果销售目标达成，这个工资标准一点问题都没有，但如果没有达成，这只会加速现金耗尽的那一天的到来。

由于没有达成销售目标，我决定 4 月 9 日以后暂时不再领取工资。以实际加班工时计算，全公司两周的工资（含我的在内）一直介于 3.4 万～ 3.9 万美元之间。若停掉我的工资，总额会降到 2.5 万美元左右，从而为公司赢得一些时间。

现在我还要考虑是否也停止收取利息。我上个月才签了第一张 3225 美元的利息支票，两周前才鼓起勇气兑换成了现金。我决定再收取一段时间，这样至少能支付房屋抵押贷款。公司支付利息无需额外缴税，我到下一年才需要缴纳个人利息收入所得税，而且可以随时停止收取利息。然而，我不想这么做，否则感觉像一连串失败由此开始。只要一直从公司拿钱，我就不会山穷水尽。

我一直在留意埃玛与商务部驻科威特人员的邮件往来。他列出了想与我会面的 5 家公司，要求我确定时间和行程。我倍感震惊。我从来没想过他能找到这么多人。埃玛兴致盎然，催促我安排行程。可我不想去。照看亨利已经耽误了很多工作，而且我还要去德国待一周。但国内销售不景气，与欧式家具、中东出口商合作能填补空白。我开始查询机票。去科威特没有直达航班，需要在迪拜转机，正好可以看看那里有没有商机。我让埃玛再次联系了商务部，她订好了去迪拜的航班。6 月第一周整整一个星期的时间，我都将待在中东。

儿子彼得打算找一份暑假工。在他这么大的时候，我去当地罗伊·罗杰斯汉堡店填写了兼职申请表。一周后，我炸薯条每小时挣 2.65 美元。时代变了。彼得会写计算机代码，他把一些项目发布到程序员论坛，许多迫切寻找程序员的创业公司给他递来橄榄枝。旧金山一家电子书出版公司提供机票让他去面试。他在 13 号星期五出发，星期日回来的时候拿下了这个职位：暑假工，若延期一年入学可以直接转正。在我看来，公司给他开的工资太惊人了：年薪 5.4 万美元。他可是高中还没毕业的孩子啊！看来他的编程技术相当厉害，不用靠炸薯条谋生了。

彼得很兴奋，这机会可遇而不可求。南希则有些不开心。她想让他在秋季上大学，担心他迷恋创业公司的生活方式，放弃大学教育——这是 21 世纪浪费大好青春的常见情形。

我倒没什么担心的。我的两个姐姐在旧金山海湾地区，他在那个陌生的城市不会感到孤独。我们下周要去麻省理工学院转一转。彼得认识那儿的一些人，他们计划给他接风洗尘，带他好好玩一把。我觉得他会认真思考明年究竟是工作还是继续读书。

销售不温不火，尼克拿下三个订单，销售总额为 30665 美元。欧式家具下了三个订单，又入账 16297 美元。丹收到消息，我们拿下了加利福尼亚州建筑公司卡利重工业价值超过 3.5 万美元的竞标，采购订单很快就会下达。可是我们不能凭借口头承诺积累资本。截至 4 月的第二个星期，销售总额仅增长了 46962 美元。

这一年年初的时候，我创建了一份谷歌数据表来记录每天的电话和邮件往来，以便从中找出规律。工作日的询价数量基本相同，星期五的数量减少一半，而到了周末，几乎没人打电话询价。到 3 月底，平均每周询价数量是 16.25 次。在 4 月的第一个星期，我们收到了 12 次询价，而第二个星期仅有 9 次询价。在此之前，少至 12 次询价的情况只出现在 2 月的那一周，当时恰逢一个全国假日和一次大暴雪。从全年来看，一周 9 次询价是最差劲的了。

这符合我的"4 月低迷期"理论，但亲身经历低迷还是让我十分苦恼。销售业绩欣欣向荣需要稳定的询价数量。回顾过去三年的订单，小业务的比例最大，10 万～ 30 万美元的业务不算多，大业务更是屈指可数。询价多了，大中小业务的数量必然会有所增加，这是毋庸置疑的。如果询价数量减少，实现销售目标的可能性就会降低。

第二天，我去公司工作了几个小时，鲍勃·富特报告了 S 公司的情况。首席执行官的助理告诉他，4 月 18 日之后可以随时去拉那张办公桌，但必须在 5 月 9 日的董事会议之前运回。时间紧迫啊！

鲍勃提出了几种方案。经常合作的运输公司给出一辆卡车和一名司机共需支付 2955 美元的报价，司机取回办公桌桌面，直接运到我们公司。鲍勃仍然要飞去 S 公司监督打包。把住宿费用和鲍勃的工资计算在内，这个方案的总成本接近 4000 美元。召回整张办公桌的成本稍低，但差价还不到 1000 美元，而且要支付安装工把桌面装回办公桌上的费用。两种方案都会耗费 S 公司 7551 美元尾款的一大部分。这个业务从开工的那一刻起就超出了预算。

鲍勃认为，如果从密尔沃基市租一辆卡车，然后自己开回来，成本可能会稍微低些。他还主动请缨带着他妻子一起去。她不要工资，会开车，而且他们可以同住一个酒店房间。我欣然应允。他们星期二出发，星期四返回。打开办公桌桌面包装之后，只有凑近了才能看出瑕疵。所有人都埋怨我委曲求全，但谁也想不出更好的应对办法。

4 月 20 日，我们全家人挤进那辆 1999 年版的奥德赛，去波士顿参加麻省理工学院新生周末聚会。我原本指望这辆车能再开两年，但一挡和二挡换挡不流畅，让我很是担忧。这辆车总共行驶了 14.5 万英里[①]，已经换了一次变速箱。我暗自祈祷，幸好一路顺利到达了目的地。

虽然亨利这周末终于安分老实，一位财政援助官员却带来了坏消息。我去年收入 260992 美元，让我们失去了所有援助资格。这是我挣钱最多的一年。在过去 25 年时间里，我的总收入只有 888331 美元。每年工作 2200 个小时，相当于每小时 16.15 美元。在双胞胎刚刚出生的 1994 年，我的工资是 6200 美元，符合福利救济资格，婴幼儿健康营养补助基金会承诺帮助我们抚养这两个孩子。我们把这笔救济金用在接下来的三年时间里。到了 2008 年，除去我借给公司维持运营的资金，我只挣了 8357 美元，相当于每小时 3.79 美元。

财政援助却不管这些。在财政援助官员看来，我的公司发展不错，我有着可观的收入和积蓄。他不在乎我的收入不稳定，也不在乎亨利（跟我们一起参加了会议）下半辈子很可能要靠我们养活，而且照顾他的代价十分高昂。他不在乎我刚刚停掉了自己的工资，他只考虑 2011 年的数据。去年年末发放大额年终奖的时候，我给彼得留出了足够大学第一年花销的现金。目前我的支票账户里有 78525 美元，另外一个备用账户里有 48525 美元。麻省理工学院每年的费用大约是 6.5 万美元。我们要靠剩下的钱过日子。两年后，最小的儿子也要上大学。

遇到这种情况，挪用彼得的学费是人之常情。但这么做必须基于一个前提，即公司将来的收入能够偿付我借给公司的钱，可我对自己没有信心。我惧怕那些无法通过破产而免除的欠款，比如助学贷款。无论彼得与我的境遇怎样，这个重担都会长期压在我们的肩上。

我很幸运上学的时候没有欠下助学贷款。在 20 世纪 80 年代，学费相对较低，但我父母没有借一分钱，千辛万苦地供 5 个孩子读书，我想让自己的孩子也

[①] 1 英里 ≈ 1.61 千米。——编者注

免受这样的困境。若当时被助学贷款拖累，我根本不可能自己开办公司。

开车回家的路上，我反复琢磨着凑不到一起的数据：未达到目标的销售额，手头的现金，明年的收入，供两个孩子读书的费用。亨利患自闭症倒有一件事让人省心：他不用和孪生兄弟同时上大学。他永远都不会去读大学。以后花在他身上的钱不会少，但现在不用为他发愁。

星期一午饭后要飞国外，所以我留在了家里。漫长的旅途给我提供了大量的思考时间。尼克和丹拿下了几单业务，但我们远远没达到目标。银行账户余额只剩下 115229 美元。另一方面，这次出行倒有些希望，至少我能看到鼎鼎有名的公司如何制造会议办公桌，而且说不定欧式家具会给我一大批订单。

我在星期二一大早飞抵汉诺威。奈杰尔说欧式家具会做好参观期间的一切安排。果然，在手持接机牌的司机大队伍里，我看到了自己的名字："唐斯先生。"我计划住在希尔德斯海姆，离欧式家具的工厂大约 50 千米。

1978 年秋季读高中那会儿，我去了一趟西柏林。那里就是"阴森恐怖"的代名词——阴冷多雾，满眼是战争创伤。希尔德海斯姆则恰恰相反。这座小镇充满中世纪的墙壁和木石结构的老房子，散发着迷人的魅力。我入住的酒店也兼作餐馆，二楼有几间房子。我打开 iPhone，看到奈杰尔发来的一条信息：欧式家具全球市场营销经理彼得·鲍曼将和我们共进晚餐。

奈杰尔和这一周也要待在这里的米洛什在 7 点钟来接我。我很想尝尝正宗的德国食物，但餐馆的招牌上却写着"比萨"，而且里面坐满了人。我们报了彼得·鲍曼的大名，一张桌子神奇地摆了出来，还放了几瓶葡萄酒。我们开始细饮慢酌。大约一个小时后，彼得·鲍曼姗姗来迟。他年纪不大，笑容满面，身材健硕，一头金发。奈杰尔跟我讲过彼得要给这家百年公司注入新鲜血液。彼得带领公司打开了东南亚和中东市场，现在正准备进军美国。到目前为止，一切进展顺利，然而欧洲经济持续疲软，许多人质疑再度扩张是否明智。晚餐吃到很晚才结束，但我们没有谈论生意，只聊了聊足球和政治。我觉得这一顿饭的真正目的是让彼得深入考察我。希望我能入他的法眼。

第二天早上，奈杰尔和米洛什载我去了工厂。工厂地处偏远的乡下。我们将和纽约来的两名新员工一起参观，这两人的年纪都在 25 岁左右：杰夫负责运输，帕梅拉说她将投入一套新的计算机技术系统——这让我松了口气，因为他们那乱七八糟的文件命名真是累死人。

参观从总部大楼开始。墙壁上挂着欧式家具设计师的大幅黑白照片，传达出这样一个信息：产品设计是英雄式的壮举，而且是天才之举。欧式家具的设计主管格哈特穿一身黑衣服，像是从天而降，突然就加入了参观队伍。他讲了 20 分钟，解释了欧式家具的理念：公司存在的唯一意义是推出上乘设计。能够参与到为大众提供佳品的伟大事业，这是我们的荣幸啊！他太能说了，我既震撼又羡慕。我设计家具已有 26 年，从来不敢这么侃侃而谈。我以自己的成果为傲，客户对我的设计赞不绝口，但外行人从来没注意到我。我的黑白照片什么时候也能光明正大地挂在墙上？也许与欧式家具合作能帮我渡过难关，让我以设计师的身份名扬天下。格哈特的话激发了我的豪情壮志。

格哈特走了——他走出大门，竟然没有像魔法一样骤然消失在一团烟雾中。负责欧式家具全球承包商的工程师简斯加入了参观队伍。他的职责是确保承包商制造的产品与德国工厂的产品如出一辙。简斯年轻有为，很像我自己工厂里的那些工人：小心谨慎，勤勤恳恳，深思熟虑。他告知了我们今天剩下的日程安排。组团参观和午餐结束后，其他人要去参观另一家工厂，简斯会在下午回答我关于制造办公桌的任何疑问。

参观从家居装饰品车间开始，在这里，皮革被切割然后缝到座椅上。大约半数工作台在忙，工人们年纪在 60 岁左右。他们熟练地操纵激光切割的皮革进入缝纫机。成品美观大方，精确统一。这就是现代工艺：机器与人各司其职，各尽其才。

接下来是参观办公室。办公室十分宽敞，我见到的 34 个人都分不完所有办公桌。我从一个员工的肩上瞥了一眼，看到正中心处放着一张办公桌的房间布置图。简斯说办公桌要与客户的办公室相得益彰，这个理念与我们公司倒是不谋而合。我看到墙上钉着一张 3D 图纸。简斯说这是客户下订单之后才会看到的设计图。模型的细节并不完善，没有颜色，不显示木材纹理或房间布置。我们公司的图纸比他们强！

欧式家具通过关系网从家具经销商和建筑师那里获得业务。其首席执行官和高层管理人员兼任其他公司股东，对采购决策的影响举足轻重。相比之下，我们通过谷歌广告关键词竞价推广，与主流家具行业完全脱节。虽然绕过了正常销售渠道，客户也依然源源不断，但我们的销售通常是一次性的。做完一个客户的业务后，我们要再找别的客户。我们在家具市场上没有关系网。我问简斯欧式家具是否通过网络直接卖产品给客户，他像从来没有听过这种东西一样看着我："你竟然把东西卖给彻头彻尾的陌生人？谁敢这样啊？"

我问他如何把控某个业务的变更，负责为纽约分部解决这一问题的帕梅拉听到之后，说全公司都在用一套企业软件，她在今天晚些时候会接受专门培训。我真心希望她早日学会，希望这个软件能解决他们的文件命名问题。

我们走进了木材加工车间。这里比我的车间大了至少四倍，对面的墙都看不清楚。第一站是胶合板切割台，一名中年女员工正在替换一张办公桌桌面损坏的部分。看到这一幕，我心里好受了一点。原来不止我们会出错啊。

我们步行了一个小时，简斯一路讲解办公桌的生产工序。我认得每一种机器。这个车间比我的宽敞，灯光更加明亮，更加整洁。每道工序的位置都符合逻辑，配备最先进的德国机器和提高生产速度的专用组装夹具。各种设备肯定没少花钱。辅助单个工人搬运桌面的专用叉车至少有上百台，每台价值在1.5万～3万美元之间。木板胶合区有一台涂胶机。去年我考虑过买一台，却被价格吓到了：6.5万美元！假如每天消耗几千块板材，买一台倒还划算，可我们每次只做几张，用的是79美分一个的滚筒刷子。三名工人在冲洗机器。我问简斯，机器准备工作要多长时间。"20分钟，而清理则需要三个人忙上一个多小时。可惜今天只有一个订单，最多15张板。机器开不了半小时就干完了。"

听了简斯的话，我问他厂里的业务多不多。没想到，大多数工人都被解雇了。欧洲经济衰退十分严重，即使到了2012年，市场依然疲软。从2010年年初到2012年3月份，我们公司的生意稳步前进。难道欧洲的经济衰退开始向美洲扩散了吗？我们又逛了一个小时，每到一处都是同样的景象：精良的机器，宽敞的操作台，却没什么业务可做。

来德国之前，我曾问尼克、丹和设计师安迪·斯塔尔：最想了解现代工厂的哪些方面？我们列出了 83 个问题。吃过午餐，简斯回答了大部分问题，但他对工时、工资和日常开支一无所知。后来我才知道，除了几个自动化流程外，我们所用的机器、胶水和罩面漆都差不多。欧式家具的大多数桌面我们都能生产，至于要价多少就是另一码事了。真正着手量产桌面之前，我们既没办法预估工时，也没有可以借鉴的成本指标。必须搞到这些数据！

简斯和我在产品设计师办公室又待了一个小时。销售办公室发来图样，他们审核之后再发到车间。在这方面，我们做得不够好。安迪·斯塔尔根据计划书设计详图，史蒂夫·马图林把详图交给做部件的工人。这些图纸通常存在小错误，偶然被找出来之后，员工要走很远的路去安迪的办公室询问。会不会有更好的方法？

简斯带着我和当天唯一的值班工程师坐下来，他是一位上了年纪的绅士，名叫马丁，会说英语。他有些拘谨，不知道是因为腼腆，还是因为不喜欢国外的陌生人学习公司的运营秘诀。

我抛出了几个问题。简斯和马丁说了一大段时间，然后再用简短的英语回答我。不过我还是摸清了他们的流程。由于标准设计只有 12 个，一张纸就能涵盖所有的办公桌类型、尺寸、使用的木材、边缘设计和数量。这对于我们来说是行不通的——我们的办公桌太多样化，即便每张办公桌的整套图纸制作成本高昂，却又不能不做。

我跟纽约代表团吃了一顿耗时极长的晚餐，然后好好睡了一觉。第二天早上，我回到工厂，径直到简斯的办公室感谢他盛情款待。"一般人享受不到这种待遇，"他说，"因为通常是我来吩咐外部合伙人做什么。但上面吩咐说你很特别，要我有求必应。失陪，我要赶时间了。"瞧这话说的，我很特别！这究竟是什么意思？

吃午饭的时候，奈杰尔向我引见了他的朋友约翰。约翰负责为欧式家具运营筹集资金。我们乘车去了附近一家餐馆，又吃比萨饼！约翰严正声明，这不是在照顾我这个美国来客，而是因为他太喜欢吃比萨饼。边吃边聊的过程中，我一直在思考：既然我很特别，那么订单可能会源源不断了吧。如果他们打算持续给我派活，那采购些设备也是值得的。可是买设备要花钱，我问约翰，欧式家具能不能出资，他握住自己的双手："不行，不行，不行。我们自家工厂的钱还不够呢。大萧条之前，我们买了太多设备，现在要谨慎。"

午饭后，在开车回希尔德斯海姆的路上，我直率地问奈杰尔，简斯说我特别到底是什么意思？欧式家具打算给我订单吗？会不会签合同对生产水平和所需投资明确界定？我们双方算是"订婚"，还是处处看？

奈杰尔闪烁其词，但我大致了解了情况。欧式家具很高兴发现了我，也想双方紧密合作。他们要的是上乘的质量，而我们有这个能力。同时，他们要最低价，就像其他海外合作伙伴给的价格那样。他们想让我独自承担下一阶段的所有成本，从而确定我的诚意。也许在将来的某一个时间点，欧式家具会确定正式合作关系。作为一家大公司，欧式家具还不确定是否要跟海外合伙人共事，他们的管理人员并非全都支持海外分包。

回酒店的后半程在沉默中度过，晚餐也只有我一个人。返程航班是第二天凌晨。我正在房间里看电视，突然收到了奈杰尔的短信，问我9点钟能不能出去。彼得·鲍曼想约我出去喝一杯。彼得来接我，我们去了镇里一家无名酒吧。里面人头攒动，彼得引见了几个农民朋友。喝了没几杯，有人送来一样东西——葡萄酒杯里装着半杯伏特加，杯沿上挂着一片柠檬，柠檬上抹了一团速溶咖啡——真是古怪的搭配。"纳粹空军特供！"那人喊道，"我祖父在俄罗斯就喝这玩意！越喝越开心，越喝越精神！"他给我做了示范。用柠檬卷住咖啡，一口吞下去，然后把伏特加一饮而尽。我喝一次就学会了，赢得了众人的掌声。接着我又要了一杯，真是太好喝了！

彼得也一直在喝，我们俩紧紧地凑到一块儿。"我喜欢你们家的厂子，"我告诉他，"干净整洁，机器也好，人又棒，给我留下了深刻印象。"他一只胳膊搂住我的肩膀，跟我亲密无间。我决定把萦绕心头一整天的那个问题提出来："你们到底怎么想的？为什么不自己生产？"

他缓缓说道："这边不景气。生意非常非常不好做。人都老了，年轻人不愿意来乡下。机器买多了，入不敷出。我们想把活转到价格较低而且有助于公司发展的地方。可是产品运输时间太长，海运要好几周，我们必须与客户近在咫尺。"我明白了。我最疑惑的莫过于我是否就是最佳人选。我们车间的效率永远赶不上工厂的效率。难道要上一条组装线，降低价格？这可是要给公司动大手术啊！

经过头痛欲裂的酒后飞行后，我于星期六回到了家。我辗转反侧、无法入眠，下楼来到厨房，登录丹和尼克的邮箱，看看他们最近在做什么。他们忙得不可开交。潜在业务俯拾皆是，即便只把一半收入囊中，也够我们忙上一段时间了。

在我外出期间，我们每个人分别拿下一个订单。丹售出一张 16 英尺的办公桌，拿下 9106 美元。尼克售出的办公桌较小，拿下 7413 美元。埃玛售出了 453 美元的电源及数据套装。我一直攻关的当地保险公司下了价值 24111 美元的订单。截至目前，本月销售额是 88045 美元，本年销售仅有 631048 美元。4 月份还剩两个工作日，我们只有期待奇迹——三天入账 17 万美元——才能重返正轨。

现金在不断减少，月初余额是 136261 美元，现在剩下 105294 美元。停止发放我的个人工资减缓了每周开支速度，但上两周平均每周工资支出 34440 美元。如果有利润的话，这倒无可厚非。我在周例会上说过，我们要加快生产速度，尽快从客户那里收取尾款，但工人们知道这样只会让无事可做和被解雇的那一天提前到来，所以他们有意无意地减缓了生产速度。另外，S 公司的麻烦事也分散了我们的精力。本月到现在为止共发运价值 145236 美元的货物，生产的货物价值仅有 125036 美元，这两项分别远远低于现金流出量和月度 20 万美元的目标。

询价数量十分不稳定。4 月份的前两周询价人数很少，但第三周超出了平均值，达到 21 人次。第四周的时候我在德国，这是多年来询价最少的一周，只有 7人。本月询价总数只有 49 个，远远低于 1 月份（79 个）和 2 月份（66 个）。询价人数减少让我深感不安。潜在买家减少，我们达到目标的几率就变小了。

不过，有一单立刻就能上手。我给想做卧室家具套装的朋友发了封电子邮件，约他周末见个面，审核一下终版设计，最好是能拿下定金支票。28797 美元的订单总能有些帮助。朋友说下午就可以见面。我上楼告诉妻子，我准备出门去趟公司拿支票，然后去见朋友。"好，注意点，"她说，"车子最近有点古怪。"

我把奥德赛从车道上倒出来，挂上前进挡。引擎轰隆隆响，但是车子一动不动。糟糕，变速箱彻底报废了。我让车子滑行到街边，然后去试了试凯美瑞。这辆车的引擎声音非常刺耳，而且我惊恐地发现车尾冒出阵阵白烟。我把车熄火。彼得常开这辆车，我上楼把他叫醒。"凯美瑞怎么回事？"他耸耸肩。"不知道啊。车尾冒了好多白烟，不过我昨天顺利从学校开回了家。""什么时候开始冒白烟的？""不晓得，昨天回来的路上才注意到。"离我家一个街区有家技术精湛的汽车修理店，走几步还有一家租车店，但这两家周末都不营业。我骑自行车去了趟公司，在这 15 分钟的骑行时间里，我一直在思考接下来怎么办。凯美瑞开了 20 年，里程有 13.5 万英里，两个月前才花 2800 美元换了动力转向装置。修车工当时就说这钱要打水漂了。奥德赛跟了我 13 年，里程比凯美瑞更多。两辆车都不值得再修。

我骑车去了朋友家里，给他看了最新版设计图。得知卧室家具套装跟买新车一样昂贵，他眼睛都没眨一下，只是问我怎么才能开工。这简单啊，交钱就行。他给我签了一张 1.25 万美元的支票。

周一早上，我把凯美瑞拖到修理厂。白色烟雾从引擎盖下面翻腾而出。检查结果："汽缸盖密封垫片可能是破损堵塞了，当废品卖吧。"奥德赛也不修了，我没车可开了。我靠惯性把凯美瑞开回了家，停在奥德赛旁边，然后走去租车店，找了一辆能装下全家 5 个人（都是大个子）的最便宜的车——一辆紫色克莱斯勒 PT 漫步者。

4 月的最后一天给我带来一个惊喜：来了两个订单。第一个订单价值 29835 美元。买家是缅恩州的一位木匠，当地一家公司要采购一张大型办公桌，而这超出了他的生产能力。这个业务对我们来说是小菜一碟。第二个订单价值较小，只有 15301 美元，买主是为汽车公司生产工具的公司。我们一直在跟他们的总承包商打交道，最初是要给 5 张不同的办公桌报价，但最终缩减成只做最大的那张办公桌的桌面。对方要求桌面几乎全金属制作，只用到少部分木材。我相当确信我报的价会让我们赔钱。金属加工比较难做，但为了让工人们有活干，我来者不拒。

丹和尼克列了一份长长的预期业务清单。丹还在等着加利福尼亚建筑公司的订单，尼克递交了空军基地正式申请，其他的计划书也发出去很多。我对他们的工作汇报十分失望。他们抱的希望很大，却几乎没有卖出一样东西。

当天剩下的时间，我处理了一周前就该解决的行政事务。我查看了会计支付的账单、埃玛提交的工资单，交了税，然后去车间检查工作进展。大家都问德国之行怎么样。我在欧式家具的工厂拍了很多照片和视频，想着用这些素材做一个幻灯片，让他们都见识见识，可惜没时间做。

走在车间里，我感觉我们与欧式家具的差距是如此明显。欧式家具的大部分业务我们都能做，而且能做好。我们的产品制作精良，受人喜欢，但是车间一团糟。按照美国标准，我们车间并不差，甚至是我见过的最干净的，但与欧式家具相比，就是小巫见大巫了。机器布置太随意，买来的时候放哪儿，之后就再没动过。表面布满了积压十几年的灰尘，到处都是碎片残渣。唯一的整洁之处就是喷漆间。只要有灰尘，喷涂就会有瑕疵，所以戴夫·福华里把这里打扫得一尘不染。

还有一个不同之处：我的所有员工都有事做。待完成业务量在减少，但没有彻底断流。我想起欧式家具那些没人干活的工作台，想起彼得·鲍曼对工厂前景的黯淡期盼。我们也会步后尘吗？离裁人还远吗？欧洲的经济衰退波及美洲了吗？2008年的经济危机会再次上演吗？

第 5 章

5 月：桑德勒营销课

日期:

2012 年 5 月 1 日，星期二

初始银行余额:
$105203.90

相对于年初现金差额 (现金净额):
－$31950.42

年初至今新合同金额:
$704981.00

　　五月的第一天是星期二。现金储备少得可怜。销售呢？我的"压哨进球"将4月份销售额提至 161978 美元。虽然不尽如人意，但至少比三月份强。

　　产品制造方面也不如意，已完成项目总值 125036 美元，运出货物总值145236 美元。我努力抑制内心的消极情绪。仅以一个月的数据来考量可能会误入歧途。每个业务进入喷漆间就被列入"已完成"清单，一出厂门就被列入"已发运"清单。大业务在月末接近完工，到下个月初才进行清点记录，就会使数据出现偏差。因此，以三个月为跨度来审视数据才切合实际。第一季度（1月到3月）的产值为平均每月 207819 美元，略微超出我预期的月均 20 万美元；月平均发货价值 194418 美元，略低于预期目标。该时期的月平均开支为 181736 美元。尽管现金状况未反映出来，但我们在盈利，每月累积 12400 美元。3 月份未收欠款及未支付的定金使得我们的现金余额大大缩水。

　　从数据库里的业务来看，5 月份的出货总值应该非常接近平均水平。能生产多少？这取决于车间是否正常运转，取决于工人是否各司其职，是否修正错误，会不会因报价不合理、业务工序复杂而脱不开身，还取决于能否在待完成业务清单上"添砖加瓦"。我计算了一下待完成业务工作量，仅能维持四五周，6 月份就没有活可做。赶紧回去继续做销售吧。

我每天用多少时间来思考这些事情？这要看有没有其他事情。除了首要的销售工作外，我的日常工作还包括：审核入账账单；签署开支支票；打电话给客户，询问他们什么时候支付欠款；查看银行余额；检查信用卡账户；缴税；给完工的办公桌拍照；编辑网站图片或填写内容；拟写广告；更换谷歌广告关键词竞价推广账户上的广告；评估车间运作变更的优劣；将机器或员工调换到更合适的工位、职位；采购新设备；修理坏机器；打电话告知房东修理管道、暖气或投诉邻居；商谈续租条款；评估并购买医疗及牙科保险、一般责任保险、劳工保险和车险；争取失业赔偿金；支付工资；决定是否给某位员工提薪；处理员工急事请假申请；进行年度审查；处理员工预支工资请求；为离职员工开具工作证明；射杀误闯车间的鸟儿；弄清楚打印机故障；重启服务器；将用户添加至工作网络；采购新软件；整理办公室，接待访客；检查卡车，等等。

有些任务比较好玩，比如摆弄机器充满乐趣，营销决策——尤其是管理网站和谷歌广告关键词竞价推广——是一种智力挑战。有些则让人厌烦，却能得到令人满意的结果，比如敦促客户支付逾期未付的款项（客户终究都付了款）。有些任务让人心生惧意，工资高低或者聘用与否，我的一个决定就能改变一名员工的命运。还有许多任务让人烦恼，比如税务、保险、法务、部分员工互动。每一级政府部门、每个冷漠的私人官僚机构都有着自己独特的行事风格：以恰当的方式填写恰当的表格，在恰当的时间提交。学会一种报税方法并不能为你填写下一份税务表格提供任何参考价值。一家医疗保险机构给出一种保险政策，另一家则会有天壤之别，而这些都需要经过深入研究才能做出最佳选择。这就好像退回到古老的世界，每一棵树、每一块石头、每一条小溪都被其常驻灵魂所占据，而每一个灵魂都需要以合适的方式去安抚，否则就等着厄运临头吧。

我开公司那会儿可没想到要做这些事情。当初决定靠制作家具挣钱的时候，我根本不知道未来会遇到这些事情，然而随着公司越做越大，公司管理这块我所不熟悉的领域也逐步扩张。我可以把一些任务分派给埃玛和会计帕姆，支付工资这些环节也可以外包出去，可剩下的仍然要由我来承担。公司现有 15 名员工，每年有超过 200 万美元的进账，如果我把一年的管理事务平均分配，那么每天所耗费的时间大约为 3 小时。

请记住，在我的故事里，我每一天都在同时应对销售和其他事务，没有哪一天真正像书里或电影里那样按部就班。

5 月 2 日，星期三，好运降临——三张大额支票，总额 32820 美元。好极了！第一张是缅恩空军基地办公桌的定金支票，价值 14918 美元。第二张是 1 月份售出的单张办公桌发运前付款。最后一张价值 14602 美元，是当地一家软件开发商一套办公桌的发运前付款。这笔现金冲抵了我昨天开支出去的 25304 美元。

然而，就算我们完成所有业务并收回所有欠款，未来所能获得的现金并不多，这实在让人沮丧。这笔款项仅有 53008 美元，加上现有的 127601 美元，大约五周半就会消耗殆尽。如果生产量像 4 月份一样低，那么现金会在收账之前就全部用完。

当天晚饭时，全家人都在谈论彼得收到的旧金山工作聘书。他已决定先工作一年再上学。我问他延期入学麻省理工学院有没有问题，他告诉我，这种事情只需在该校网站提交申请即可。

南希强烈反对。她的众多担忧可以归结为：年轻人怀揣巨款，在一个大城市独自生活。她认定他会倍感孤独。她认定他会厌恶工作，或者太过热爱工作，以致彻底放弃学业。我对此事的反应是——那又如何？不管选择哪条路，他总归是要长大的。何不放胆阔步！去西部吧，年轻人！就算那些路走不通，家永远是他温馨的港湾。

我支持他去工作其实还有个不太高尚的原因：这能解决我的财务困境。停止支付个人工资的时候，我知道自己的积蓄足够支付彼得的学费，然而两辆车竟然同时坏掉。如果他延期一年入学，我不用借钱就能买两辆像样的车，省吃俭用直到年底，再坚持 14 个月就能积攒更多钱。在 2013 年秋季之前，我不需要向麻省理工学院支付儿子的学费。到了 2013 年冬季，我会向补助调查员说明家境多么困难，从而申请财务补助。（我手头的现金将会很少，收入可能远远低于 10 万美元。）如此算来，彼得下一年的花销可能会远远低于预期的 6.5 万美元。

我没敢把这个盘算过程告诉妻子。相反，我说我的两个姐妹都住在旧金山，彼得有事可以找她们帮忙，而且随时都可以回家。南希的曾祖父在明斯克跟父母打声招呼就来了美国，当时既没手机、电子邮件，也没有家人接待或工作。他胆气十足，他父母也任其自然。我们却总想把孩子拴在身边，是不是退化了？孩子终究要走出家门，何不让他做自己想做的事情？妻子妥协了，同意他在暑假期间先体验一下。

5 月 3 日，星期四，我着手设计欧式家具的展售厅办公桌。订单早在 3 月就已下达，但我想先看过他们的工厂再动手设计。我将使用电脑上的草图程序制作图纸。这是物体的相关信息从设计者到生产地流通的通用载体。图纸描绘一种物品，但所谓图纸，其实不过是屏幕或纸上的几条线和一些文字。它自己就是一种存在，独立于其所描绘的物品的性质。如果图纸含混不清，或者错误百出，生产就会十分困难，效率低下。图纸与成品没有任何相似之处。以图纸为依据，去想象其所描绘的物品的样貌，乃至了解它如何运作，这些都需要大量的技巧和经验。

在我们公司，销售团队负责每张办公桌的初步设计。通过与客户沟通交流，我们对设计进行修改。设计敲定之后，我们把文件发给设计师安迪·斯塔尔。他会将我们的设计转换成两种不同的格式：一种是供车间工人使用的详细图纸，另一种是供计算机数控车床使用的指令。身为设计师，他的职责是深入了解车间运作，还需要具备将复杂信息明确传达给工人和机器的技能。

如果仔细研究一下安迪为车间工人提供的图纸，你会发现其中缺失的信息：没有说明使用哪些机器，没有说明如何制造办公桌，也没有说明部件安装顺序，更没有说明如何组装、喷漆和发运。所有这些学问都在图纸之外，大部分都储存在工匠的大脑里和双手上。图纸只包含生产其所描绘的物品所需的 5% 的信息。

安迪决定生产细节，但大方向早就已经确定好了。丹、尼克和我承担了我们所认为的设计工作的大部分——从无到有的新物品创意。我们是如何做到的呢？

设计的脑力活动与体力活动是同时进行的。我们边思考边画图，努力甄别哪种设计符合客户要求，外观好看，可以在车间高效生产，拆装便捷，便于装运，经久耐用，成本低于客户预算。更为棘手的是，客户的每一个要求都意味着另一方面要做出适当牺牲。所幸的是，我们已经有多年的应对经验，为每一个要求都找出了有效的应对策略。

我设计了各种家用及办公家具，明白除了耐用性、外观和价格之外，还有许许多多的其他问题。卧室家具设计需要灵活地思考其用途；办公室家具设计需要考虑拟定的设计方案给同事和下属带来的观感；椅子设计需要大量的结构知识。相反，会议办公桌设计就十分简单：一个平面和平面支撑物。桌面应离地30英寸，下面至少留出27英寸的腿部空间。我们知道，椅子面与任何垂直结构之间相距18英寸足以放脚，每张椅子周边至少要留有30英寸的空间，办公桌与墙壁或其他家具的距离不能小于42英寸。

我们会询问客户的办公室有多大空间，准备安排多少人坐，然后确定办公桌的尺寸。如果他们的答案前后矛盾，我们就做一张能放进房间的最大尺寸的办公桌。由于尺寸很容易确定，我们的设计考虑主要围绕办公桌的外观、如何制造以及如何整合视听设备。

欧式家具比一般客户难以应付。他们提出了尺寸、形状、木材和特征等要求：办公桌是等边三角形，长77英寸，宽70英寸，桌边略呈曲线，桌角处半径锐减。凡是跟三角几何有关的物品都很难做，因为我们的材料和设备都是为四边形而设计的。我的机器默认切割90度的角，买来的木材都是四边形，而且用来夹住板材直到乳胶固化的夹具没办法用于三角形（施加压力后，夹具会滑到顶点，然后掉下来。夹具往往又大又重，掉下来就会砸坏材料）。

他们所要求的桌面尺寸过大，不能用一块板材切割，只能一块一块地拼出来。我可以把桌面切成两部分，但一条接缝直通顶点显得机械单调。如果以三块完全相同的板材拼接，接缝就能与三角几何相得益彰。每一块上都要留有电源与数据接口。在三块板材交汇的中心位置，我会留出一个直通底座的圆洞，电话线沿着地板敷设，无需经过接口，同时免去了三块板材尖角交汇造成的笨拙感。

我花一段时间算出了每道顶边上的两个曲线半径。这得用一块坚固的胡桃木条沿着曲线打弯，还要小心防止木材折断。我们可以熏蒸木材，使之柔软弯曲，也可以用几层很薄的木材逐渐粘合至所需的厚度。这两种方法都太慢了，慢就意味着工时增多，就意味着成本提高，我不想采用。我假设在所有制造细节都解决的条件下，估算生产这种办公桌需要多少成本，得出的结论为 6523 美元。但所有制造细节并没有全部解决，而且工时很可能多于我的估算。

我用几分钟完成了桌面轮廓和接缝的图纸，然后把之前项目的电源与数据接口图纸粘贴过来，再把接口粘贴旋转两次，添加解释文字和尺寸线，图纸就做好了。

接下来是设计底座。我知道他们不想看到电源和数据接口与建筑线路之间的线路暴露在外，而是力求简单整洁，凸显欧式家具风格。

我决定把底座设计成和桌面一样的形状——带有圆角的三角形柱状物，以胡桃木为主体，配以不锈钢部件。但是应该做成多大呢？我想把桌边与底座垂直面的距离做到最大，为用户留出尽可能多的膝部空间。人们真的特别讨厌脚或膝盖撞到桌子底座，只是如果底座太小，桌面突出太多，办公桌就会头重脚轻，而且会导致桌面变形。欧式家具对桌面的要求是薄，厚度只有一英寸。在欧式家具的许多设计中，薄不是问题，因为桌角有支撑，但在这个设计中，大部分桌面都没有支撑。所以我应该把底座设计得大一点，把桌面变形的可能性降到最低。

底座做大做小各有其缘由，我把底座尽量做小还有另外一个原因。我打算只用一块长 4 英尺、宽 8 英尺、厚 1.5 英寸的板材切出底座的所有结构部件，把物料成本最小化，而且由于只需用计算机数控车床切一张板，还可以减少工时。

我把悬空部分的高度定为 18 英寸。我在脑海中构思了底座所需的所有部件，然后逐一画出来，再通过翻转和安排部件位置，让所有部件的轮廓都能处在同一张板材上。

设计完成。安迪会以我的图纸为基础丰富细节，再做一套格式方便客户查看的图纸。这些统称为"车间设计图",或简称"车间"。如果客户不喜欢某处设计,而我们又没在车间图纸上注明或提及,那么我们就有责任去修正。如果争议点在车间图纸上注明了,客户没有看到或不知其意,那么他们就得出钱修正。从理论上来说,欧式家具的人看到图纸就应该明白办公桌会是什么样,不过我决定制作一个简单的 3D 模型,然后利用模型生成一些透视图。添加这类图片可以有效防止以后出现分歧。透视图以直观易懂的方式展示了大部分人所关心的内容——外观。这比我的设计图纸容易理解多了。

安迪做完了车间设计图并在星期五发送出去,当天晚些时候,奈杰尔通过邮件核准。

到了周末,德国之旅已经被我忘在脑后。我重新投入了案头工作,继续跟客户保持沟通,仍旧对销售、现金和市场营销忧心忡忡。我在德国的那一周时间里,询价数量只有 7 个。这是自从 2011 年开始询价记录以来最差的一次。本周的询价数量高于平均数:共有 20 个电话和邮件询价。4 月之初以来的询价模式是这样的:12∶9∶21∶7∶20。这个起伏幅度太大了。说明什么?我们的广告到底有没有起作用?

这一周的销售没什么起色,总额只有 30779 美元,而且全都是丹一个人拿下的。每一个业务都接近 1 万美元的标准。他算不上高产,但十分稳定:今年共拿下 14 个业务,总计 146130 美元,每个业务的平均销售额为 10438 美元。这个数据低于尼克的 397495 美元总额和 17282 美元的每个业务的平均销售额。我的销售总额是 200100 美元,每个业务的平均销售额为 12506 美元。

在这一周里,我和尼克一无所获。更糟糕的是,工具公司发来一封简短的邮件,没有任何解释就把我 4 月份最后一个业务取消了。从我的销售总额中减去 15301 美元,4 月份就只剩下 146677 美元。业务取消实属反常。对方没有支付定金,我们也没有制作设计图,所以把这事摞在身后也不算难事。但是客户为什么会取消订单?由于我们只跟总承包商打交道,我完全不知道谁做出了这个决定,也不知道这个业务究竟是不做了,还是转给了其他人。我可以发邮件给承包商,看看他有什么说法,但是如果他想解释,肯定早就告诉我了。这个周末要思考的谜团又增加了一个。

星期六有一项使命要完成：买车。我觉得买车很麻烦，但既然自己也是做销售的，我很想看看他们如何跟我打交道。我梦寐以求的车子是新款普锐斯，一方面是保修里程数可以降低载着亨利四处兜圈的成本，另一方面是车内空间够大。家里人的身高都在 6 英尺或以上，普锐斯 V 车型比标准款大了很多。我早已认定它最适合了。

第二辆车买给妻子用。她以前开的那辆凯美瑞有三排座。当我跟她说要买普锐斯的时候，她问我这车适不适合 5 个人长途旅行。我从来没坐过这种车，被她问得哑口无言，于是我们商定买一辆二手厢式旅行车。

我查了一下普锐斯 V 型新车和二手丰田塞纳的价格。普锐斯的报价是 27600 美元起。我在当地经销商——我称之为丰田都市店——那里查到了一辆不错的二手塞纳，然后前去当面看车。到地方之后，我发现经销商办公室正在翻新，他们就在一间活动房屋里办公。这里充斥着廉价的办公桌椅，销售人员和客户零零星星地坐着。右边有间办公室，几个年轻人西装革履，戴着卡夹式领带。我站在那儿，没有一个人前来接待。过了几分钟，我把头伸进办公室。"你们是销售员吗？"办公桌后面的一个男子说这里就是销售部。"我去哪里找接待人员？"办公男子指了指坐在污迹斑斑的沙发上的另一个年轻男子。那人站起身，向我伸出一只手。"我是切特。请问有什么需要帮忙的吗？"我告诉他我想买那辆二手塞纳和一辆普锐斯 V 型新车。这两辆车我都想试驾一下，如果满意的话，我今天就可以付现提车。

切特却另有想法。"好。首先，二手塞纳要先准备一下才能试驾。普锐斯只有一辆，也需要准备一下才能试驾。你先坐吧。"我坐下来等啊等啊，过了大概半个小时，他终于拿来了二手塞纳的钥匙。

我开着塞纳溜了一圈。塞纳的车况很好，噪声小，空间够大，动力也足。这车的里程数是 6.3 万英里，要价 19600 美元。对于一辆高里程数的二手车来说，这个价格有点高。我跟切特说想先试试普锐斯，之后再谈价格。回到活动房屋里，我又开始了漫长的等待。在无聊的等待中，我听到左侧结束了一桩交易。一个销售员身边坐着一家六口——丈夫、妻子和4个小孩子。丈夫和妻子互相用西班牙语交谈。

销售员在忙着敲字。他只会"一指禅"，在键盘上来回找字母，所以敲买卖协议花费了不少时间。在敲字的过程中，他语调缓慢地大声解释自己在做什么。那份协议全都是关于月供和贴旧换新价值的条款。那对夫妇很紧张，销售员承诺"你们今天就能开回去一辆崭新的 *RAV-4*"。他推过来一沓文件，那位丈夫开始签字。那位妻子仿佛遭受了沉重打击，但她丈夫和孩子们个个兴奋不已，而销售员则咧嘴一笑。这是什么情况？这个交易好不好？买家开心，双方得益？或者一方占了便宜，另一方吃了亏？那家伙看都不看就签了一大堆文件，祝你好运，兄弟。

45分钟过去了，我正准备离开，切特回来了。"来了，"他一边打招呼一边把钥匙递给我，"车在外面停车场里，我跟你一起去。"车子停在门边。这是我看到那辆普锐斯V型车的第一眼。我进到车里，却惊奇地发现仪表盘上空无一物：没有刻度盘，同类的东西也没有，完全没有任何信息。我那两辆旧车都还配备了数字盘呢。这车上面似乎连点火开关都没有。切特也上了车。"把脚放在刹车上。"他告诉我，然后起身按了一下仪表盘中央的一个圆形按钮。仪表盘亮起，但没有引擎声。这就启动了？"哦，这辆车有点古怪。注意看换挡杆这玩意怎么用。先推到D挡，然后松手，换挡杆会弹回原先的位置。脚一直放在刹车上。倒挡也是同样的操作。好了，你来试试。"

我小心翼翼地点了一下油门，车子缓缓移动，驶出大门上了街，慢慢地跑了5英里。踩油门之后，我听到引擎轰鸣声变大，但是车速并没有提起来。我们开回了停车场。我坐到后排——腿部和头部空间都很宽敞——我从数字盘上看到车速在45以上，正合我意。但回想我查找的所有资料，从来没有人提到普锐斯V型的动力竟然如此之低。我不禁怀疑要不要去适应这样一辆动力不足的车，然而我已经厌倦了买车的麻烦事，我决定去谈价。

回到活动房屋里，我告诉切特："好了，两辆车我都要了。那辆塞纳你开价

19600 美元，那辆普锐斯要多少钱？"切特在他的电脑上敲了几下，然后看着我："28750 美元。"这个价格比标价高了 1150 美元。我感觉他一定是在试探我。"两辆车 44500 美元怎么样？我现在就可以开支票。"他想了大概有四分之一秒，然后站起身。"不行，没有商量的余地。祝你寻车好运。"他径直走回了"候宰栏"。我呆立在原地。他竟然把准备掏钱的客户晾在一边？难道我还的价侮辱他了？我在回家的路上一直思索着这事。切特把我当垃圾一样对待，可这究竟是为什么？

星期一上午 8 点 58 分，员工们聚在方桌周围，做好了开会的准备。没有人说话，他们静静地等着，等着我打破沉寂。

我说些什么好呢？平常我会先捋一遍数据，然后评论一下现状。现金余额有点让人担忧。我们手头上只有 135782 美元，按照当前的开销速度，连一个月都撑不过。待完成业务量也不多了。销售目标远远没有达到。似乎所有事情都减慢了速度，我却不明白其中的缘由。我不想承认现状很糟糕，不想说我自己一头雾水，更不想告诉大家下个月就要裁人。但事实摆在面前，难道要我对他们撒谎？是不是应该取消会议？还是警告他们一下？

在 2008 年夏季和秋季的那次困境之前，合伙人坚决不让我跟员工透露财务状况，认为他们承受不了这样的打击，手艺好的员工会跳槽找别的工作。按照合伙协议的规定，采取行动必须经过双方一致同意，也就是说，一方拥有对另一方的否决权。当时我还十分相信合伙人的判断力，所以我听从了他的建议，从来没有跟员工谈论过财务问题。

然而我总觉得那个做法不妥当。跟了我很长时间且深受我信赖的员工曾多次直接问我公司是不是有麻烦了，我却只能三缄其口。这种做法是个巨大的错误。后来我才明白，所有员工心知肚明，当老板不能提供真实信息的时候，谣言必然四起，士气必然跌至谷底。裁掉一半员工的那天，我发现大家竟然那么开心，甚至于松了一口气。知道了真相，即便真相那么可怕，也让人心安。我向剩下的员工承诺，自此以后一定会把所有情况如实相告。

再回到星期一例会上来。我从椅子上起身，昂首挺胸，摆出老板的样子，走进会议室，站在那里告诉大家真相。"销售业绩不如我所愿。丹、尼克和我，咱们三个要竭尽全力拿下几个业务。大家回想一下 2009 年。即便在那最惨淡的一年，我们尚且卖出了 150 万美元的产品。好事很快就要来到。现在的现金跟年初差不多，这还没那么糟糕。我们要加速完成手头的业务，收回尾款。大家有什么问题吗？"没有。"好，例会结束。"他们起身回去，该组装的组装，该操作机器的操作机器，该喷漆的喷漆，该办公的办公，该打扫卫生的打扫卫生，一切照常。

两天后，上午十点左右，我正在跟鲍勃·富特讨论一份计划书，运输经理走了进来。"借一步说话？"根据我多年被人打断说话的经验，他的表情不对劲，这是出了问题需要我来处理的表情。他继续说道，"有件事——肖恩和我想跟你说一声，如果你有时间的话。如果可以的话，等你不忙的时候。不知道什么时候合适，等到午饭后也行。"

"是什么事？"我问道。他没回答。我带他去了我的私人办公室，关上门。"说吧，什么事？"

他支支吾吾地说起来。"我这不是要告密什么的。"他又停顿了一下，"肖恩和我查了一下，我们觉得爱德华多的考勤有问题。他不在的时间也算上班了。"见鬼。我实在不想听到这种事情。我还有别的事等待应付，可现在只能辞了爱德华多。

解雇员工是我这个当老板的最不喜欢做的事情。幸好这种情形不常有。第一次辞人是在公司刚成立不久。我知道她有问题，却仍旧（傻乎乎地）雇她做临时工。她来上班，做了点活，我一没留神，她就从我的支票簿里偷了一张支票，假冒我的签名去街角的商店买了香烟。杂货商很了解她，于是打电话给我确认有没有事。当然有事！我告诉她别再来上班了。可与人当面对质的感觉真是痛苦——我当时 24 岁，完全不知道说什么，也不知道她会作何反应。幸运的是，她丝毫不觉得出乎意料，也没有吵吵闹闹，就那么走掉了。（她是怎么想的，竟然在偷支票的同一条街上用那张支票？她的逻辑，真是搞不懂。）

第二次辞人已经是 8 年后了，但那一次更麻烦。内特·摩根是全职员工，跟了我 4 年。他手艺不行，考勤断断续续，不过我挺看好他，一直为他的缺点找各种借口。后来，虽然我事先特别强调运货当天他一定要到场，他却没露面。他电话不打一个，招呼也不打一声。第二天他来上班，我怒火冲天，直接把他辞了。他面露惊讶——显然那天的特别强调他根本没放在心上，要么就是他以为我不会追究到底。他一把鼻涕一把泪地哀求我再给他一次机会，然而其他员工早已受够了他的懒散，其中一人说要是不把内特开了，他就辞职。

于是我铁了心肠把他辞了。我知道他再找工作不容易，但仍旧解雇了他。他走后，我心乱如麻。让人失业不是开玩笑，然而其他员工的情绪立刻好转。我从中学到了一个宝贵的教训：一颗老鼠屎会毁掉一锅汤。一个员工不遵守规则，其他员工就会想自己为什么要遵守规则。如果老板不管不问，何必去遵守？我的手下都是工匠，他们有自己的一套行为准则：签到，好好干活，尽力做好产品。同事懒散而不受惩罚对于他们来说是一种侮辱，他们对这种行为恨之入骨。

在合伙人教给我的所有无效建议里，唯有开人这方面被他说中了。有次开人之后没多久，他告诉我："这不是你的错，他们自作自受。该辞退的时候就辞退。"这个员工工作总出错，还把有问题的产品藏到工作台下面。虽然这不会导致他立刻被解雇，但他还篡改考勤表。这种情况持续了好几个月，那时候我们已经在合伙人的强烈要求下编写了员工手册，列出了立即解聘的条件，其中包括饮酒后上班，以及考勤造假。每个员工拿到两份，一份自己保留，另一份签名确认阅读并了解了公司规定。我对员工的要求清清楚楚地写了出来。

再回到爱德华多这个事情上。我知道该怎么做，但要摆出不看情面的老板架子去杀鸡儆猴，仍旧费了我不少力气。

爱德华多在公司工作了 7 年。当时需要找一个车间清洁工清除垃圾，保持车间卫生，合伙人就问在他的乡村俱乐部工作的清洁工，那人是他的熟人，问他知不知道有谁在求职。后来发生的事有些超现实主义。星期一上班的时候，清洁工领来了年纪从二十出头到四十岁乃至以上的 6 个人。"随便选吧。"他说。合伙人看向年纪最小的那个——爱德华多。"会讲英语吗？"爱德华多说会，后来我们才知道他根本不太会说。"就他了。"合伙人说。这就定下了。我对另外几个人深感遗憾，但合伙人讲了一通大道理。"那几个都还行，否则清洁工也不会带他们来。但那个年轻人肯定最廉价。"

爱德华多的表现很好。最后，我们决定让他试试做木工。略经培训后，他能做些简单的组装工作。他可靠努力，也听指挥。

身为棕色皮肤的移民，他在公司外总被人找麻烦。1 月 21 日，爱德华多没来上班。按照公司规定，他留言说意外滞留纽约，两天后回来。等他回来之后，我问他怎么回事。他说开他表兄弟的车被警察拦下了，具体原因他说不清，或者是不想说。警察往车里一看，发现了他表兄弟的孩子留在后座上的玩具手枪。这在纽约显然是重罪，于是爱德华多被抓了起来，第二天保释出来，一个月后还要出庭。他给我看了法庭文件，证实了因那把玩具手枪被抓。我可以想象接下来会怎样——连英语都说不流利的爱德华多被纽约刑事界玩弄于股掌之间，叫天天不应，叫地地不灵。我给在布鲁克林做刑事辩护律师的朋友打了电话，叫他帮帮忙。当爱德华多在巧舌如簧的律师指导下出庭时，所有指控都被撤销了。为了办好这事，我自己掏了 1000 美元。

然而，如今爱德华多坏了我的规矩，而且我还不能坐视不管。我必须把他开掉。首先，我把鲍勃和肖恩叫到小会议室里。两人很紧张，这可以理解。我开门见山，说我会在一小时内解雇爱德华多，感谢他们直言相告。我说这证明了他们两人作为公司员工的价值，也证明了公司不会容忍监守自盗。我安慰他们，这是维护公司利益的正确做法，因为公司是我们所有人实现梦想的基础，他们的行为无可置疑，错的是爱德华多。接着，我让他们两个详细复述了鲍勃之前对我说的话。

他们的描述详尽可信。他们给我看了手写记录与上报工时的矛盾之处。我对照了一下自己的记录，发现他们说得没错。接下来他们提到一件怪事：他们在上周向车间经理史蒂夫·马图林反映了这件事，给他看了同样的证据，史蒂夫·马图林听完了他们的话，却没有采取任何措施。稀奇！这么说我也得把史蒂夫辞了。对于盗窃公司财产的事情不管不顾，这样的人我怎么能继续用？

但我首先要处理爱德华多。我写下了问题描述，罗列了相关日期，引述了公司员工手册中的规定及违反规定的后果（立即解雇）。解除劳动关系通知上写道：
"签署人爱德华多·洛佩斯承认以上所述属实，并了解其行为的后果。"下面是签
名行和日期。我让埃玛看了一遍，然后安排她做解雇见证人。整个解雇过程还会
全部录下来，这既能帮我下定决心，也能在万一爱德华多提起失业赔偿金诉讼时
作为呈堂证供。如果是因盗窃而被解雇，他就没有权利获得失业赔偿金，但如果
是因为工作懒散，甚至能力不足而被解聘，我就必须支付 52 周的失业赔偿金。
解雇视频还有助于约束员工行为。

我架好摄像机，让埃玛去喊爱德华多。他一进门就看到了椅子和摄像机。他
知道自己大难临头了。我示意他坐在我对面的椅子上，埃玛坐在他旁边。我开口
道："爱德华多，我打算把这次会面录下来。请问你允许吗？"他声音几不可闻地
表示同意。"我注意到你提交的工时考勤中包含你未在车间工作的时间，分别是 4
月 17 日、4 月 19 日和 4 月 24 日，以及其他日期。这种行为违反了公司规定。这
是首页带有你签名的员工手册，证明你已经阅读员工手册并了解其中的规定。这
一页是立即解雇的条款。你因违反这条规定而被解雇。不好意思，但你必须离职
了。"他的脸唰地红到了耳根，眼里蓄满了泪水。"爱德华多，你还有什么要说
的吗？"

过了好长一段时间，他问道："我可以把钱还回去吗？我可以每周还一点吗？
我以后再也不这样了。"这个办法很有吸引力——看到他的眼泪，我的心软了下
来。但之后如何处理？鲍勃和肖恩会怎么想？他们会不会觉得偷老板的钱可以容
忍，至少初犯会得到宽大处理？

"爱德华多，我不能再留你了。出了这种事，我没办法再让你与其他员工共
事。这是你自己的选择。如果你急用钱，你大可以来找我，我以前就帮过你，但
你选择了另一条路，而且还多次违反规定，这是我不能容忍的，所以我必须解雇
你。请签署这份知情告知书。如果你提起失业诉讼，我一定会去申辩。但如果你
需要我给你开工作证明，我绝不会提起这件事。我会说你是个好工人，离职是因
为上班路途太远。我不会断了你的后路，甚至还会给你帮助，只是你不能再在这
里工作了。"

双方没有什么可说的了。他签了字就离开了。我关掉摄像机，松了一口气。"唉，真闹心。"埃玛有些烦乱，但她耸耸肩说道，"他是一定要离职的。你没有别的办法。"

接下来要处理史蒂夫·马图林了。这回比较麻烦。他对盗窃公司财产的事不管不顾，我应该解雇他。可是他是车间负责人，解雇他会带来许多变动，而且在一天时间内开掉 6 名员工的其中 2 人，公司产能会下降三分之一。

史蒂夫·马图林像一台机器。他每天早上 5:30 准时上班，一天下来工作稳定高效。从他手中出来的产品无可挑剔。他从来不把时间浪费在闲聊上，甚至只在别人跟他说话的时候才开口搭话。他在自己的工作台准时吃午饭，下午 2:30 准时下班。在这段工作时间里，他做出来的活比任何人都多。记录表明，他一直是公司干活最快、质量最高的人，几乎所有新员工都说史蒂夫是他们见过的最好的木匠。

史蒂夫一直对公司不离不弃。1993 年秋季，他来公司上班，我在一年后提拔他做车间经理。那时候，公司的 3 名员工负责生产家具，其他的工作我全包了：销售、设计、监造、行政管理、喷漆、送货以及车间管理。我需要一个人分担，于是让史蒂夫负责车间管理。之所以选择他，是因为他是全公司最好的工匠。交给他管理肯定没问题吧？提拔之后，我听别的员工说他不偏不倚，不玩办公室政治。他们认可他这个领导。

19 年过去了，他依然在负责生产和车间管理。公司规模扩大，搬了两次家，从制造家具转向制造会议办公桌，大萧条期间裁了人，之后重振旗鼓，虽然历经种种事情，他依然兢兢业业。即便是在经济危机最严重的时候，他也从不抱怨，也不寻求帮助。他的管理职责——与安迪·斯塔尔共同审核设计图纸，给员工分配工作，监督生产进度——似乎在很短时间内就能完成。

我们两个很少交谈。他似乎避免与我说话，而我只在有具体事情需要告知的时候才去他的工作台，而在那种情况下，他一言不发地听我说完，再以尽可能少的话提出一针见血的问题。往坏了去想，我会觉得史蒂夫看我不顺眼，但我实在想不出任何理由。我尽量在众人面前夸赞他，而且他的工资在全车间是最高的。

这些年来，我曾见过他与别的员工插科打诨，但他从来没有对我笑过。说实话，他的缄默令我心生恐惧。我知道我应该跟他搞好关系，但我不知道如何突破他的防线。

除了跟老板关系冷淡之外，史蒂夫还有另外一个缺点：缺乏创新精神。我没办法指望他对改善公司管理有任何作为。我不知道他是对此不在乎还是没有能力。他似乎从来不指导其他员工改进工作方法。我常常看到员工在选择项目做法时无从下手，最后惹来一身麻烦，我就会疑惑史蒂夫为什么不去引导他们。除了分派工作时最低限度地跟人说话，他显然不喜欢与人交流。我们没有鉴别最佳做法，也不确保所有人统一做法。我自己忙着应付客户和行政职责，没时间接手车间管理。我很迷惑：他工作太繁忙，管不过来？他是否有因为某些原因而不能实施的计划？我猜不透。

我觉得他不满于公司从生产各种家具转向单一生产会议办公桌。在某种程度上，我对此表示体谅，可是业务种类太多挣不了钱，市场营销和生产的效率都不高。假设所有员工都乐意每小时只拿 10 美元的工资，也许公司还能做下去，但人人都想拿高工资去支付房贷和车贷，那我们就要面对现实。生产会议办公桌能维持生计，但制作高档家具就不行。我从来没听他对于是否喜欢生产会议办公桌发表看法，但他的行为不言自明：总是板着脸，不再开玩笑，笑容也没了。他像一台机器一样签到、上班、下班回家。

解雇爱德华多把他的失败暴露得一览无余，但我也要承担部分责任。在应对史蒂夫这件事上，我做得很差。他不愿与我沟通，致使我避而远之，而且我没有采取任何措施去教他我所认为的经理人应该做什么，也未对他的车间管理方法做出任何评论。我偷懒，或害怕，或者因其他事务忙得脱不开身。早知现在，何必当初。

首先，我决定今天不解雇史蒂夫，但我仍旧要跟他谈谈。我让埃玛去找他，过了几分钟，他来了。他坐下来，静静地看着我。

"我刚刚解雇了爱德华多。"他无动于衷。"他的考勤有问题。"他保持默不做声。"你知道这回事吧？而且什么都没做。"

他耸耸肩说："我当时太忙了。"然后稍作停顿。"事情太多。"

我一下子被激怒了。"你知不知道，换作别的任何一家公司，你早就被解雇了。你是车间负责人，竟然对盗窃事件置若罔闻？我真该现在就把你开了。"我等着他做出回应，但他只是默默盯着我。难以置信！然而我像往常一样打破了沉寂。

"我今天不会解雇你。我倒希望这么做，但是我也要为你作为经理的不足承担一部分责任。我没告诉你发生这种事该如何应对。我以为没那个必要，但目前看来很有必要，所以这事怪我。这么着吧，以后你不想出面的事，就直接告诉我。其实没那么难，毕竟辞人这种事要由我来做。从今以后，凡是遇到问题，一定要通知我，明白吗？"

他只回答了一句"好"，然后就不吭声地坐在那里。

"好，就这么定了。"我告诉他。他起立转身，头也不回地去了工作台。

在他回去的路上，我一直在想：为什么不解雇他？为什么不解雇他，然后直面后果？真的那么离不开他吗？也许吧。我拿不定主意。他走了会怎样？对产品交付有什么影响？谁来顶替他？我能独力管理车间吗？其他工人可以临危受命吗？或者说我太软弱？为什么他对我如此不敬，我还总是让着他？为什么不好好教训他一顿？你做得没错，别因愤怒而冲动；你是个傻瓜，竟然为他的失败背黑锅。

掌控不了局面，懦弱不堪，我对于这样的自己十分恼怒；史蒂夫态度如此，爱德华多愚蠢至极，捅了这么大的篓子，同样让我恼怒不已。这还没到中午呢！剩下的时间里，爱德华多被抓了现行的表情在我脑海里挥之不去。换作是我，我会怎么做？我怎么向家人解释？我还有脸回家吗？我从来没经历过被人解雇。我会明天一早就开始找工作吗？我是不是太苛刻了？难道还有别的办法？在自责的同时，我的内心还有一丝丝的理智。爱德华多间接地帮了我一个忙。销售业绩下滑，他正好调整了我的人手。双周工资会减少大约 1500 美元，一年下来，我就能省下大约 2.5 万美元。

第二天早上，我鼓起精神问史蒂夫安排谁去做底座。我没有提到爱德华多。

我只想把昨天的烂事忘在脑后。史蒂夫说准备让威尔·克里格做。选得好。威尔干活速度快，工作台正好挨着爱德华多，可以立即上手。既然正合我意，我就没再说什么了。史蒂夫早已继续手头的工作，仿佛什么事都没发生过。

星期一例会期间，我通报了各种数据，然后停顿了一下。我要针对爱德华多一事讲几句。我整个周末都在担心这一刻，然而我却说了一堆废话："大家可能看到爱德华多有几天没来上班，你们可能听说了这是怎么回事。爱德华多因为考勤作弊被解雇了。说实话，我没想到他竟会做出这种事。我不知道他为什么要那么做，我也不在乎他为什么那么做，只要我发现谁占公司的便宜，我立刻当场开除。"我环顾众人——大家都在认真听，就连史蒂夫也不例外。"考勤造假就是占公司的便宜，就是占大家的便宜。如果大家拿着公司给的工资，工作却没做到位，那是在毁公司，导致其他人的工资更难支付，我的账单更难支付。这不是好事。我对检举揭发的人表示感谢。你们做得很对。我想让咱们公司为所有人提供生活保障，为此，我们绝不能容忍盗窃行为。"我顿了一下，盘算着怎么收尾。"我认为在场的各位绝不会再出现这样的问题。我希望各位绝不要再出现这样的问题。如果再有人顶风作案，那就照样开除，绝不心软。"即兴发言效果不佳，没办法转向激励鼓舞了。"总之，大家都有事要做。散会。"这是我一辈子最差劲的动员演讲。我转身走了。作为老板，这是我的特权之一：我说完走开，会议随即结束。然而其负面作用是我走之后，就看不到身后的情况。我将永远无法得知员工对爱德华多一事的真实看法，我只能暗自期望自己没做错。

午饭过后，我扔下数据表和邮件，去了趟车间。罗恩·戴德里克已经着手制造欧式家具的原型办公桌了。所有部件都用 CNC 切割完毕，他正在一块桌面部件上粘胡桃硬木条。正如我之前所预料的，上夹具的过程十分复杂。罗恩把每一个夹具放到位，然后把螺栓拧到压力最佳的位置。等到他做完这些，我问他用了多长时间。"夹具准备时间吗？整整一个小时。胡桃木加工用了大约半小时。这是第二个顶部封条，比第一个做得顺当。第一个封条的边缘裂了，我只能把它铲掉重新做。整个早上我只弄了个两个。"我仔细看了一眼仍用夹具夹着的第一块桌面。他今天一大半时间都要耗在这上面了。我在欧式家具的车间看见有台机器几分钟时间就能做完他的工作。我应该重新表述：简斯告诉我那台耗资 74 万美元的机器在几分钟内就能做完。假设我借钱买了那台机器，然后分期偿还呢？相比之下，罗恩的小时工资还是低的，那么多钱够我聘用罗恩 15 年以上，而且他能在产品类型之间轻松转换，确保每个产品的木材布置精美。问题是，他不能在一天内做出几百个办公桌桌面。如果说做办公桌桌面要达到那样的速度，我就得找一个比目前更好的办法。

随后的几天时间里，罗恩完成了原型办公桌。底座的可移动面板比较棘手，它必须精确地扣入底座的孔洞。哪怕只是宽出 1 英寸，卡锁就没办法用。罗恩在桌面做成两天后完成了可移动面板。

按照设计，可移动面板上有个孔可以用于推拉。若没有这个孔，就没人知道这块面板能移动，也没有抓握推拉的位置。罗恩把面板的尺寸切割得分毫不差。他装上硬件，把面板压装到位，然后叫我去看一看。三块面板——两块粘牢的，一块可移动的——形成了一个平滑的表面，面板和构成底座尖角的坚固部件之间没有任何缝隙，但我看不出来哪块面板可以移动。可移动面板上的洞小得可怜，我得跪下来仔细找才能找到。呃……没人会跪下来去找它。以站立姿势看着这块面板，应该一眼就能看出该做什么和怎么做。我问罗恩卡锁好不好用。他傻傻地笑了，"试试看。"我找好位置，用了吃奶的劲。在它终于移动的那一刻，我因为用力过大差点摔倒。罗恩笑了，脸上带着他特有的"尽管我做得完美，这个设计依然愚蠢至极"的表情。

"好吧，我们要把它弄得更容易操作。我去叫安迪找些不同的硬件。要留出足够的缝隙，让人能看出来这块面板可以移动。另外要在面板后面的底座上加一道凹槽，方便用手指从后面拉出来。那样应该就行了。"这些改动让面板更加容易移动。在面板底部再加上一个孔或把手会更好，但这会毁掉欧式家具所看重的纯净表面。

桌面上的电源和数据接口盖板也有问题。在德国，他们采用了小型平滑的精密合页，而且由专门的机器切割出专用孔。每台合页切割机的成本是 1500 美元，需要两台来切出左孔和右孔。我们所选择的合页无需特殊设备，而且在盖板扣合的时候看不到，达到欧式家具所要求的整洁和光滑，但是在盖板打开之后，合页就显得十分突兀。我们的合页不像德国合页那样雅致，但我们已经在图纸中注明，而且得到了他们的批准。合页是罗恩完全按照图纸安装的，操作起来还可以。

我受够了花大价钱租 PT 漫步者，于是在星期四那天，我去了一家当地的丰田经销店——我称之为丰田汽车商场。我收到一个低于标价 500 美元的普锐斯在线报价，但报价的经销商远在 100 英里之外。我盘算着去一趟汽车商场，看看他们能不能也给这个价。这一次的体验跟丰田都市店有着天壤之别。接待员立刻跟我打招呼，销售员一分钟之内就来了。销售员史蒂夫跟我年纪相仿，身高差不多，身材颀长，看着很职业。我说我想看看那辆霸气的普锐斯。他在 3 分钟内拿来了钥匙。进了车里，他坚持要讲一遍操纵装置，让我留意两个前排座位之间的三种驾驶模式转换按钮。驾驶模式？没错，这辆车可以从节能环保模式瞬间切换到耗油高速模式，也可以使用介于二者之间的过渡模式。我们以节能模式开始，一周前那辆高尔夫球车蜗牛爬一样的感觉又回来了。史蒂夫挪了挪身子，按了一下动力模式按钮，车子骤然大不一般。它在陡峭的高速匝道上毫不费力。我们开着它上了地方高速公路，驾驶感特别棒。

回到展售厅，我拿出报价单。"这是大老远丰田店的报价，27100 美元。我不想跑 100 英里，所以如果你能接受这个价格，我马上就开支票。"史蒂夫去跟经理商量，几分钟后就拿来了销售协议。成交。

丰田汽车商场似乎非常了解我对购物方式的期望：产品介绍一清二楚，价格可以商量，不浪费客户时间，成交收钱。我第二天去提了新车。我是不是能把价格再压低点？也许能。但我知道货买当下值，买完就不再去想这回事。我依然在疑惑丰田都市店为什么不想做我这笔生意。唉，管他呢，那是他们的损失。

我姐姐帮我解决了厢式旅行车的难题。她准备出手自己的那辆 2009 年款塞纳。我外甥准备读大学，她没办法同时兼顾学费和车贷。她要价 1.4 万美元。成交。买车共花去了 4.4 万美元，剩下的 3.4 万美元要用于这一年剩下的时间。只要彼得不在秋季读大学，我就万事大吉。

这月的伟事达会议是在 5 月 15 日星期二。会议在一块白板前召开，我们分别给自己的私人生活和商业愿景打分。分数是从 1（极度绝望）到 10（精神愉悦），我的私人生活这块可以打一个合理的分数，但是生意这方面呢？

这个问题很难回答。我尝试着把一堆乱糟糟的事情梳理顺当。这个表述既要包含评估，也要结合近期的事情预测今后的形势。可以使用的素材有很多，但我的思想总是被一些令人烦恼的趋势所纠缠。询价数量似乎越来越低。5 月过去了一半，新订单总额仅有 71321 美元。截至目前，订单总额为 787550 美元，远远没有达到我的 90 万美元的目标。德国人说我特别，但他们也告诉我欧洲经济低迷。关于美国可能再次陷入经济危机的报道铺天盖地。我们的客户分属各行各业，谷歌每天都反映上千人搜索我们的产品。这些人都在哪里？那些可能点击广告、可能打电话询价、可能购买产品却一样都没做的人是谁？是什么促使他们改变了主意？难道我将要成为二度经济危机的牺牲品吗？和 2008 年一样，我手头的资本不多，对未来的预期也不高。我的订单少得可怜。上一次经济危机的时候，我靠裁员和降别人的薪水才得以幸免，我不知道自己是否还有勇气再做一次，而且我不知道公司能否再次挺过低迷期。我给商业愿景打出的分数是 3 分。目前为止，我的分数是白板上最低的。

大家围坐在一张大桌子旁，埃德·柯里让大家轮流简要说明自己给出的分数，可以随意增加细节。结果我是最后一个发言的。其他人的商业打分介于 7 ~ 9 之间。他们的订单在稳步到来，谁也没有哭喊着末日将至或者觉得销售低迷。轮到我的时候，我概述了现状，并且阐释了我的理论：我的生意就像煤矿中的金丝雀，是商业信心和活动的显性指标。询价数量之所以减少，原因在于购物的人越来越少。销售之所以低迷，原因在于真正购物的人选择了更为廉价的商品。人人都在收紧开支。做好准备吧！以后日子不好过！

没有人点头表示赞同。文件存储与粉碎公司的基思·迪马力诺举起手。过去几个月里，他直言不讳，但深入精辟，一针见血。"咱们先说一件事，"他说，"不管你现在遇到什么情况，那都是你的错。这都是你自己的做法导致的。我不想再听到大环境不好导致我成了牺牲品之类的话。我不这么认为，大家也不这么认为。你所做的事情才导致了不景气。即便你说的每一个字都真切无误，我们都要完蛋，那又有什么关系。你必须去纠正，那是你的问题。你，别再抱怨，赶紧纠正。"这话我不爱听，但其他人一致赞同。进一步的讨论聚焦于我做的哪些事情可能导致了市场营销一团糟。我不知道该跟他们说什么。自从 3 月初以来，我没有做任何变动。网络营销进展良好——页面浏览量稳定，处在去年的同一个区间之内，但是询价数量和销售差得一塌糊涂。

准备走的时候，萨姆·萨克斯顿把我拉到一边。"你一定要打电话给我介绍的那个销售顾问，他会帮你。打给他，见见面，把你的想法说出来。"我记得上次会议时萨姆竭力要我联系那个顾问，但是不知怎么地，因为德国之旅和其他的事情，我没有联系他。我以前从来没聘用过顾问，但基思告诉我要着手纠正。第二天早上，我打电话给鲍勃·瓦克斯，商定他在 23 日来车间一趟。

直到星期六，我才有时间查看市场营销状况。周末的车间和办公室很安静，我想把所有事情都捋一遍，而这需要专注。

我们的市场营销策略整体由四个相辅相成的部分构成。第一是产品开发，也就是所要销售的产品种类。第二是网站，也就是向客户展示产品。第三是谷歌，包括引导客户浏览公司网站的免费搜索和付费广告推广。第四是销售部门，通过计划书应对每一次询价。自 2009 年设立公司网站以来，我对这个整体框架没有进行任何更改，所以即便我做了某些导致市场营销效果变差的事情，也肯定是在更微小的部分。那么哪一个部分的变数最大？我应该从哪里突破？

问题是，在这些年里，这四个部分都经历过"小修小补"。我经常推出新设计，拍照之后发布到公司网站上。谷歌以不为人所知的方式记录这些变化，然后把公司的网站排名提高或降低。我们确定了基本的方略来应对询价电话，但尼克、丹和我各有不同的设计构思、书写技能和图形感知能力。我没有时间一一审核他们发布的内容，也没有人来监督我。我们之中的任何一个人都可能导致销售下滑而不知其中缘由。

我决定先从谷歌着手。我有权限查看竞价推广和谷歌分析的大量数据，前者是付费搜索结果总结，后者则是网站效能的全面总结。我登录账户，开始浏览这两个站点。二者都让人眼花缭乱。谷歌的界面让我能够以多种方式检视竞价推广的方方面面，其中包括统计资料、图表、变更记录、上百个重新布局视图的链接、含有更多信息的弹窗、小提示、模拟场景的建模工具等等。若这万花筒中隐藏着异常，也很难一眼看出这个异常是什么以及藏于何处。

竞价推广每天推送广告，每次点击的费用各不相同，直至每日 450 美元预算耗尽。由于每次点击的费用基于多个变量，预算耗尽的具体时间不得而知。谷歌每天推送广告的次数大约为 650 次，我们所得到的点击量约为 100，其中仅有几个点击者联系我们——上两周的平均数为每天 2 个电话询价。一年前，同样的成本换得的是每天 3.2 个电话询价，而且销售比现在好得多。我看不出有什么区别。

广告分为 58 组，针对一套近义关键词，每组推送一条不同广告，共计 403 套。所有广告组的表现各不相同，有些产生很大流量，但少有浏览者点击广告，有些则恰恰相反。我看不出来哪些广告带来的电话询价、电子邮件询价和销售量最多。每当问人们最初看到了哪条广告，他们似乎都不记得了。另外，由于我们并非通过网站直接销售，从这些数据中就无法找到这个问题的答案。我看出来点击付费这块花了不少钱，并且浏览量和点击量与去年持平，但电话询价数量和销售却在下滑。这是为什么？

在几个小时的点击浏览过程中，我越来越泄气。谷歌通过各种方式不断传达了一条信息：增加推广费用。我错失了提高每日预算所能带来的点击量。

怎么办？若一下子大规模变更，我就没办法分清哪一种措施起到了作用，而且还可能雪上加霜。我对于建议增加费用的那条信息不以为然。谷歌当然会这么说，这是他们的生意。如果真打算帮我，那就把界面做得更容易操作！他们提供了让人窒息的大量数据，却让人没办法从中看出门道。我忧心忡忡地回了家。

星期一到来，我又一次实话实说，让人灰心丧气。这次发言无非是重复上两周的内容：销售低迷，现金即将消耗殆尽，但我们的业务还没有全部完工，所以大家要尽量提速。午饭后，加利福尼亚州一个名叫吉姆的办公室家具经销商打来一通古怪的电话。"我这里有你发给卡利重工业公司的计划书。"他说道。这是丹的业务，他在卡利重工业公司的联系人一直说我们会拿到这个业务。吉姆告诉我："我十分欣赏你们的计划书，想深入了解一下你们公司。"我把我们的情况讲给吉姆，他说："我喜欢。我们需要你这样的人。大型制造商无法应付特大型定制办公桌，这种业务我经常接到，但只能望洋兴叹。"他承诺有了定制项目一定会联系我。和欧式家具一样，这可能成为我们的另一个突破口，而且不用模仿其他公司的风格。我们能以自己的方式做我们自己的工作，把销量提上去。经销商将会拿到丰厚的分成，而且如果他们以正常价格大量销售其他家具，定制家具价格略高一点他们或许也能接受，从而把精美的办公桌作为额外的卖点。这是皆大欢喜的事情。有了欧式家具和经销商，我就可以降低对谷歌的依赖程度。

丹也很开心。"卡利重工业公司这个业务我费了不少力气，我刚刚把办公桌的整套设计发给他们。那边的人说订单随时都会下来。"这话他已经说了一个多月了，但有时候大公司做书面工作要很长时间。

星期一那天，大家都走了之后，我又登录了竞价推广账号。询价数量变成了涓涓细流：上周是 12 个，上上周是 8 个。接着我又看了一眼谷歌推广预算，也就是每天的最高限额。预算金额和推广时间都是由我来决定的。我在东部时间上午 8 点至下午 10 点之间推广，这样西海岸的人在下班后就能看到。在收到它认为与我所选择的关键词比较匹配的搜索字符串之后，谷歌会推送相关广告，若有人点击该广告，就会向我收费。每次点击的费用不等，这取决于我所给出的定价和其他广告客户的推广价，以及谷歌是否认为我的广告内容与搜索相匹配。每天的点击付费超出我的预算后，谷歌会停止推广。

与星期六一样，谷歌再次提醒我推广预算太低了。他们信誓旦旦地说多花钱就能获得更多点击量。他们提供了一样很方便的工具，我可以输入高低不等的预算金额，然后看到他们推算出来的点击量。例如，支付 500 美元可获得 1000 次点击，1000 美元能获得 1500 次点击，2000 美元能获得 1750 次点击。

按照谷歌的说法，如果我把每日预算提到 700 美元，会增加几百次点击，但新增的点击量并不一定带来销售量的提升，付费广告不保证西海岸那些之前没有点击广告却急于购买办公桌的群体会在工作结束后点击，只是说全天的点击量会增加。那么这些新增的点击者是谁呢？我猜测点击量增加是因为谷歌的推广面扩大了，即便搜索字符串与我的关键词不太匹配。有些浏览者什么都点，而且常常是偶然点击。这不代表他们有意购买大号会议办公桌。谷歌对于成功的定义就是有人点击。他们无从知晓我是否因此次点击而卖出产品。由于我一直对于扩大开支能否带来更多收入持保留态度，才把每日预算设定在我觉得自己承受得起的金额，也就是比谷歌建议的最大金额低了大约 30%。这些年来，这个金额设定还算可以。但事到如今，也许这个设定跟不上时代了，所以我决定赌一把，就按谷歌一直喋喋不休的建议去做。我把每日预算从 450 美元增至 650 美元。这应该能让我的点击量在现有基础上增加 90% 或以上。

第二天一早，尼克带来了坏消息——弗吉尼亚州空军基地的业务给了另一家公司。那可是我们一直心心念念的 4.5 万美元啊！我与他同仇敌忾："这群坏蛋！"然后问道："怎么回事？"他说自从去现场之后就一直有种不祥的预感。

"当时的会议场面很大，许多公司都去了。他们展示了要采购的东西的幻灯片——那是我发去的计划书，只不过隐去了咱们的公司名称。我以为十拿九稳了。会议结束后，我想跟到场的采购人员打招呼。他那会儿站在大厅里，跟另一家公司的人聊得正欢。他们有说有笑，一直聊个不停，我就走了。"

"你开两个小时的车去参加会议，竟然连一句话也没跟人家说？"

"我这几个月都在用电子邮件给他们发送计划书，他们知道我是谁。"

"你应该跟他们说说话，让他们把你跟所有电子邮件对上号。"

"嗯，可能确实该那样。不过我以为这事已经板上钉钉了。他们总是说我们的设计有多好，感谢我做了那么多事。"

"打电话给他们，问问怎么回事。"

过了一会儿，尼克说有消息了：我们的报价太高。从空军基地的承包网站数据来看，那个业务给了跟采购人员聊天的那个销售员所在的公司。中标价格比我们的竞标价低了 300 美元。我们的竞标价是和计划书一起发出去的，那个采购人员可能给他们真正想合作的公司看了。我们被耍了。

到了星期三，3 月初收到的三个欧式家具订单发运。自打我回来之后，我们就再也没有收到他们的询价，所以只能把原型办公桌做好、交付。我猜测他们的销售和我们一样低迷，也可能他们想在看到原型办公桌之后再决定是否给我们更多订单。

下午三点半，我与销售顾问鲍勃·瓦克斯见了面。我身高 6.1 英尺，他比我还高几英寸。他穿着蓝色运动夹克，高尔夫球衫，棕褐色长裤，带流苏的平底皮鞋，提着皮革公文包。银发梳得整整齐齐，握手力道十足，双眼炯炯有神。"久闻不如一见！萨姆总提起你。"我带他去参观车间。鲍勃并不感兴趣，说想去销售办公室看看。他与丹、尼克和埃玛打了招呼，我给他看了几份计划书。他仍是礼貌地默不做声。我原本以为他会惊讶于我们的软件模型，可他缺乏热情，让我很是受伤。我们回到私人办公室继续谈话。

"为什么叫我来？"这是他提出的第一个问题。我描述了一下现状：询价数量减少，销售低迷。我不知道询价数量为什么减少，也不知道销售低迷是怎么回事。我以前经历过低迷期，但那些时候总能自我纠正，我担心这次尤其难以应付。我的业务都快做完了，而且现金很快就会耗光。我告诉他，萨姆·萨克斯顿认为他能帮我。我希望萨姆没看错人。

"恐怕我爱莫能助。"他的回答让我大吃一惊，"我有点担心你，不知道我们能不能合得来。像你这样的人，好相处是一个样，不好相处又是一个样。保罗，你是个优秀的老板，下决定特别果断，这是好事，我不用应付一级级的人就能直达决策者。如果保罗·唐斯说要做，那就铁定要做。问题是，假如我说了你不爱听的话，你可能会赞同，也可能会跟我对着干。如果你跟我对着干，那就是浪费双方的时间。我不想跟人争得面红耳赤。我有很多客户，而且我看得出来，唐斯是个聪明人，思维敏捷，凡事都能说服别人。"没错，这就是我了。"但是，在我向你解释你的销售'机构'为什么不行的时候，你肯定会不乐意。你的第一反应是证明我对你的看法错了，然后跟我对着干，反驳我，告诉我我看错了。"

我仔细斟酌了一会儿。我做事果断，习惯于一意孤行，九头牛都拉不回来，这话说得一点没错。所有员工都知道我的脾气，所以从来不会因为任何事而和我争论。假如我心情好，我会解释一下为什么做出那样的决定；假如我心情不好，想都别想。我不喜欢让步。有时候，我倒希望员工跟我发生争执。我知道他们是聪明人，肯定有很好的想法。我肯定很多时候都做错了，否则公司早就挣了更多钱，但他们从来不挑战我的权威。我就那么吓人吗？可能吧。想来我加入伟事达的原因也正在于此——找个人在必要时批评我。我联系鲍勃的原因也在于此——找个人认真看待我们的销售策略。

与此同时，我又不确定鲍勃·瓦克斯是不是我要找的人。他是个标准的销售员——个子高，穿戴整齐，自信满满，口才好，给人一种销售范。能把梳子卖给和尚，一切只为做生意。他各方面都招人喜欢——对人友好，言辞巧妙——但三句话不离本行。这却让我感觉不舒坦。我习惯于出售，我通过精良的产品达成交易，完全不需要故弄玄虚。我们是工匠，工作完成之后，我们自动淡出。

我必须把自己的偏见抛在一旁。萨姆·萨克斯顿担保鲍勃很内行，而且有他的销售数据做支撑。我也想解决销售问题。我不知道鲍勃能不能行，但我必须放手一试。所以我说道："没错，我做事果断，被人质疑的时候就反驳，那又怎样？我就是这样的人。我也很善于改变，我的员工也是一样。我们不眷恋过去，因为过去通常不堪回首。我乐于接受批评。萨姆说你是内行，我相信他的话。假设我易于相处，假设你会出手相助，下一步怎么做？你具体会做什么？什么时候开始？要花多少钱？"

鲍勃说需要几天时间拟写建议和合同，但现在就可以确定审核日期。我下周要去中东，不过我们把时间定在了31日星期四。我觉得我被人牵着鼻子走，这种感觉让我很不爽。从另一方面来看，我所选择的正是我所期望的方向。除了隐隐觉得自己丧失了主动权，我并没有什么可抱怨的。

星期一，再次回顾让人心情低落的数据之后，我告诉员工们，我正在想尽一切办法扭转局势。我告诉他们，我增加了竞价推广的预算，还准备聘请一位顾问。会议结束后，我问丹和尼克有没有客户可能会在这周下订单。他们说不知道，但承诺我会再次联系最有希望的客户，然后一整个早上都在忙着发邮件。

叫人气馁的答复在午饭后接踵而至，最沉重的来自卡利重工业公司。丹以为这个业务八九不离十，却收到联系人这样一封邮件："我们选择了另外一家供应商做这个项目。谢谢你的辛勤工作，祝你好运。"我打电话给经销商吉姆，他"正在开会"。我给他们发了一封邮件，没有回复。3.5 万美元的业务，没了。如果空军基地那个业务也没丢，我们 5 月份的销售业绩肯定好看。

星期四是 5 月的最后一天，我一大早就去了鲍勃·瓦克斯的办公室。原来说可能帮不上忙时的羞赧被多重行动计划所取代了。首先是评估。虽然我做了 26 年销售，却仍然要通过一系列测试来验证我是否从心理上适合这个岗位。丹和尼克也要参加同样的测试。这个测试叫作 DiSC 心理测试，广泛应用于业界，但我从来没听说过。我还要参加另外一组测试来评估公司销售方法、文化和我作为销售经理的能力。销售经理？这是我的职位？我从来没从这个角度思考过。鲍勃会来公司办公室观察我们的工作情况，以便更清楚地了解我们的运作方式。

评估之后是培训课程。丹、尼克和我将参加为期 10 周的桑德勒销售法基础课程。这个销售法我也从来没听说过。我没想到销售有这么多分类，但我也能理解，每家公司都想做好销售，挣更多的钱，就必然有人设计出一套销售理论。

在培训以及接下来的 12 个月里，鲍勃还会每月亲自给我们召开两次会议。在这些会议上，我们可以讨论持续培养的技能，同时获得帮助以应对种种挑战。

鲍勃用了大约一个小时讲完了上述安排。最后，我又提出了一个问题：多少钱？全套价格是 3.7 万美元。我的天啊！但是换个角度来看，虽然现在状况不妙，我依旧可以我行我素。通过培训，萨姆第一年的销售业绩提高了 40%，而他把这都归功于鲍勃。如果我的业绩能提高 40%，那就多赚 80 万美元，对比之下，3.7 万美元的投资简直微不足道。我当场付了鲍勃 8000 美元，剩下的每月支付 2416 美元。

8000 美元占我的流动资金的 8%，对我的影响不算严重。我问鲍勃能不能刷信用卡，他说可以。这就帮了我的大忙——先把定金付了，30 天后再支付现金，到时候如果手头仍然紧张的话，还可以再刷信用卡。刷信用卡不能成为常态，但能留出时间让我验证培训课程有没有效果。

我问鲍勃能不能在价格不变的情况下让埃玛也参加。她聪明伶俐，我想让她也了解客户的思维。尼克、丹和我责任太过重大，很可能会影响我们对所学内容的理解。另外，如果我们都参加了培训课程，那么整个销售部门只剩下她没有学习新方法和行话，我可不想在我们自身都在学习的时候再教她。

鲍勃表示可以，于是我签了合同。我决定虚心参加课程，竭尽全力从中学些东西。午饭过后，我向丹和尼克大致讲了讲培训安排和费用。他们很是担忧。"萨姆·萨克斯顿收效不错，"我说，"我相信我们也会从中得益。记住，我可是押了 3.7 万美元的注，赌我们的销售能力一定会提高。萨姆的销售业绩上涨了 40%。如果我们的销售业绩比去年提高 40%……"我跟他们讲了我用来说服自己这是个好主意的计算过程。我要他们相信这个培训项目，否则大家所浪费的时间成本实在太高了。

这一天结束的时候，我对这个月做了总结。乱麻一样的数据和事情一如既往地没能汇成清晰的脉络。5 月初那些看似重要的事情已经成为过往，被新的忧虑取而代之。

这个月的数据大多不堪入目。销售总额：114042 美元。我们在 5 月 1 日把 S 公司的办公桌重新发运，他们在中旬结清了余款。过去四周的询价数量一直不温不火：每周 11 个。增加竞价推广费用产生了更多点击量，但到目前为止仍没有提高询价数量。这个月的生产总额也很低：从车间进入喷漆间的产品总值为 137086 美元。如果下个月只能发运这么多，那就惨了。古怪的是，我们的现金储量竟然没有减少。5 月的初始现金余额是 105203 美元，收入 182594 美元，支出 175113 美元，也就是增加了 7481 美元。停掉我的个人工资的确有作用。月末现金余额为 112684 美元，按照目前的支出速度，这笔钱足够公司运营 15 个工作日。

现金余额增加总比减少好，但这不代表一切顺利。相比年初，现金余额少了

24470 美元，而且我需要弄明白为什么现金余额稳定，是否还能继续保持。我现在有四个有利因素。第一，我们发运了 1 月份和 2 月份拿下的许多业务，价值总额达到 198496 美元，获得了 91035 美元的发运前付款和结清款项。有些产品放置了一个月或更久，只等着客户把地方布置好。还有几个业务在去年就已经可以发运了。发运总额高于支出总额，本月的理论利润达到 23383 美元。这笔钱并不会神奇地全部落入我的手中，但总比赔本好。

第二，5 月份计入了 4 月份最后几笔订单的定金，因为我在 4 月 30 日星期一下午存了 27418 美元。第三，一个客户破天荒地预付了全款。那张办公桌的价格是 24111 美元，我们原本想着会收到一张 12506.50 美元的支票，却收到了一张 25557.66 美元的支票——办公桌价格加上 6% 的销售税。销售税可以拖到中旬交付之后再缴纳，所以这算是客户慷慨地馈赠了 1.3 万美元贷款。

最后一个因素很容易被忽视。2012 年 5 月共有 22 个工作日，当业绩的好与坏之间的界限细微时，额外的工作日就会产生重大影响。5 月的最后一天，我们发运了价值 15883 美元的两个业务，以牺牲 6 月份的总额为代价，提高了本月的业绩。总而言之，这个月真是扑朔迷离。我在尽力扭转乾坤，但我不知道自己的做法是否明智，也不知道这些做法能否发挥作用。

第 6 章

6月：迪拜之旅

日期：
2012 年 6 月 1 日，星期五

初始银行余额：
$107096.18

相对于年初现金差额（现金净额）：
− $30058.14

年初至今新合同金额：
$803722.00

　　我星期五一大早就来到公司。鲍勃·瓦克斯发了封邮件给我，里面有一个性格测试和销售自评链接。他说这些能够客观衡量我的能力，最后还警告称：如实回答问题，否则就是浪费时间和金钱。好吧，我觉得，不偏不倚的测评倒也有用。萨姆·萨克斯顿的话和欧式家具工厂之旅让我大开眼界，我很想知道自己的销售能力是什么水平。我以前从没做过性格测试，那些问题让我摸不着头脑。我最后得出结论：答案没有正误之分，只不过是做出选择，释放真我。我在各种问题中攻城略地，然后点击了发送。现在该做销售自评了。

　　这个评估共分两个部分，一部分是销售，另一部分跟销售经理这个职位有关。

　　第一部分的问题不难：

　　你知道如何寻找潜在客户吗？

　　当然。付钱给谷歌，听天由命。为了广告置顶，希望他们能把我的关键词放在好的位置，我给谷歌付了不少钱。至少到目前为止，这个策略收效甚好。

你知道询价单里有多少潜在业务吗？

我一直在记录，大约一半能收到计划书。

又列了几个流程导向型问题后，他们采取了另外一种战术：

你想获得成功吗？

当然。我憎恶失败。谁不想成功啊？

你是否列出了目标清单？

没有，为什么要写？我只想多卖东西。难道还需要其他目标？我每天要发送大量邮件，没时间去写这些。

你能否掌控自己的情绪和行为？

绝对能。至少在员工面前可以，还有我妻子和孩子面前。凡事都放在心里，深深地埋藏。我必须坚强。

你如何进行重大采购？

调查研究，做出决定，甩钱买下。难道还有更好的购物方式？

你对于"很多钱"的定义是什么？ 100 元？ 1000 元？ 还是更多？

我每天支出 8000 美元，出售的办公桌价值高达 5 万美元。100 美元微不足道，可以忽略不计，一个垃圾箱的废品都值这么多。1000 美元？也不算多。10 万美元算是一大笔钱了，100 万美元才算"很多钱"。

你有销售体系吗？

有啊。写一份精美的计划书，发出去，总有些会钓到鱼。

你是否每天记录销售活动？

没有。我跟尼克和丹坐在同一间小办公室，所以对一切都心中有数。

你会在什么时候发送计划书？

越早越好！我要在竞争对手还没动笔的时候就把我们的信息送到客户手中。买家常常说我们雷厉风行。我敢肯定这个问题会得到高分——我们已经做得很好了。

你能分辨跟你打交道的人是不是决策者吗？

有时候吧，如果他们告诉我的话。如果对方是老板，我总能分辨出来。至于其他人，我们见谁都发计划书，让他们逐级递交。

你能跟客户产生共鸣吗？

当然，他们大多数都是好人，而且他们需要我们的帮助。有时候，有些客户很难缠，比如欧式家具，但这一行的情况就是这样。

你想获得客户的认可吗？

谁不想获得客户的认可呢？没有客户的认可很难成功。

你能否接受他们推迟决策或终止项目的理由？

当然。不然我能怎么样？

你是否会督促他们做出决策？

不一定。我们的计划书一目了然。如果他们懂得欣赏好产品的魅力，就会明白我们是最佳合作伙伴。

如果业务没谈成，你会跟自己说什么？是归咎于外部因素，还是承担责任？

这个嘛，过去几年的经济一直很不景气，而且可能再次变得更加糟糕。我们的产品物美价廉，我们在尽力做好本职工作。我们的价格不是业内最低的，所以不可能符合所有人的口味。有时候本来就不应该这样。我所做的一切都经受了时间的考验，只是现在形势不好而已。

你是否定期召开销售会议？

是那种定好议程听老板喋喋不休的会议吗？有这必要吗？我们的销售员都在一间屋里，这本身就是不间断的会议了。

每份计划书写好之后，你是否会为销售人员提供指导和反馈？

这我绝对应该要做。我让销售人员把每一份计划书都抄送给我，他们做到了。然而，我不一定有时间去一一查看。

你善于倾听吗？

当然。我有一项独特的能力：我可以一边听人说话，一边写邮件。员工不断有事找我，只有这样我才能把事情做完。而且我体贴周到，如果他们开始谈一件事情，而我正在想着别的事情，我会礼貌地请他们重新开始。

你是否经常寻找新的销售人员？

你是指懂得如何制造我们的产品、熟悉我们的软件、每天能做几份计划书的人吗？不存在的。让尼克和丹跟得上节奏就已经够麻烦的了，我没时间再从头培训新人。

在选择销售人员的时候，你是否会使用合理的聘用标准？

我认为是的。尼克是我手下唯一能做电话销售的人，所以肯定选他。丹在以前的工作中跟客户打过交道，可能不是做销售，但至少他跟他们有接触，而且他出现的正是时候。

你是否需要获得销售人员的认可？

让他们否决我对于公司的决策吗？还是说他们尊重我是否让我感觉良好？我不知道这个问题的意义。但我觉得他们没有大局观，而且我没有时间在做出决定之前跟他们解释来龙去脉。所以答案是否，应该不需要。

销售人员业绩平平，你能接受吗？

这么说吧，销售本身就是偶然之中的偶然。成功与失败是相伴而来的。我不知道为什么他们不能每天都拿下一单生意；很可能我不能每天都拿下一单生意也出于同样的原因，只是我也不知道是什么原因。我不喜欢在他们卖不出去的时候收拾残局，但有时候作为老板必须这么做。否则我能怎么办，辞掉一个？

你有没有因为销售人员业绩差而解雇他们？

我只有两个销售员。我不知道丹有没有这个本事，但要辞掉他有点苛刻。

为什么不解雇？

这个不是测试问题，但上面那些问题让我想到了这个。丹的销售业绩远远落后于尼克。小半年过去了，他连 20 万元的指标都没有达到。我原本希望到 12 月份的时候他能做到至少 80 万元，但现在看来是遥不可及了。

我提交了答案。丹和尼克刚刚到公司，我不想跟他们讨论测试的事——测试问题真的太揪心了，只给他们发了测评链接，让他们尽快完成。至于我自己的测试，我不禁怀疑自己能得多少分。回答一大堆关于如何从业以及是否走对路的问题，让我感觉非常古怪。我不习惯这种质疑方式。

星期六晚上，我飞往迪拜。这件事我不想去做，因为这一趟要花掉至少 4000

美元。我在星期日下午抵达。星期一有三个会面，当天晚上要飞往科威特市，参加星期二的四个会面以及星期四上午的一个会面。星期四午饭过后，我飞回迪拜，乘坐傍晚的航班回美国。

会议很多，特别是我不知道要跟谁会面，也不知道自己准备的展示文件够不够吸引人。我希望我们的客户清单能展示我们的实力。

我还强烈地意识到公司的局限性。规模不大，未能盈利，整个行业似乎也在分崩离析。我怎么敢肯定公司能撑到柳暗花明的那一刻？我怎么能面对陌生人，握握手，许下光辉灿烂、财源滚滚的未来？但我没有别的选择。我要把问题放在脑后，勇往直前。

第二天早上，我见到了巴哈·奥布莱恩。她是我在迪拜的商务部联络人，这一天都由她伴我同行。她热忱诚恳，又张弛有度。单单她的语调就足以让我摆正心态：当今美国商人前来迪拜寻找家财万贯的合作伙伴。只是她似乎有所暗示：这个"样本"不具有代表性。我开始担心自己的西服是否得体——夏季羊毛质地，惹眼的土黄色，特别适合中东地区，反正费城的那个销售员是这么跟我再三保证的。

第一个会面在雷亚米集团。这是一家每个行业都有所涉足的当地大公司，包括设计和制造。到了之后，联络人不记得曾有预约，但他说可以给我们安排 20 分钟的时间。我拿出笔记本电脑，开始了演示。第一张幻灯片是我们给世界银行供应的椭圆形办公桌，长 40 英尺，宽 24 英尺。有张照片上显示 G20 国家的财政部长围坐在办公桌周边。杀手锏！联络人笑着靠在了椅背上。"看来我们可以给你安排一下。我跟我老板商量一下，请稍等 1 分钟。"5 分钟后，他回来了，然后带我们去见设计部主管。我再次展示了幻灯片后，他打电话给一个项目经理。20 分钟后，我们见到了项目经理和两个设计员。他告诉我，他们正在翻修一家跨国石油公司——我称之为大油罐——的当地办公室，客户想要一张特大号董事会议办公桌。凑巧的是，下午两点钟他们正要召开会议讨论此事。"我能参加吗？""当然可以。"我原本没想过这次能拿下任何一个项目，但没想到第一投就投出了本垒打。

第二站是一家建筑公司。接待员带我们去了董事会议室，里边放了张大号胡桃木办公桌。这可能是我们的产品。正当我跪在地上查看底部的时候，主人来了，我赶忙起身跟公司老板还有总经理握手。看过幻灯片演示后，他们说："产品很好。若是 10 年前，我们肯定能让你忙得不可开交。然而现在业务不多了。经济危机的影响还在，我们自己也是泥菩萨过河，自身难保。"那为什么还要跟我会面？可能是出于好奇心：他们设计了许多会议室，想看看别人怎么入手。通过谈话，我对当地市场有了更深入的了解。这一地区没有专门做会议办公桌的公司。当地定制家具市场由较大的公司主导，其产品类型多种多样，从装潢家具到木护墙，无所不包。他们承诺有了业务就联系我，但从那之后，我就再也没收到他们的消息。

最后一站在半个小时路程之外。路上，巴哈证实眼下迪拜的繁荣已成为历史。车下的道路破旧不堪，尽头处是空荡荡的沙漠和蒙了尘的烂尾建筑。巴哈对这些建筑的描述基于同一个主题而有所变化："这里本来要建成一座豪华购物商场 / 豪华酒店 / 豪华国际商业中心，但业主破产了。"即便如此，我们仍然遇到了一小队一小队的建筑工人，他们把脑袋包裹得只露出眼睛。天气预报说今天的最高温度是 115 华氏度（约 46 摄氏度），但不是干热。他们穿着长裤和长袖衬衫，扣子一直扣到腰部。我不禁心想他们为何到这里来。我曾听说，当地的工资低得要命——按我的标准来看。如果说跑到国外在炎炎烈日之下干活依然让人趋之若鹜，那么其他谋生手段定然更加恶劣。

第三个会面在一家购物商店。这家商店出售家用家具，但里边一个人也没有。在后面的办公室里，我们看到一个中年男子在翻杂志。巴哈告诉他预约了布比丁先生。可惜的是，布比丁先生去了芝加哥。这位绅士愿意看看我的演示吗？他耸耸肩，不置可否。我快速放完了幻灯片。他敷衍地表示赞赏，还说我要是10 年前来就好了，那时候真叫一个疯狂啊，钞票如流水一般涌入。我接过他的名片，这里应该没什么希望了。

我们回到雷亚米公司，在他们的会议室里见到了大油罐、雷亚米公司、一家室内设计公司和视听设备承包公司的代表。项目经理向大家宣布，他们已经找来一家美国公司生产办公桌。我播放了演示文件，向他们展示了世界银行办公桌的精美的 3D 模型，之后我们开始讨论细节。时间安排可能有点麻烦。他们希望在

8月份收货，但现在已经是6月的第一周了（从美国运货到迪拜要30天时间）。然而大家似乎都不太担心时间安排的问题，于是我们又开始讨论其他的技术问题。最后，我们一致商定，我回国之后立刻准备一份完整的设计。

正要动身离开之时，项目经理把我引荐给一直默默坐在角落里的一个小伙子。我就称他为"经理"吧。他掌管雷亚米公司下属的木制品公司，生产定制家具和木制品，其中就包括雷亚米的所有会议办公桌。我们是这个业务的直接竞争对手。原本这次会议是让他来展示办公桌设计思路的，但没人让他开口说话。我道歉表示不好意思抢了他的饭碗。他非常大度，说我的产品令他印象深刻。

离飞往科威特还有几个小时，我问"经理"能不能带我去他的工厂转转。我没抱多大希望，毕竟一参观就会暴露他的产品的优劣，但他竟然欣然应允，并表示可以立即动身前往。

工厂离这里有30分钟路程。"经理"比我们先到，然后急匆匆地冲了进去。我们赶紧从车里下来跟上他——在炙热的阳光中多待一秒钟都是折磨人。办公室里紧密布置着许多小隔间，每个小隔间都有几个员工。"经理"解释道："这是设计工作区，所有人都在忙项目。"我问"经理"有多少员工，他说有大约200人。200人！好大的场面！他告诉我，工厂占地3750平方米，大约是4万平方英尺。我的工厂是3.3万平方英尺，但只有15个员工。萨姆的工厂跟这里大小差不多，有36个员工。

他给我看了一大串产品清单：木制品（附着于建筑的产品，比如定制护墙、门和门贴脸）；家具（椅子、配件和橱柜，有些已经装潢）；桌子（餐桌和会议桌）。一家公司生产这么多类型的产品，这在美国是很少见的。我们的工厂比较专业化。如果有人买装潢产品，我就得分包给装潢店，他们也会把桌子业务交给我。这种专业化意味着我的员工熟练掌握小范围内的技术，从而降低培训成本。在美国，如果工人经常在各种产品之间转换，想要挣钱是很难的。他们的技能和效率永远没有竞争力，老板只能以低工资来弥补劣势，而这样就没办法聘用懂好几门手艺的员工。这种事是不可能发生的。

"经理"的员工都来自印度，全部是合同工。手艺好的工人每小时拿1美元工资。而在美国东北部，手艺好的橱柜工匠每月挣 4500 美元，这还不包括税务和福利。用这笔钱我可以聘用至少 10 个像样的印度工人。我目前有 5 个生产工人，每月总体（应该）能生产价值 18 万～ 20 万美元的产品。以同样的工资成本来聘用 50 个好工匠，我们的产量将会大幅度增长。

我们来到阳台上，俯瞰主车间，那地方跟我整个公司差不多一样大。

一眼望去，工作台较多，机器相对较少，密密麻麻的全是人。我数了数：能看到的有 46 个工人。实际人数可能更多，但车间一眼看不到头。比较一下我公司同样面积的员工数：5 个。"经理"告诉我，这些家具和木制品全是供应加纳的一个大使馆的。我们下楼来到车间。车间里的温度少说也得有 100 华氏度（将近 38 摄氏度），许多员工头上包着挡汗的毛巾。他们以长时间体力劳动者特有的步调四处走动。

机器简单而便宜，但质量都很好。工具的数量大约是我们车间的三分之一，而这里至少有 46 个工人，我那里只有 5 个。我那里有好几套全套工具，以免工人把时间浪费在等待别人完工再拿工具。我的年度人工成本足够我每六个月买一个带有全套设备的车间，所以提高机械效能绝对值得。

他们的工作质量很好，但做事方法与我们截然不同。他们用的是厚纸板模板，所有部件纯手工切割和组装。10 年前，还没购入计算机数控车床的时候，我们采用的也是这种方法。这家工厂没有计算机数控车床。

我注意到许多员工无所事事，只是站在正在干活的工人旁边。他们是学徒工，还是助手？我给这些人取了个名字：旁观者。举个例子：3 个工人围着一个用手工锯切割部件的工人。部件一端晃到身边时，旁观者轻轻触摸一下，仿佛是要稳住它。部件向别处移动之后，他们把手放回身体两侧。他们像演哑剧一样模仿实际工作，但根本没有任何实际价值。有时候旁观者与干活的人的比例大到惊人。我看见 6 个人用一个刨木机刮一块重量不到 100 磅的面板。这种活一个人就能做好，在我的车间里，计算机数控车床可以把面板切割至精确尺寸，这么做纯属多余。

我们走过不同的分区：组装区、磨光区、喷漆区、雕刻区和装潢区。到处都有旁观者。我也看到几个技术非常好的工人——一个工人在用刀子（我们用的是价值 5.5 万美元的激光机）划出错综复杂的装饰花纹，另一个工人在用刀子雕刻精美的花朵（我们是从印度尼西亚采购花样）。装潢工人做得很棒，家具部件上的漆喷得很好。

我没办法问"经理"为什么留着这么多闲人，这个问题太鲁莽了。我也不敢问这家厂子有没有盈利。我心里在想一个数字："经理"说大油罐的办公桌价格是 3.3 万美元。我们会要价 4.5 万美元，但做出来的产品跟他们绝对有天壤之别。以 CNC 切割部件，组装和安装将会更快更容易。"经理"生产这张办公桌需要很多麻烦的手工活。使用 CNC 之前，我们把大量时间用在了组装桌面部件上。使用 CNC 之后，生产复杂的桌面所用时间减少了 40% 以上。配备多功能磨光机之后，生产时间又减少了 20%。

离别时间到来，我们向"经理"表示感谢，然后离开了。真是个好小伙儿。我会毫不犹豫地聘用他，可惜却要与他做竞争对手。他慷慨地带我参观工厂让我明白两件事：第一，他为之骄傲；第二，他对我这个竞争对手没有丝毫戒心。他的优势太大了。他是当地人，不用赶工期，而且产品交付后出现任何问题都能随时出面解决。

回机场的路上，我盘算着假如由我来运营他的工厂，我会怎么做。我会甄选出 50 个最高产的工人，付给他们双倍工资，辞掉其他人，把省下来的钱的 2/3 用于购买精良的设备。这个做法似乎十分野蛮，但在美国工厂却很普遍——我是说仍然开门营业的那些工厂。美国经理人要做的是开拓海外市场，而且很多人已经涉足了。

"经理"是个聪明人，所以他一定知道美国制造业的模式：购买精良的机器，聘用技术好的工人，尽量把工人数量保持在最低水平。为什么他没有这么做呢？他的模式的优势之一在于初期投入小。他的机器成本不高，随时都可以辞掉工人，从而大幅度降低运营成本。这在经济低迷期是很好的策略，只是要保证需要时能再找来一批新员工。他告诉我，他的工人在印度接受培训，他所需要的工种遍地都有。

他的另一个优势：业务多。他的工厂为 200 个工人提供了工作场所、挣钱养家的来源和生产高质量产品的荣誉感。我猜测那些旁观者是 B 级和 C 级工人，随时准备着在工厂需要大量工人（无论其水平如何）时挺身而出。在美国，B 级和 C 级工人有什么出路？反正我那里一个都没有。况且，下一代机器人很可能也会取代我车间里的那些 A- 级工人。行业的发展趋势是要最终取代工厂里的所有工人。我最大的市场营销困境是说服人们，我们那些蕴含大量手工劳动的产品值得他们多花钱去买。我可以设计需要人力较少的桌子，价格也可以定低一点。那种桌子品质低劣，价格低廉。许多公司都已走上了这条路，所以我是凭借坚固耐用的日用品闯入一个已经成熟的市场。除非手里掌握巨额资本，我是没办法那样跟别人竞争的。

午夜时分，我抵达位于科威特的酒店，然而时差太大，我睡不着觉。早上 8:30，我见到了在科威特的商务部联络人。他身材矮小，满脸笑意，名叫福德姆·马塔伊。他是出生在科威特的印度裔，所以永远无法获得科威特国籍。他十分崇尚美国，现在是美国雇员。相比巴哈·奥布莱恩，他见到我很高兴，让我觉得自己一定会成功。吃早饭时，他给我讲了行程安排。1 月份询价而让我踏上这次旅程的那家公司没有在名单上，福德姆说他没办法确定那家公司的声誉如何，所以就没写上。没关系，他找到了许多愿意接见我的公司。

从南部向科威特城进发的路上，我看见这座城市那富有未来感的醒目的天际线。我们路过一个商业区，福德姆说这里的历史可以追溯到 20 世纪 60 年代。售卖同类物品的公司聚在一起：轮胎店、汽车维修店、纺织品店和蔬菜商店。这是网络时代之前的销售模式，其前提是所有购物行为都面对面进行。这家没谈成，客户很快就能找到下一家。商人们像邻居一样在这里生活、工作，商定合理的价格范围。只要所有商人成本相近，消费的都是当地人，这种模式就没问题。

我刚开始做生意那会儿，费城也有好几个类似的区域。北三街是机械经销店的聚集区，南四街有一大排纺织品店。随着网络面世，房地产价格飙升，这两个地区的店铺纷纷关门大吉。突然之间，这些做生意的人要在全国市场上与人竞争。机械算是通用商品，从好多经销商那里都能买到同样的工具。掌握了网络、存货量充足、交通便利的那些人都发了大财。费城的这些生意被昂贵的租金、大型拖车无法进入的区位劣势扼住了喉咙，导致存货量不足，运输困难而且成本高昂。北三街如今只剩下一家砂纸店，四周全都变成了古董店和咖啡馆。我跟那家店主很熟，他告诉我，现在之所以还能吃饱饭，全在于房子是自家的，而且早早地建立了网站，产品小到能用 UPS 快递运出去。纺织品店的状况稍微好一点，因为购买者仍然习惯于在买之前亲自感受一下布料的触感。织物卷容易运输，而且一小块地方就能存很多货。然而，我喜欢的那家经销店——布鲁德兄弟店铺——由于两兄弟年事已高，没办法继续工作，又找不到接手的买家，只能关门。纺织品行业依赖于那些懂得缝纫的人。既然从孟加拉国来的衣服那么便宜，何必自己做衣服？既然从宜家能买到便宜的沙发，何必多花钱去重新装饰老妈留下来的旧沙发？

我们到达了当天的第一站：一个高端家用家具经销店。店里摆满了美国著名公司生产的豪华家具：珍稀木料、锃光漆面、繁杂的雕饰、黄铜配件、又软又厚的皮垫和镀金装饰，与建筑师们所中意的节俭、千篇一律截然相反。创始人之子吉普森·贾贾接待了我们。他给我们送上茶水，经过一番寒暄，我开始了招揽生意的那一套说辞。等我说完之后，他叹了口气，告诉我要是 10 年前来就好了。那时候，他的公司给科威特的许多政府大楼做装修，现在工程结束了，只能做些小家小户的装修工作。他承诺会把我的事记在心中。临别握握手，保证保持联系之后，我们就走了。

第二站是一片由汽车钣金喷漆修理厂占据的荒芜地区。要拜访的人的店里摆满了中国进口办公室家具。我们跟着接待人员上到二楼，在里面见到那位正忙着的老板。他一手夹着一根点着的香烟，一手抓着电话。看样子他很心烦，因为他正用阿拉伯语对着电话大喊大叫。看到我们在门口徘徊，他摆手招呼我们进去，然后指了指沙发。他咒骂（我猜的）一声挂断了电话。"我是卡米尔。"他粗声粗气地说道，仿佛在挑衅我们。"你，坐那儿。"他让我坐在他办公桌前面的一张矮凳子上。我把笔记本电脑放在办公桌上，屏幕对着他，所以我得弯着腰去播放幻灯片。

我开始介绍，他默默地看着，气呼呼地抽着烟。我演示了大约一分钟时间，他的秘书拿着一厚沓文件进来了。她穿着紧身短裙配宽松衬衫，没有丝毫羞意。她完全忽视我和福德姆，怒气冲冲地对卡米尔先生说了一串阿拉伯语。她把文件摔在办公桌上，逐一指出需要他签名的地方，同时叽里呱啦地快速评论着。我停止演示，一句话也说不出来。卡米尔从文件上抬起头，扫了我一眼："继续。"我接着演示。他又点了一根香烟。就这么一停顿，秘书的嗓门又高了一个等级。她手里拿了至少 100 页文件，而且需要签名的地方很多。我决定尽快演示结束。接着卡米尔的电话又响了，他用头和肩膀夹着话筒，大喊大叫，同时另一只手点着一根香烟，边抽边签字。秘书的话一直没停，也没有站直身子。虽说非礼勿视，但我无法避免，唯有卡米尔喷到我脸上的烟雾成了她唯一的遮蔽物。

等到我终于快要结束的时候，卡米尔指指电脑："回到开头。世界银行那张桌子，多少钱？"我给他报了一个很高的价格，那毕竟是一张大桌子。他冷哼一声，说道："我从中国买这么一张只需要四分之一的钱。你的产品价格都这么高吗？"我告诉他不是，这张桌子比较特殊。"再放一遍幻灯片。"看到我们为俄亥俄州一家公司生产的普通办公桌时，他让我停一下。"多少钱？"我报出了价格。他再次冷哼一声："你们价格太高了。这些东西我从中国都能买到，你们走吧。"

我们默默地下了楼。我心想：连这种情况我都能撑过来，还有什么可怕的？在最糟糕的条件下，我传达了信息，保住了尊严。我是个真正的销售职业人士。

在去第三站的路上，福德姆告诉我："这位绅士是科威特的顶级装潢家。他做这行好多年了，客户都是顶级的家庭。"我们下了电梯，走进一间装饰精美的小办公室。墙上挂着建筑透视图，是涂了水彩的铅笔画。在 20 世纪 80 年代，建筑课老师教过我画这种画，但现在已经没有人会这么做了。

有人领着我们进入里间。主人阿基尔先生身材矮小，面相衰老，皮肤呈古铜色，一头银发，衬衫衣领内围着一条风格独特的粉红色丝质围巾。他的衬衫敞开到腰部，露出一片可以与头发相媲美的胸毛。一件合身的蓝色运动夹克、灰色休闲裤和柔软的皮革拖鞋，构成了他的全套装束。果然是装潢家风范。

我问他设计图是谁画的。"当然是我画的！"他笑着说道，"除了我，谁能画出那样的杰作！"我问他现在忙不忙。"不忙，没有 10 年前那么忙了。"他叹了口气。我问他愿不愿意看看我的产品。笑意再次展现。"当然！你带了宣传书过来吗？"我说没有，然后拿出电脑。他皱了皱眉，再次问道："你没带宣传书？我的供应商全都是带宣传书过来的。"他从放着同类画册的书架上抽出一本包装精美的宣传书，上面写着著名的意大利制造商的名字。那本宣传书像高中年鉴一样又大又厚。我打开书，几百页全都是装潢家具的精美图片。"这是今年的宣传书！"他喊道，单单是这个想法就让他愉悦不已。"他们每年都制作一本。在整个科威特，我是第一个拿到的。"我对没有随身携带宣传书表示歉意，接着开始展示幻灯片。演示结束后，他叹了口气。"你要是10年前来就好了，那会儿正建设政府大楼。那个工程现在已经结束了，不过我也许能帮你找些别的业务。你一定要给我送一份宣传书，我会看看能不能帮上忙。"我说我们公司不制作宣传书。"那你们一定要制作一本，所有的顶级公司都会制作。我跟你说，有了宣传书，客户就能知道自己会得到什么样的产品。你制作好宣传书之后，尽快发给我，我很想要一本。"我敷衍地承诺他回去就赶紧制作。

我在电梯里问福德姆："你看到那些宣传书了吧？可真是守旧啊。"福德姆笑了。阿基尔先生通过他的宣传书在科威特谋得舒坦的生活，而我到目前为止还一无所有。所以这事要考虑一下，然后再否决。我在网络出现之前也用过纸质宣传册，但是那样很难做出让人信服的东西。摄影、平面设计和印刷的成本很高，又耗费时间，而且一印出来就已经过时了。宣传册不可更改，上面的东西在创造出来的那一刻就固定了。相比较而言网站就很方便，可以随时添加、删除，普普通通的照片想换就换，文字和价格可以随时更新，潜在客户可以随时随地浏览。何况网站广告一直以来收效甚好。在资源有限的前提下，我不能再把精力用于纸质产品目录。

在开车去跟一个名叫"酋长"的人会面的途中，我突然觉得精疲力竭。我一直在睡，直到我们抵达一栋没有窗户的低矮建筑。建筑内部的大厅意外地富丽堂皇，显示屏展示着"酋长"的祖父如何把美国产灯饰带到科威特，从而创立了一个商业帝国。70年后，这个家族掌管着一家价值几十亿美元的集团，其涉足的领域从零售商店到医药行业，从汽车到建筑材料，清一色的美国产品。

福德姆要在车里等着，回复几封邮件。有人带我去见"酋长"的助理柯蒂斯·约翰逊。他是个美国人，当过兵，从海湾战争之后就在这里工作，人非常友好。我给他看了我们的幻灯片。柯蒂斯赞美了我们的产品，然后说道："我把这里的情况跟你说一下。我看好你的产品，我觉得老板也应该看一下，但今天不太凑巧。老板现在的处境比较艰难。他的家族十分庞大，弟弟妹妹众多。他们不参与公司管理，但都握有股份，而且想要财源滚滚。他们每年召开一次会议，恰好就是今天。我不知道他有没有时间见你，不过我这就去跟他说一声。"

几分钟后，柯蒂斯回来了。"他想见你一面。现在就去，把电脑带上。"我跟着他走进一间宽敞的会议室，里面放着一张奢华的枫木质地办公桌。若这张办公桌是我们的产品，我肯定引以为傲。柯蒂斯帮我把电脑连上投影仪。几分钟后，一群穿着长袍的年轻男子鱼贯而入。谁也没有介绍我。除了一端的一个座位之外，其他座位都满了。接着，"酋长"满面笑容地进门，对我伸出双手表示欢迎。"很荣幸见到你，感谢你不远万里来见我们！"他转身面向其他人，"这位是保罗·唐斯，他的公司生产精美的美式家具。他将展示他的产品，大家注意看。"这么一位富有而有权势的人待我如此客气，我不禁心情愉悦，开始了演示。

看完演示，他喊道："多么华丽的产品！怎么我以前就没听说过你的公司呢？"我告诉他，我们公司规模小，产品类型单一，然后简单解释了一下谷歌如何联系上我们，以及我们怎么成为会议办公桌制造商。"太厉害了。你想让我怎么做？我们怎么合作？"我告诉他，我希望他能在项目需要特别尺寸或设计的办公桌时联系我。他回答道："有两个难题。第一，你要是10年前来就好了，那会儿政府正在大搞建设。当时我们拿到了许多做不完的合同，肯定能让你也忙不过来。第二，我自己也有工厂，所有产品都是从那儿出来的。就这张桌子，你喜欢吗？"我说这张办公桌精美绝伦，整间会议室美轮美奂。"谢谢夸奖。我很想跟你合作。请你把营销材料——宣传册、样品之类的，什么都行——交给柯蒂斯，我们再做决定。"我承诺一定会拿一些给他，接着送了他一个我们专门赠人的小型三脚架。这个见面礼非常好看，但并不昂贵。"酋长"的反应是仿佛我送了他一颗价值连城的钻石。他连连表示感谢，向所有人宣布他妻子的厨房又多了一件有用之物。

接着，他再次跟我握手，然后走出了会议室。

下午剩下的时间里，柯蒂斯带着我参观了"酋长"的几个家具店。每到一处都有一名紧张不安的经理接待我们，并且询问我对店铺运营各方面的意见，然而我对这些一无所知。

傍晚时分，我回到车里，向福德姆简单说明了会面情况，他惊讶于我竟然见到了"酋长"本人。"他是个大人物，非常忙。能见到他是你的福气。"鉴于柯蒂斯陪着我逛了那么久，我估计他们在摸我的底细，同时猜测我是一个实力雄厚的潜在合作伙伴才以礼相待。

回到酒店以后，我吃了一顿贵得要命的晚餐，反思了这一天的事情。对于我拜访过的任意一家公司而言，我是一个实力雄厚的合作伙伴吗？他们似乎高估了我：代表着一家能够提供所有销售支持的大公司——印刷材料、样品和我持续的关注。我觉得除非耗费大量时间和资金，我绝对拿不出那些东西，但假设我的公司快走入绝境，我可能必须这么做。不过显而易见的是，中东的繁荣时期已经结束，我的竞争对手将是规模庞大并且较受当地买家信赖的当地公司。

第二天上午 10 点，福德姆和我前往机场附近开会。我向一家美国著名家具制造商老板亚布力尔先生展示了幻灯片。他对我的产品赞不绝口，然后罗列了从当前公司获得定制产品存在的种种问题：他们不懂得灵活变通，定制产品的设计粗鄙不堪。不过他们的标准产品美观大方，对他的市场大有裨益。他问了下我们的价格，我重新演示了幻灯片，讲了一遍价格。亚布力尔的话跟别的人如出一辙："你要是 10 年前来就好了，那时候我肯定跟你合作，可惜现在没什么业务了。如果你能给我一些宣传册和产品目录，我可以在电话营销的时候给你打打广告。至于目前，你或许应该去一趟沙特阿拉伯和阿曼，那边还有很多业务。"

到了机场，我拥抱了福德姆，感谢他所做的一切。科威特之旅让人晕头转向，幸好有福德姆这么个让人愉悦而又热情的伴儿。他尽了全力让我接触那些大公司，商务部应以他为荣。

经过 22 小时的飞行和转机，我完全散了架。我在星期四中午才到家，但我没有一头倒在床上——我很想这么做——而是西装革履地跟家人和父母吃了一顿午饭。这天是毕业日，彼得的高中生涯结束了。大家自然想听我聊聊这次中东之旅，于是我挑了一些重点讲给他们。不过我并不是去旅游的，所以我只是说"我见了许多很友好的人，那边有很多业务，但是我要下血本才能得到那些业务。我不知道值不值得"。

我的儿子拿到毕业证书值得骄傲，美中不足的是他弟弟不在场。南希和我盘算过要不要接亨利回来过夜，但我们最终打消了这个念头。即便回来了，他也没什么消遣，而且我们也没办法放松心情把注意力集中在彼得身上——下个星期日他就要飞往旧金山开始工作了。

我们在傍晚回到家里，我打了声招呼就去睡了。这一周严重睡眠不足，我已经撑不住了。星期五早上，我决定整天都待在家里。我仍然没有缓过劲，喉咙直发痒——这是同行的人送给我的离别"礼物"。我给公司发了一封邮件，告诉他们星期一再见，这就完事了。

星期六我去了趟车间，发现那里又黑又静，在我外出期间没有任何变化。不对，等一下。车间比平常看起来更为杂乱。垃圾箱里的东西漫了出来，每台机器上的尘土袋都装得满满的，碎屑和灰尘撒得满地都是。怎么回事？我有个专门负责打扫和清空垃圾的工人：杰西·莫雷诺，是墨西哥人来着？我给忘了。且不管他来自何方，他干活特别卖力，到目前为止都让我很满意。这事得在星期一问个明白。

我在办公室里打量着这次 2 万英里征程的"成果"——十几张名片，然后把联系方式全部输入数据库，给每人发了一封邮件，感谢他们的热情款待。经过一番思想斗争，我决定告诉他们我们正在准备印刷材料，7 月末即可完成，并且承诺保持联系。我给大油罐项目的室内设计师希瓦也发了一封邮件，内容是：我想着手设计，但需要他们敲定会有多少个人坐，并提供一份办公室实测图。我让她立刻把这些文件转发给我。

到了星期一，我鼓起精神又讲了一遍让人绝望的销售数据。在我外出期间，询价电话仅有 10 个，而且订单也没拿下几个。尼克拿下一个价值 9742 美元的业务。丹拿下两个：一个来自一家小型广告公司，价值 5765 美元；另一个价值 4224 美元，是欧式家具的几张不值一提的彩色面板，并不是我所期待的大批量胶合桌面。总额 19731 美元远远低于每周 5 万美元的目标。我们的数据再次落后于目标，工人们的不满情绪一波又一波。他们知道销售团队成员拿着全公司最高的工资，我可以感觉到他们心里的疑问：他们的业绩一直那么差劲，为什么还能像没事人一样？这个问题很值得探讨，但我不想回答，因为我不想在销售人员和工人之间掀起内讧。我想以积极的话语结束这次例会。我解释了增加竞价推广预算的原因，并且说我相信很快就能看到结果，而且不久前让销售团队参加了培训。我给他们讲了这么做的原因，提到了萨姆·萨克斯顿的战果。最后，我说中东之旅进展顺利，有可能会拿到一个大订单。

例会结束后，我问鲍勃·富特车间里为什么那么乱。"杰西人呢？怎么没见他参加例会？你知道怎么回事吗？"鲍勃上个星期休假了，他说："他还没来上班，我不知道原因。要不我打给辛巴问问？"

辛巴是杰西的雇主，所以杰西并不算我们的员工。由于招聘低薪员工比招聘高薪员工难度高，所以才有了这种古怪的处理办法。工资低表明技能水平低，按照常理说这类人应该容易找，但候选人里有很多存在问题，不过大部分的人有能力做更好的工作，所以一有机会就尽早跳槽。依赖低技能劳动力的行业必须加强监督，制定严格的规章制度和监察体系，而且需要经常性地招聘和解雇员工。我那些手艺好的员工不需要这么管理，因而不存在这样的体系。在上述体系缺失的情况下，所有的招聘和解雇职责都压在了我的身上。我讨厌这个职责，也没时间去承担。我需要的是一个满足于简单重复工作、无需过多监管、一干好几年的低技能员工。

以前招聘的清洁工属于"脑子太好用反而不适合这份工作"的类型。例如，鲍勃·富特最初是扫地的，现在负责公司运输。爱德华多也做了几年清洁工，但我看得出他有潜力，就安排他去工作台。我偶尔聘用过高中生，虽然时薪达到 12 或 13 美元，结果他们还是跑去找了一份更加轻松的工作或读了大学。

没有清洁工的时候，史蒂夫·马图林就会组织所有员工打扫车间。这个过程耗费每人 30 ～ 35 分钟时间，牺牲至少 600 美元的产值，每周 3 次，一年下来就是 93600 美元。换作时薪 10 美元的员工，年薪加税大约为 27500 美元，而且是每天都打扫。孰高孰低，根本不用想。

去年秋季，我尝试了一种非同以往的方法解决清洁工问题。楼下有家大约 200 人的公司，每天早上有辆篷车停在楼前，"吐出"一群亚洲女性和西班牙男性员工。我问那个老板从哪里找来低技能员工，她带我去见了她的车间经理卡尔，卡尔向我介绍了篷车司机辛巴。他是个年轻亚裔男子，掌管着一家推荐员工的就业服务中心。这是寻找临时工的常见途径。有些公司采用这种方法招聘所有员工，避免了人力资源管理和税务方面的麻烦。

辛巴提供所有人员都能在美国合法工作的文件，然后从他们的工资中抽取佣金。他很乐于为我找一个好员工。他要价时薪 13 美元，其中包含了税务。我说要找一个身强力壮、全天工作敬业、英语流利、有眼力见儿的人。辛巴答应第二天带来这个"完美人物"。杰西就是这么来的。其实他的英语并不怎么好，但符合我提出的其他所有条件。他听从指挥，干活十分努力，而且似乎很高兴在一家把他"当人看"的公司做室内工作。我对他没有丝毫担忧，鲍勃·富特也非常看重他。他堪称完美——几乎完美。杰西偶尔会不辞而别，我们不知道这种情况会在什么时候出现，也不知道其中缘由。每次打给辛巴，他都会说杰西去去就来，如果我们急着用人，他可以再找一个。我们试过一次，但新来的不招人待见，我们告诉辛巴，还是等着杰西回来吧。

我让鲍勃·富特打电话给辛巴，他很快就跟我说了原委。"我问了辛巴，他说杰西受了伤还是怎么的，短期内回不来了，好像要几个月吧。他没说是在这里受的伤，所以我估计是因为别的事。"我们心照不宣：幸好不是我们的错，但杰西短时间回不来真是让人头疼。"要我打给辛巴再找个人吗？"我告诉鲍勃，我得考虑考虑。与此同时，史蒂夫·马图林要带领所有员工打扫卫生。跟开除爱德华多的时候一样，我不禁又算了一笔账：时薪 13 美元，每周 520 美元，一年就是 27040 美元。又少了一个人领工资。上个月我一直在考虑根据减少的工作量调整员工数量，恰好两个员工就把自己裁了。这为我节省了现金支出，也推迟了资金耗尽的时间。

我回到办公室，发现迪拜和科威特发来一堆电子邮件。吉普森·贾贾殷切期待我的纸质宣传册，好向他的客户展示我的产品。亚布力尔和"酋长"的邮件也是同样的内容。关于我要求的图纸，希瓦说所有事务尚未敲定，图纸一到手就会发给我。鉴于时间紧迫，这让我有点担忧。我签了上个星期写好的支票，看了看会有哪些资金流入。我们收到 47511 美元，支出 56548 美元，银行余额 98059 美元，这笔运营资金足够维持 2.5 ～ 3 周，但是所有客户的末付款项仅有 56136 美元。

星期四上午，我们把欧式家具的展售厅办公桌拼装起来进行最后验收。

鲍勃·富特把办公桌拆开，用搬家毯将每个部件包起来，然后出发去了纽约。第二天早上，我在收件箱里看到奈杰尔发来的一封邮件：

嗨，保罗，

今天鲍勃组装了 VC 办公桌，我想跟你提几个事情。

1. 可移动底板各边的缝隙过大。

2. 可移动底板底部松动，容易嘎吱嘎吱响。

3. 硬木边颜色不均匀。

4. 数据接口盖板缝隙过大。

附件里是上述问题的照片。我想亲自向你指出并讨论这张办公桌的其他问题。你什么时候能来一趟展售厅？下个星期有几位客户来参观展售厅，我想尽早解决这些问题。

我一下子怒火中烧。他列出的细节问题都跟办公桌的正常操作有关，但第三个问题除外——颜色不均匀是他们选定的胡桃木本身的特征。事实上，正是这个特征才使得胡桃木如此美观。现在是星期五上午，他们真打算让我在周末解决这些问题？他们就这么不愿意给客户看我的产品？我很伤心，于是借其他项目让自己平静下来。接着我又想到：别自以为是了！他们的要求不合情理，但你要跟他们竭诚合作。你需要钱。还记得奈杰尔说第一年 100 万美元的订单吗？即便只有四分之一也不少了。好好想想吧。最后，我打电话给奈杰尔，他很热情，但坚持己见：尽快来解决办公桌问题。我同意明天早上开车去一趟。

星期六早上 7 点的市中心一片宁静。奈杰尔在装卸区守着拆散的办公桌，他递给我一张共有 20 处变更的清单。这些变更大多是对已获批准的设计图纸中的某些地方略作调整，有些是更改实际参数——桌面再圆一点，接口盖板的缝隙缩小 1 毫米，还有的跟加工有关，尤其是磨光程度。机器刚切割出来的木材边缘十分锋利，足以划伤皮肤，所以我们把边缘打磨光滑，避免伤人。这些全都是手工完成的，不需要写入图纸，而是在车间自主决定。奈杰尔想让边缘和角部看起来更加尖锐。

这么一张精致到完美的办公桌被人否决让我很是惊讶。以前从来没出现过这种情况。我们为了确保客户知道成品是什么样所做的一切事情——粗略模型、设计图纸、成品样品、小部件照片、与销售人员沟通交流——都是为了防止出现如今的状况，而且过去都一帆风顺，包括我们为欧式家具制造的其他产品。

我向奈杰尔说明了备选方案。他承认我们所采取的措施十分明智，但他就是不喜欢这张办公桌的外观。我告诉他，如果按他的意见全部更改，那只有从头再来。他耸了耸肩。欧式家具会付这笔钱吗？不会。我可以把这当作情感投资。他理解我的心情。我不想放弃欧式家具的业务，我需要客户，所以我同意把办公桌运回去，重新做一张。

星期一到来，我坐在办公室里，盘算着怎么跟工人们说。今天是 6 月 18 日，假如实现目标，现在应该有价值 12.6 万美元的新订单，然而到目前为止的订单总额只有 28503 美元。询价方面也没什么希望。上周共有 13 个询价电话，其中 6 个纯属垃圾电话，剩下的就像摸奖一样纯靠运气：3 个电话来自军队，他们的采购流程太费时间；2 个电话来自学校，采购流程同样太费时间；2 个电话来自决策过程可能较快的私营公司。要是来一两个快速订单就太好了。我们的待完成订单量只够维持不到 4 周。

我在上周打了限制开支的胜仗。流出金额是 14653 美元，但只收到一笔款项：价值 4032 美元的定金支票。上周现金总额减少 10621 美元，全年共减少了 49716 美元。银行余额是 87438 美元，不够维持三周，我的个人账户里还有 3.4 万美元。如果再没有现金流入，业务还没有完成，我们的运营资金就已经耗尽了。

我每周都汇报销售数据和现金储备量，我觉得尽管数据非常糟糕，也应该保持这种做法，因为突然停止更让人恐慌。一旦管理方任由谣言四起，对谁都没有好处。压力会导致浪费时间、工作马虎。我需要工人尽快干活，绝不能有任何差错。我们承受不起返工的成本压力。客户开开心心地收到精心制作的办公桌，我们就有钱收。所有客户都对我们的困境一无所知，他们只希望收到产品，欣赏我们的手艺，然后付钱给我们。他们支付的款项可以延迟我们的关门日期，为我们提供扭转局势的时间。

但如果局势不能扭转呢？当我站在员工面前汇报数据的时候，这个念头仍然挥之不去。大家一如往常地静静坐着，但他们都在认真听讲。我总结了现金和销售情况，然后停顿了一下。接下来该怎么说呢？

"想必大家都看得出来，公司的前景不太乐观。说实话，我不知道这是怎么回事。我们以前的那一套"——我朝丹和尼克点点头——"多年来都收效甚好。竞价推广这方面我没有做太大变动，但就是没多少人打电话来询价，而且买家们似乎不敢下定决心。"

我又停顿了一下。以前的例会发言从来没有这么消极。

"2008 年陷入这种困境的时候，直到我们的业务彻底消耗完，我的合伙人才让我告诉大家实情。我曾发誓绝不再那样做，所以我要把真相告诉大家。我们的状况堪忧。业务马上就要做完，现金也快耗尽，我们还没有完蛋，但是我不能假装这种情况不会出现。我不敢相信我们真的要无事可做了。从……我不记得从什么时候起一整个月都没有销售业绩。以后会有业务的。问题是，如何减少运营支出？有两种办法：所有人缩短工作时间，降低工资；或者解雇一部分人，剩下的人仍旧全时工作。最糟糕的办法是全时工作的员工减薪。我们在 2008 年采用了这种办法，这对所有人都是一种打击。但我们挺了过来，我在一年之内就把工资提了回来。我还要告诉大家，当时我的工资比你们降了两倍，拿着全公司最低的工资，到了今年，我已经停止给自己支付薪酬，自从 4 月以来就没拿过一分钱工资。但是我无法承诺我能凭一己之力带领大家走出困境。省下来的钱仍不够用，所以我们必须同甘共苦。"

死一般的寂静。我的这番话可能促使手艺最好的工人立刻着手寻找别的工作，只剩下那些不敢采取行动直至无路可走的员工。我该说些防止员工跳槽的话吗？或许我的话过于消极了？我的坦诚能否换来员工的忠诚？反正我已经无所畏惧了。

"下面是我需要大家做的事情。如果有人准备跳槽，我表示理解，我没办法阻止你们，但公司还没有彻底完蛋，我要大家继续工作，而且要保证质量，准时把成品运出去，我们才能拿到付款。如果大家照做，公司就能收到大约一个月的未付款，而这一个月可能起到至关重要的作用。丹、尼克和我将在 7 月参加专门的销售培训课程。军方以往都在七八月份来询价，有些肯定能做成。我手头有个催得很紧的迪拜项目。欧式家具一直在下订单，而且他们承诺以后会有更多。也许世界银行会再打电话过来。我不相信没有一个买家。这么多年来，这种情况我经历了很多次。公司现在像一辆冲向砖墙的卡车，前路坎坷。我发现只有踩足油门，每次都能在撞墙之前化险为夷。局势总会扭转的，我坚信这一点。"我停下来环顾所有人。这番激励人心的讲话没有激起一丝涟漪。"好了，例会结束，大家都回去工作吧。"

回销售办公室的路上，罗恩·戴德里克拦住我："刚刚讲得太精彩了。谢谢你告诉我们实情。我在其他公司也遇到过这种情况，公司管理层什么都不说，让人摸不着头脑。"我信心满满地对他笑笑，对他表示感谢，然后保证说我们一定能走出困境。"嗯，也许吧。"他答道。

丹、尼克和我在各自的电脑前坐定。我该做——做什么来着？做计划书？修改设计？做宣传册？我的大脑彻底麻痹了。不管我选择做什么，别的事情都会显得更加重要，但哪一项都不可能立即峰回路转。我丧失了做任何事的激情。我需要转移注意力，但不能做纯粹浪费时间的事情。我决定看看增加竞价推广预算有没有效果。

我已经差不多一个月没有查看竞价推广的状况了，希望这段时间足以显现增加支出所带来的效果。无论谷歌给出怎样的数据，我心知当前的询价数量远远少于去年，也比年初差了很多。从数据表来看，1 月至 4 月每周的询价数量平均为 16.23 个。在 4 月 1 日至 5 月 20 日期间，也就是预算提高之前，询价数量降到了每周 12.38 个。那么在给谷歌扔更多钱之后呢？过去一个月的询价数量再次下跌，降到了每周 10.8 个。

我登录付费广告账户，看看谷歌对这一数据的分析。自年初以来，谷歌共推广 978202 次。可真够高的！不幸的是，浏览这些广告的人大多对我的信息视而不见。点击量为 15286 次——感兴趣的人很多，但只占总数的 1.56%。我希望点击的人是因为真正想买办公桌才去点击，因为每次点击耗费我 3.78 美元，总计 57781 美元。但他们也许只是出于好奇，或者不小心点到了广告。在这些点击广告的人里面，有多少人通过网站询价？只有 65 人。在这 65 个人里面，有多少人真正买了产品？我不知道。因为有些人直接打来电话，而没有通过网站询价，而且我们也不知道哪些买家选择了不同途径。我知道亲口说通过网站找到我们的客户有 47 个，他们的订单总额达到 668816 美元，占销售总额（831777 美元）的 80.4%。我为了提高销售业绩所做的其他努力收效甚微。我太需要竞价推广给我带来好消息了。

一个小时后，我偶然发现了一张似乎能解答困惑的图表。这是从 1 月 1 日到 6 月 18 日的每日支出和每日点击量模式图。由于周末不进行广告推广，这张图表看起来像是平地上的一大串干草堆。

提高推广预算那天，点击量从 6000 次骤升至 10000 次。点击量最高的是星期一，而且是自我提高推广预算之后的每个星期一，达到了 18626 次。奇怪的是，每星期一之后的点击量都会下降，偶尔略有回升，但总是从每周开头的峰值下滑。这与询价电话记录相互矛盾，即星期一的平均询价数量为 2.58 个，星期二上升至 3.65 个，星期三降至 3.54 个，星期四又下降到 2.50 个，星期五略微回升到 2.55 个。有意思。我重新调整了界面，查看了支出与点击量对比。

模式基本相同：支出多，点击量也多，但每周的点击量都会逐步下滑。我对比了最后一组数据——竞价推广支出与邮件询价的数量，也就是换算。

数据比对结果与我们的实际状况相符。增加的支出成本并没有改变换算值，而且过去两个月的换算值低于年初。到目前为止，增加支出并没有产生作用。可这是为什么呢？谷歌遵守了承诺，推广范围扩大了，点击量也增加了，但这些并没有转化成电话询价和销售业绩。这到底是怎么回事？我被难住了。

我听到尼克兴高采烈的鼓掌声。他刚刚拿下得克萨斯州一家生物科技公司价值 11599 美元的订单。也许这就是好戏开场的前奏吧。快下班的时候，他又拿下纽约市一所学校价值 8063 美元的订单。

星期二上午，丹旗开得胜，拿下了经济危机前生产的办公桌的重新喷漆业务，这个小订单价值 3380 美元。

我的第一个任务是处理欧式家具的原型办公桌。我把奈杰尔的 22 项变更清单拿给安迪·斯塔尔。我按捺住愤怒和受辱感，告诉他星期六所发生的事情，让他把 22 处变更加进去，制作一份修改版设计图纸。他在下午三点左右完成设计图，然后发送出去。

米洛什核准新设计——跟原设计几乎毫无二致——之后，我立刻把图纸拿给罗恩·戴德里克去复核。他挤眉弄眼地对我笑笑："进展不顺？"我叹了口气。他将在第二天上午开始制作新办公桌。

当天晚些时候，埃玛朝我的办公桌上丢了一个厚厚的信封。那是销售能力测试结果。信封里放了两样东西：一个薄的活页文件夹和一个厚的活页文件夹，上题"业务影响分析：保罗·唐斯家具公司"。文件夹里是一家名为目标管理组织的机构提供的两份书面报告。第一份报告写着"销售经理保罗·唐斯自评"，第二份写着"保罗·唐斯 DISC 性格测试个人分析报告"。有关销售管理的内容共 39 页，关于我的内容共有 36 页。

我大概翻了翻两份报告，里面有很多五颜六色的图形和图表，也有大量文字。我又拿起文件夹，其中的内容分为 7 个章节，共计 284 页，图形、图表、文字和注解一样不少。我迅速浏览了一遍。我心里既怀疑又为之倾倒。怀疑是因为这就像把现成的文件胡拼乱凑成一厚沓，为了让我觉得那 8000 美元花得值。为之倾倒是因为这全都跟我有关，写着我保罗·唐斯的大名。希望讲的都是我的生意和我遇到的问题吧。这将与我从埃德·柯里和伟事达小组得到的指点大不相同，因为这些都是基于测试问题答案的客观分析。我和埃德的对话属于社交谈话，有着诸多限制因素。我有很多事情不想对他讲，他心里可能也有很多话不愿当面对我说。这份报告能跳过所有的社交障碍，直接把真相告诉我。

我开始细读"销售经理报告书"。报告的开头是信件形式，标题用粗体字写着"戴夫·柯兰销售团队™""亲爱的保罗"等等，诸如此类。我读了几段专门写给我的私人信件，上面还有戴夫的亲笔签名，然而这封信的行文风格沉闷笨拙，冗余的词汇、句子和段落只能增加文件的厚度和长度，不能提供对当前有用或产生影响的可行性信息，而且他一直称呼我"销售经理"。我不是销售经理，我是老板！

读完这封信，我的心沉了下去。写得这么差劲的几百页全都要看完？我那么多钱是不是白花了？我回答了自己的问题：你没有资格拒绝他人的意见。这份报告里肯定有能让你获益的内容，赶紧坐下来耐心寻宝。

工作期间是不可能的了——我这一天都被微不足道的行政工作占据了，所以我把报告带回了家。到半夜时分，我全部看完了。

第 1 章评估了我作为销售经理的能力，给我当头一棒。我在这方面差劲至极。我做错的事情列出了一大串，主要分成两组。第一，在谈生意过程中，我们犯了很多战术错误，首先就是每一次询价都发送计划书。第二，我对销售人员的管理方式不恰当。这方面的不足之处数量又多又让人心烦：没有经常性地招聘的新销售人员；没有制订书面销售计划；没有要求销售人员记录每次谈生意的过程；没有让员工记录每日工作内容，所以无法判断他们的生产水平；如果交易没谈成，他们随便给个借口我都相信；我没有让他们负起责任；他们业绩不佳，我还听之任之，而这实则是温水煮青蛙；我需要制定标准，然后实施，把那些不遵守标准的人辞掉。

销售经理评估让我信心暴跌，但我没有自怜自艾，而是鼓起勇气继续翻阅。

第 2 章是我的性格分析。DISC 性格测试认为，每个人的性格都由四种不同的因子混合而成。"D"代表支配（Dominance），指的是自信而争强好胜的人，凡事都有始有终，看重底线。"I"代表影响（Influence），指的是人际关系良好的人，说服他人按照自己的计划行事，看重开放性。"S"代表稳健（Steadiness），此类人注重独立性、真挚与合作。"C"代表谨慎（Conscientiousness），这类人专注于质量和精准度、专业能力和反应能力。C 也可代表"工匠"（Craftsman）。每一个人都以某个趋向为主，其他的趋向水平较低或很低。

报告针对每一个因子给出 –100 ～ +100 之间的正值或负值评分。大家可能已经猜到了，我的"支配"项得分最高，"影响"和"谨慎"项得分也是正值，然而"稳健"项却拿到了 –100。没错，这就是我。我的确喜欢独掌大权，但又不喜欢孤军奋战。来看看我选择的职业吧：木匠——"谨慎"是其生存之本，这就是工匠精神的本质。测试对我的弱点也把握得十分到位。我不够稳健，我不喜欢循规蹈矩，也不想做某个体系的一个构成部分。我就爱打破规则，倾向于自己制订计划，让别人去实施，这不正是当老板的魅力所在吗？

报告还事无巨细地描述了我的性格在职业生活中的表现形式，具体到我喜欢做的事情和我认为棘手的事情，乃至警告说我的沟通交流会如何被理解。我应当细心聆听，向员工阐释我的决策；假如我乐意鼓舞激励他人，我肯定能做到，但如果人们不理解我为什么要做某件事情，我也会让他们灰心丧气。正因为我讨厌循规蹈矩，所以才尽量避免为生意制定条条框框，好让它在不需要我经常干预的情况下正常运转。

执行总结对比了我的公司和一般公司的销售框架，并给出了评分。在这一方面，我根本不具备销售管理技能，而且我们的销售技能十分差劲。不过我至少得到了一丁点鼓励——销售人员存在重大问题，解雇二人合情合理，但他们通过培训仍有成功的可能。我们做得最好的方面是积累潜在客户，因为网络营销持续带来新的询价。然而这份报告部分基于丹和尼克对运营工作的理解，而我觉得他们并不知道公司的竞价推广已经形同虚设。

下一章里满是让人眼花缭乱的图形和图表，全方位指出了丹、尼克和我的缺点，归纳起来就是我们互相不了解对方在做什么，而我在他们成事不足的时候没有予以追究。接下来的三章具体阐述了上述论点，最后总结了我们的优缺点。我的性格分析表明我是一个很好的决策者，自我感觉极其强烈，能够控制个人情绪，不达目的誓不罢休，渴望成功，对金钱和支出的态度非常现实。我的弱点则分为两个方面，分别是作为销售人员和销售经理的不足。作为经理：我容忍销售人员的平庸；不了解聘用流程；没有剔除业绩最差的人员；根本没有腾出时间去管理他们；我插手挽回销售业务，而不是让他们从错误中吸取教训；不知道如何激励他们；缺少定期的进度追踪会议；不予以指导；在销售人员办事不力时，没有后续的程序来查明原委。我每天都把大量的工作时间用于销售，但以下分析证明了我在这方面做得有多么差劲：不遵从任何贯彻始终的销售流程；不清楚客户的身份，无法判断对方是否有能力做出决策；善于表达，却不善于倾听；容易被客户的谎言所欺骗；不了解潜在客户的购买动机；根本不给潜在客户达成共识的机会；没有努力与潜在客户建立关系；发送计划书的时机过早；即便做成业务，也不会维护关系或要求对方推介。

丹和尼克也有同样的评估列表，但他们的评语却有着出人意料的反转。丹最有可能在销售方面获得成功，而尼克显然缺乏动力，并且视金钱如粪土。我对这个结果半信半疑，但我必须承认这份报告对我的分析透彻而准确，或许它也挖掘出了丹和尼克内在的真相。

读完报告之后，我仿佛挨了当头一棒。原本对这份报告的那种目空一切的排斥变成了发自内心的认同：我们确实存在严重问题，而解决所有问题还有很长很长的路要走。那现在该怎么办？我们要参加培训，全力以赴，但如果我不能立刻做出改变，公司能撑到我们完成培训吗？

我该怎么办？我该怎么办？我该怎么办？第二天早上在骑车去公司的路上，这个问题像脚踏车的踏板一样周而复始地占据着我的思想。骑到半路，我想出了答案——削减佣金！削减佣金！削减佣金！通过削减佣金，我可以向丹和尼克传达一个明确的信息。所涉数目其实不大，只占销售金额的2%，而且他们还能靠基本工资过日子。

到达公司的时候，我坚信这是最好的办法，但为了防止自己出错，我又看了一遍数据。银行网站上显示昨天支出的工资金额为 23606 美元。本周拿到了三笔款项，总额为 14234 美元，银行余额是 78035 美元，信用卡应付款 20585 美元明天就该偿还了。还完信用卡，我就只剩下 57450 美元，另外，星期五需要支付的其他账单总额为 8255 美元，付完这些，我将剩下 49195 美元。我回顾了一下自 4 月 1 日以来的每周开支：38086 美元。这么看来，除非我彻底停止支付账单，我们只剩下不到两周的运营资金。

数据表上显示本周有四笔进账，总额为 18077 美元。其中三笔是 5 月份发货的业务尾款，另一笔是 4 月份下订单的某所州立大学支付的定金。前三笔可能本周就能拿到，定金则可能因为那所大学的审批程序而有所拖延。从理论上来看，客户未支付定金，我就应该把业务缓一缓，但真要这么做的话，车间里的活很快就会做完，到那时候，希望的曙光就渺茫了。这四笔预期现金收入总额仅有 50751 美元，但只有在完成业务之后才能拿到这些款项，而这些业务将耗费两周以上的时间。

我查了一下丹和尼克的佣金支出，近期的数目不大。在昨天的工资单上，两人的税前基本工资都是 2384 美元。尼克的税前佣金收入总额是 464 美元，丹的佣金只有 97 美元。相比他们今年已经拿到的佣金——尼克获得 9145 美元，丹获得 4544 美元——这两笔佣金不算什么。我第一季度的佣金收入是 4612 美元，但自从 4 月份以来就没有再拿过基本工资或佣金了。是时候让他们也感受一下我的痛苦了。

根据我的切身体验，宣布减薪毫无乐趣可言，而且这一次减薪并非针对所有员工。我只是想采取措施让销售人员心生些微惶恐。削减他们的佣金并不会省出很多资金，但在运营资金只够维持两周的条件下，每一分钱都至关重要，所以我打算强调采取这一措施的财务依据。

现在是上午 8:30，尼克和丹正忙着做项目。我让他们暂停一下，首先抛出一个问题："今天有订单吗？"丹和尼克对视一眼，耸了耸肩。没有。我接着说道："唉，那就糟了，因为我们遇到了大麻烦。我们的现金快用完了。到本周末我们将只剩下 5 万美元，仅够维持两周。我需要削减开支，马上就执行。"尼克紧盯着我。丹愣住了，脸开始发红。他可能以为我要解雇他了。看到他的反应，我心想：不，丹，我不是要解雇你。如果我架好摄像机，征求你的允许来摄录会议过程，那你才要担惊受怕了，但今天不会出现这种情况。

我宣布了我的计划："我已经决定停止支付佣金，即刻生效。所有进账全部归公，所以 2% 的佣金没了。"尼克一下子怒容满面，丹松了一口气，像皮球一样萎靡不振。我继续说道："自从 4 月初以来，我就再没拿过基本工资和佣金，而且我投资了 3.7 万美元来提高我们三个的销售能力。现在，"——我扯了一个弥天大谎——"我坚信这个培训课程绝对有效，我们一定会柳暗花明。只是我不知道需要多久，可能是一两个月吧，而在那之前，我要确保公司正常运营。"

尼克提出了一个明智的问题："你要永久停付佣金吗？这种情况会持续多长时间？"我不知道。我没有仔细考虑过期限，因为公司很可能在我需要应对这个问题之前就已经关门大吉了。"我不能保证。到情况好转的时候，到我们做出业绩的时候，到我有支付能力的时候。"丹问道："我们的基本工资呢？也要削减吗？"我说我会尽力避免，但如果形势变得更加糟糕，可能连基本工资也要削减。"所以让我们一起防止形势更加糟糕，把产品卖出去。等到培训开始的时候，努力去学习。我很看重这个培训项目。记住，萨姆·萨克斯顿从中获益良多，我们肯定也可以的。"如果我们有推销对象的话。我把忧虑的种子植入了销售人员的心底，可是我仍然没有想明白为什么没了客户。

我们都坐下来继续工作。希瓦从迪拜发来一封邮件，大油罐的设计图纸终于到手了。那张办公桌大到足以容纳 38 人就座，但其中没有说明材质和底座，连地板（或天花板？）出来的线路通向何处也没有显示。单单只有这张图纸，我是无从下手的。我还有第一次会面时拿到的另一张图纸——办公桌的结构图。和建筑师的许多图纸一样，这张图纸所描绘的是一张无法制作的办公桌，而且整个设计完全不合理。底座太小，无法支撑桌面，并且位置也错了，就座者靠近办公桌的时候肯定会撞到膝盖。总而言之，我拿到了大油罐的两张设计图，却没办法根据它们做出计划书。他们还想让我们在 8 月底把这张办公桌运到迪拜吗？如果答案是肯定的，我们必须在 7 月中旬动工。我发邮件给希瓦，要求她提供缺失的信息。我非常想拿下这个业务——至少价值 4 万美元——却被迫止步不前。

第二天，小有转机。我在垃圾邮件里找到一张 1556 美元的支票。太好了！够公司运营几个小时了！不幸的是，我刚刚支付了 8255 美元的账单。我再次登录竞价推广账户，盯着那一堆链接和数据。我根本没办法在这个网站上按照我的需要直接对比两个时期的数据。是不是应该停止竞价推广，省点钱？从表面来看，每天给谷歌的 650 美元都打了水漂，对我根本没什么作用，但是，从多年的行业经验来看，花钱打广告向来是一种很好的投资。除了 2009 年之外，我的销售业绩每年都在提高。过去两年里的竞价推广没有太多变动，而且在近期之前，销售业绩一直在稳步上升。也许现在该停止网络竞价推广，让自然搜索结果担起重任。我是不是在浪费宝贵的资金？只有暂停竞价推广，看到结果才能下定结论。可是去年 7 月，华盛顿某家银行打来电话，我们最终在 2011 年年末做成了一笔高达 25 万美元的生意。25 万美元啊！他们是因为看到了我的广告才打来电话，还是因为点击了免费链接？假如我没有竞价推广，又会是怎样的结果？谷歌的免费搜索结果还会很好地匹配吗？他们宣称付费广告和自然搜索链接之间不存在任何关系，但这个说法似乎非常不可信。这可是做生意！换作是我，我肯定大肆推广慷慨解囊的公司。我担心一旦停止竞价推广，我的免费链接就会石沉大海，从此再没有业务上门。我现在连一个客户都不能失去，砍掉竞价推广开支将是最后一个选择。

在盯着电脑屏幕的时候，我想出一个展示过去两个月哪里可能发生变化的方法。我用多格式打印机在一张纸上打印出了 55 个广告分组绩效的截屏图片。最后，我终于找出了全面比对所有数据的办法。我打印了 2011 年 8 月 1 日到 2012 年 2 月 29 日竞价推广效果良好的 6 个月数据，又打印了 3 月 1 日到 6 月 20 日竞价推广效果一落千丈的报告。我把这些钉在办公室外面的墙上。每张报告宽 2 英尺，长 4 英尺有余，展示了 55 个广告分组，每一个分组都有 14 个相关数据点。我开始在打印纸上做标记，把一个数据点分成另外一个数据点，然后把上一时期的计算结果与之比对。什么也没看出来。最后，独自在办公室待到下午 6 点，我放弃计算，回家了。

第二天一大早，再次分析打印数据的时候，我发现了两个看似重要的细节：原本带来最多询价邮件数量的会议办公桌广告分组出现下滑；模块办公桌分组的流量出现巨大增幅，但相应的邮件询价却很少。总体来看，看到广告的人多了，但打电话询价的人少了。这些打印纸没有显示这个细节，但我的其他记录佐证了这个下降趋势。那么还有别的情况没有在我的记录里反映出来吗？

丹和尼克到公司之后，我简要总结了数据，提出浏览量增加而询价数量减少实在说不通。他们在过去三个月里有什么发现吗？丹说："感觉最近的电话询价都没什么用，许多都是没什么经费的学校和地方政府人员打来的，最后都转交给根本不知道情况的秘书来处理。"尼克补充道："老板亲自打电话的情况太少了，所以愈加难以迅速做成业务。"我也注意到了这个情况——沟通 20 分钟后就下订单的公司老板越来越少。

以前这类电话很多，而且通常是在工作日很晚的时候。由于下午 5:30 以后办公室只剩下我一个人，所以我经常亲自接电话。这些生意最容易做成——老板直接对话，不拐弯抹角，直接敲定交易。这些人都去哪里了？我一直以为经济不景气导致他们谨慎开支，但也许我想错了。学校和政府打来的电话较多，有钱可花的老板打来的电话减少，这可能就是销售业绩差和询价数量减少到这种地步的原因。可是我查看了一下去年同期的销售数据，发现 4 月、5 月、6 月和 7 月都挺好。那时候的客户有学校（大多是大学）、老板和其他类型的买家，除了他们都花钱买了产品，很难找出一个通用标准来界定他们。这跟今年的困境没有任何相通之处。

我在回家的路上翻了翻邮件。我收到了总金额 16521 美元的三张支票，银行余额因此上涨至 67272 美元。又是一根细小的救命稻草。

星期六，我把亨利从学校接回来。他将在家里待两个星期，之后会去暑期学校，直到 7 月底结束。看到我的那一刻，他露出了笑脸。自从 4 月以来，他又长高了 1 英寸，现在至少得有 6 英尺 4 英寸（约 1.95 米）了。

他很开心，坐车回家的路上一直跟着音乐摇摆。可刚一到家，他的情绪就变了。他跳下车，使劲关上门，眼泪唰地就下来了。他站在人行道上，哭得惊天动地。那是我们不太经常听到的哭声——18 岁的大小伙子歇斯底里地哀号。他怒气冲冲地冲向房子，进门后使劲甩上前门。我听到他上楼时发出的沉重脚步声，跳上床时（床就在前廊的正上方）传来又一声闷响。整座房子都在抖动，廊灯玻璃罩掉下来摔成了碎片。

我小心翼翼地避过玻璃碎片，走进屋内。我不知道什么惹到了他。"亨利回来了！"我打开壁橱找扫帚的时候，能说出口的就只有这一句。30 分钟后，一切就像没发生过一样。他满脸笑意地下楼找吃的。那只怒火焚身的怪兽哪里去了？它从哪里来？他说不清楚，我们也无从得知，只能一如既往地吃饭，开车载他出去，听他那震天响的音乐。

到了星期一早上，我已经完全进入"亨利看护模式"，这就意味着我彻底筋疲力尽了。我在半夜喊他起床上厕所，然后辗转反侧了几个小时，思考我的生意。上午 9 点，我给一众"士兵"开了个会。我只给他们列出了一组数据：本月只剩 5 天时间，截至当天的销售总额仅有 53050 美元；银行余额是 67272 美元，能维持大概三周，而手头的业务要四个星期才能完成。我想尽力给他们打气，可我做不到。"公司还在运转，大家坚持做事。例会结束。"

我登录公司银行账户，惊喜！欧式家具支付了 19837.50 美元。这笔款项其实涵盖了 7 个订单——四笔尾款和三笔定金。太感谢了，欧式家具！当天上午晚些时候，米洛什发来一封邮件，问我是否收到了付款以及重新生产的展售厅办公桌进度如何——完工了吗？"差不多了"，我回道，"已经进了喷漆车间了。""噢，那就惨了。"他写道，"我们想把数据接口盖板开口尺寸从 0.75 英寸（约 19.05 毫米）改成 18 毫米。"他到底是怎么想的？他在几周前就签字核准了 0.75 英寸的开口尺寸啊，而且核准的尺寸和现在要改的尺寸只差 1 毫米。他还有一个问题：我们打算使用哪个牌子的合页？我让他去查一下他核准的设计图纸，他自己手里的那一份，让他现在就去看，自己回答自己提出的愚蠢问题，因为白纸黑字写得清清楚楚。几分钟后，他回复道：他需要跟总部确认一下 0.75 英寸的开口是否合适。我懒得回复。他核准过了，我们现在不能更改。

我在邮件里找到两张总值 5094 美元的支票，下午又收到了一个客户支付的 2519 美元尾款。手头的现金增加到了 94722 美元。

第二天，我卖了一张办公桌给一个老板。他早上打来电话，午饭后收到我的计划书，然后下班的时候打来了 4475 美元定金。这个业务不大，只有 8950 美元，却是近段时间第一个亲自打电话过来的老板。这笔交易把月度销售金额提到了 6.2 万美元整。还剩下 4 天，离月度目标还差 13.8 万美元，离年度目标还差 334785 美元。

这一周剩下的时间里，我们一直处于"自动驾驶模式"。可做的事情不多，电话响了几次，但都没什么结果，邮件询价也少之又少，而且全都是开头两天的。星期三，只有一封邮件。星期四，毫无动静。这跟上周的竞价推广模式一模一样：星期一和星期二的询价数量还像回事，接着急剧下滑。我不断跑出办公室去研究那两份打印报告，但询价模式却似乎与之毫无对应关系。

我们所有人都对星期五充满了期待。按照计划，鲍勃·瓦克斯将用整个上午观察丹和尼克的销售活动。我百般强调了培训的重要性。"萨姆·萨克斯顿从中获益良多"成了我的祷告箴言。为了迎接鲍勃，丹准备了几份在星期五发送的计划书，尼克则要与自 1 月份就开始打交道的客户进行电话会议。他上周给她发去了第三份计划书，她对设计有些疑问，想让她的一位同事参与设计讨论。

星期四夜里很晚的时候，我收到尼克的一条短信：他的两个儿子在午饭后打闹，其中一个把另外一个的胳膊打骨折了，很严重。他现在正在急诊室里，想问问明天能不能请假。绝对不行，这是我的第一反应。但仔细想想，换作是我，我会怎么做？我肯定会毫不犹豫请假去处理家里的急事，而且尼克不是那种编借口逃避工作的人。他在医院的这一夜必定十分难熬。我发邮件给鲍勃，问他能不能改期。当时已经快夜里 11 点了。我发短信给尼克，告诉他陪着家人就好。

早上 6:30 起床后，我立刻查看了收件箱。鲍勃没有回复，尼克也没有回复。

我带着亨利出来逛了一圈，8:30 到了公司。正当我跟丹说可能要改期的时候，尼克进来了。他脸色很差，双眼布满血丝，还穿着昨天的那身衣服。"我来了。手术进展顺利，他对于打石膏很兴奋，还用石膏威胁他兄弟呢。"丹和我都笑了。我俩都有儿子，所以互相能够理解。

鲍勃·瓦克斯在 8:57 来到公司。他一身商务装扮，跟我们的短裤、T 恤衫形成鲜明的对比。他首先做了一段简短的发言："我对今天的安排是这样的。我静静地坐在后面看你做事。我不会提出任何建议，只是来观察你们。尼克在 10:30 要开会，我很有兴趣听一听，但我不希望你们有任何跟以往不同的举动。做你们自己就行。"他对我说："保罗，这符合你的预期吗？有没有别的安排？"我说如果他想这样安排，那就这么定了。

10:20 的时候，尼克问我要不要和他一起参加电话会议。我当然乐意。我发现尼克不善于组织对话。他擅长倾听，你来我往的讨论也应付得来，但他发起对话的时候总是支支吾吾，说不到重点。所以我们商定由我来打头阵，然后交给尼克。鲍勃问道："你们要跟谁谈？"尼克把首要联系人的名字告诉了他，接着查看了她发来的邮件，却发现是另一个名字。鲍勃对此很不满意。"你知道这些人的身份吗？在公司里担任什么职位？"我们不知道。客户是得克萨斯州一座中型城市的商会。尼克的联系人叫玛丽，是她打电话给我们，但我们对她一无所知。尼克和我把椅子拉到他的电话旁边，我们面前摆好了计划书：总共 10 页的拟生产办公桌图片、办公室布局图和木料图片。玛丽接了电话，说要把同事凯特找来。我们等啊等啊，等了很长时间。尼克和我趴在电话上，鲍勃在后面徘徊，丹则在办公室另一角努力压低打字声。终于，凯特做了自我介绍。我开始切入对话："玛丽、凯特，非常感谢你们让我们参与这个项目。尼克把计划书发给你们了——你们手头拿着吗？"对方沉默了一会儿，接着隐约地说了声"嗯"。我接着说道："那好，尼克想和你们一起再看一遍。你们谈吧。"尼克迅速过了一遍办公室布局图，谈了谈办公桌的位置，然后讲了他一直在推荐的折叠结构。之后他把木材样品过了一遍。在这 5 分钟时间里，我们听到了翻页的沙沙声。尼克皱着眉头看向我，我接过话头："玛丽、凯特，你们有什么疑问吗？你们觉得这个设计怎么样？"又是一阵沙沙声，接着传来"嘣"的一声，有人不清不楚地问道："这张办公桌多少钱？"尼克和我对视了一眼。办公桌的价格用红色大字写在每张图片的上角。"价格在第二页、第三页、第四页、第五页和第七页的顶部，最后一页列出了每一项的总额。"又是一阵沙沙声和嘟囔声，接着我们听到了一个深沉的声音。屋里还有其他人？玛丽说道："好，我看到了。"漫长的停顿和低声交谈后，她说道："我需要递交给董事会，由他们做决定。我们会给你们消息。尼古拉斯①，感谢你提供的这些计划书。你能再做一份吗？可不可以把你在第一份计划书里展示的那张办公桌添加进来，然后能不能再给些价格较低的选择？"尼克同意在星期二发送修改版，道谢之后挂断了电话。我们互相看了一眼，又看向鲍勃。他面无表情，但他的举止说明他在斟酌合适的话来表达他的想法。过了一会儿，他说道："唉，真是大开眼界！"我让他再具体一点，他说："我不想现在就说细节问题，但我保证我能帮到你们所有人。你们还有很大的提高空间。"鲍勃说要看的都看完了，别的也没什么需要尼克和丹今天做的了。

回到我的私人办公室，我问他："你心里到底是怎么想的？"他直截了当地答道："你们几个都很差劲，犯下了所有教科书式的错误。我今天不想浪费时间讨论这个，因为我们还有许多事情要细谈，而且我要在13:15回到办公室。培训课程会讲到你想要了解的所有内容。咱们先来谈谈测评吧。你看过报告了吗？"我说每一个字都认真看了，而且我们还深入讨论了报告结论。我没看到丹和尼克的DISC性格分析报告，只看到了他们的销售能力评测，于是鲍勃给我看了他们的评分。

我们三个的共同之处就是"谨慎"这一项得分很高。尼克的"支配"项得分较低，"影响"项得分较高，"稳健"项得分低于平均分，"谨慎"项得分很高。这就说得通了。和我一样，他"稳健"项得分较低，说明不会安于常规。他不好好做记录，办公桌杂乱无章（跟我的一模一样），但他是个优秀的工匠，所以"谨慎"项得分较高。

丹的"支配"项分为零，"影响"项得分低于平均分，"稳健"项得分高于

---

① 尼克是尼古拉斯的昵称。——译者注

平均分，"谨慎"项得分较高。我和他共事的经历恰好验证了这一点。他从来不会把自己的观点强加于人，也不会试图迎合我或者客户。他不善于你来我往的快速电话交流，只会利用自己的优势、组织能力和业务熟练能力想出解决客户问题的好办法，但如果需要进一步说服别人来敲定交易，他就比较费力。

我恳求鲍勃提点马上就能付诸现实的建议："就提示一下。肯定有我们现在就能做的事情。公司的销售业绩太差了，我恐怕撑不到将培训知识付诸实践的那一天。"

鲍勃叹了口气，然后说道："那就给你一个建议。跟客户交流结束时，一定要确定再次沟通的时间。既然已经吸引了对方的注意力，就因势利导，确定后续沟通的具体日期和时间，别让他们搪塞你。把日期和时间标在日历上，再发一封邮件确认一下。这是推动业务的一种办法。照我说的试试，看看情况如何。"

鲍勃走后，我回到销售办公室。我不想和丹、尼克讨论评测结果。我有资格评判别人的讲话方式吗？所以我把鲍勃的建议告诉他们。我们都为这个建议的简单及其魅力所倾倒。为什么我们就没想到呢？我们任由客户随时再次联系我们，根本就没有控制交易的节奏。鲍勃的建议意味着我们有了再次联系客户以便确定他们究竟要不要合作的理由。

埃玛、丹和尼克在 4:30 下班，办公室里只剩下我一个人。星期五下午了，接下来一周是假日周。我估计今天不会有人再打电话，果不其然，的确没有人打来。我打电话给南希——亨利一切都好，于是我坐下来开始思考。亨利，资金，销售，竞价推广，丹，尼克，史蒂夫·马图林……这些问题在我脑子里争来斗去，想要证明谁能给我带来最大的困扰。我只觉得一阵绝望。我在这些年里时有经历这种感受。每当精疲力竭，每当静寂无声，每当现金不足，这种感受就很强烈。我知道它会消停，因为从本质上来说，我是个乐观向上的人，可一旦陷入其中，我就会感觉非常非常消沉。

5:30 到了，没有人打来电话，我的问题一个都没解决，但我感觉精神好了一点。我们没有关门大吉，至少暂时还没有。亨利再过一周就要回学校了。鲍勃给的那个建议真是及时雨！

第 7 章

7 月：新型营销

初始银行余额:

$91271.00

相对于年初现金差额 (现金净额):

− $45883.00

年初至今新合同金额:

$865722.00

　　星期日早上，我跑步回来，看到南希坐在厨房里，亨利的房间里也没传来音乐声，这有点反常。她神情很是紧张。"你没事吧？你不是去购物了吗？"她含糊不清地说了些什么，接着突然哭了起来。"我带他去了乔氏超市。他以前在那里都很乖的，你记得吧？原本一切都好好的，直到我们去排队付款的时候。"她打起精神，把来龙去脉告诉了我。原来是因为一个小小的麻烦：排队付款的人里有个混蛋。

　　当时商店里熙熙攘攘，排队付款的人很多。南希推着一辆装满东西的购物车，亨利就站在她旁边。她前边那个妇女到了收银台把购物车一停，就……没动静了。一般人都会赶紧把东西拿出来，加快付款速度，或者帮帮忙什么的，但这个妇女是个例外。她朝收银员干巴巴地笑了笑，接着退后一步：为上帝服务吧。收银员开始替她从购物车里往外拿东西。

　　与此同时，南希听到亨利在发出低沉的咕哝声。他先是把她的手放在购物车把手上，说：妈妈，推车走吧，我想离开。她让他耐心点。接着，他突然跳起来，落地时发出短促而大声的喊叫。他可是个身高 1.95 米、体重 97.5 千克的大块头啊。商店的所有人都看着他，然后迅速转过脸。人们对于亨利的古怪行为表现得非常礼貌，只是忍不住想瞟一眼。如果我们假装一切正常，或者告诉大家这孩子有些特殊，那他们就不再看了。哦，原来是"那种"孩子啊。我们自然而然地不去评判别人的行为，所以就当什么事都没发生过。

那个妇女在收银员打包商品的时候依然袖手旁观。突然，她指了指收银员手里的一样物品。"那个茶叶我不要了。"收银员把茶叶放到一边。"我想要另一种，等一下。"她走出队伍，去货架上找一罐好一点的茶叶。在她找东西期间，收银员也只能干等着。南希拉着亨利的手，叫他安静点，要他再耐心等一分钟，之后就带他坐车吃好吃的。

那个妇女终于拿着茶叶回来了，结账流程重新开始，她仍旧袖手旁观。接着她又来了。"我忘拿鸡蛋了，马上就好。"她对南希假笑了一下，去了蛋奶区。收银员只能再次干等着。她拿来了鸡蛋，结账流程继续，最后一样终于打包好了。她在钱包里翻来找去，却拿出一个支票本。

亨利又跳起来吼了一声，这一次的绝望哀号持续了几秒钟。商店里的所有人再次转头看向他和南希，南希仍然紧握着他的手。她摆出一副勇敢的表情——弱弱地微笑，快速耸耸肩，就孩子的吵闹对大家表示歉意。她再次对他说道："嘘，宝贝，再等一分钟，马上就好了，耐心点，要做个乖孩子。"

那个妇女问收银员要一支笔。整个队伍发出了一声叹息——南希身后排了四五个人。收银员找了一会儿，终于在抽屉最里面找到了一支。那个妇女慢慢地写好支票，签了名，填好了票根，递给收银员，收银员递给她收据。她仔细看了一遍，然后把收据拿到收银员面前，指着其中一个数字："这个是打折商品，没有给我减价。"

亨利等得不耐烦了，他竭尽全力大吼一声，发动了攻击。他用胳膊卡住南希的脖子，向后使劲一扯，南希身体一侧着地，然后呈大字形瘫在地上。接着，亨利大哭起来，一边上蹿下跳，一边用双手使劲捶打自己的脑袋。

南希涕泗横流地跟我讲着。"最恶心的是——我躺在地上，亨利在大喊大叫——竟然没有一个人有任何举动。他们就站在那里，那个，那个"——作为虔诚的女权主义者，她鼓起很大的勇气才说出口——"那个贱人就那么拿着她傻不拉几的东西走掉了，那个收银员——谁都没有上前帮我一把。"唉。我对那些旁观者表示些许的同情。她的经历我也有过，只不过没有被摔倒在地那一段，而且那种事情太过突然，尽管每一秒钟都像永远一样漫长。亨利爆发起来十分恐怖，人们的大脑反应不过来——在他们试图理清思绪的时候，身体完全僵住了。谁敢出面去安抚亨利？他又高又壮，一旦爆发，场面十分吓人。

"你受伤了吗？你怎么处理的？"

"我把东西丢在那里，带着他上了车，把他哄好了。回到家的时候，他对我笑意盈盈的，可是我当时，"——过了好一会儿——"我当时特别生气，我叫他自己回了房间。"我对她的遭遇表示了同情，别的也没什么可说的了。南希停止了哭泣，面带悲伤地呆坐着。"我再也受不了他了。我受不了。以后我们可该拿他怎么办啊？"我不知道。从短期来看，他再在家里待一个星期就回学校了。到了7月底，他会回来在家待5个星期。南希继续说道："我以后再也不一个人带他出去了，我做不到。我不知道他什么时候会再打我。"

亨利只听4个人的话：安妮，学校里负责照看他的那个女人；贾尼丝，长期照顾他的保姆；南希；还有我。安妮和贾尼丝是因为政府资助才进入了我们的生活——地方教育委员会为她们发工资，因为给地方儿童提供有意义的教育是她们的法定责任，即便是体格庞大的自闭症孩子也不例外。但安妮这一周放假，贾尼丝也是偶尔才能来。南希决定不再带亨利去公共场合，这也符合常理。

这一天接下来的时间一如既往：聒噪的音乐，吃零食，坐车出去玩。不过现在每一次短途出行都是我负责的，因为即使亨利坐在后排，南希也不敢和他在车里独处。

我肩负着许多责任，我努力保持坚强，但有时候就感觉天大的重量要把我压垮。客户越来越少，现金越来越少，收入拿不到手，员工业绩平平，现在又出了这种事。我会坚持尝试解决那些我能够理解的问题，但其他事情呢？比如亨利？我无能为力，只能随机应变。这种事情无非就是有所好转或变得更糟。

第二天上午，我带着亨利去公司召开星期一例会。他坐在我的办公室里听听音乐，通常能乖乖等一个小时。如果我一不留神，他就会跑去冰箱那里，把看起来好吃的午餐吃个一干二净。幸运的是，会议就是在冰箱旁边召开的——我可以一边跟员工们说话，一边保护午餐。

会议最后，我告诉他们一个小小的好消息："我们的现金比上周多了一点。"我指指我写在黑板上的数字：91272 美元。"相对于年初来说，现金依然减少了，但总归比上两周好点。遗憾的是，上个月的销售业绩不太乐观。"我指指另一个数字：6.2 万美元。"这方面我就不再粉饰了。这是 2008 年 7 月以来最低的。我们的待完成订单量还有三周半，这也很差劲。但我们正在努力解决销售问题。我们通过了培训员的测评，他给我们提了一个好建议，我们几个下周就开始参加培训课程。我坚信这次一定能行。只要我们继续砥砺前行，一定会有好结果。"他们仍像以往一样不动声色地看着我。"好了，例会结束。"他们回到了各自的工作岗位。我敢打赌有些人肯定已经在寻找下家了，但在找好之前，他们绝不会告诉我。亨利很乖，于是我给了他一个甜甜圈，然后离开了公司。4 个小时之后，贾尼丝会看着他，直到晚饭时分。她来了之后，我回到公司。

网址收藏：竞价推广。登录，盯着屏幕。办公室里的温度是 94 华氏度（约34 摄氏度），但为了省钱，我没开空调。今天上午只有两个询价，之后就再没了动静。

尽管电话询价和业务逐渐减少，上个月竞价推广的点击量依然稳定。那些老板怎么都不打电话来呢？他们到底是怎么了？难道再也不购物了吗？去度假了？担心开支问题？我的广告词不能再打动他们了吗？那些广告真的有在推广吗？万一谷歌在广告推广方面造假了呢？这个我可以确认一下。

我开始搜索，看看我的广告会不会出现。我首先输入点击量最高的关键词："模块式办公桌"。好，广告出现了，但下面并没有转向我们网站的免费链接，只有竞争对手的。再来试试自然搜索点击量最高的关键词："定制会议办公桌"。广告出现了，正下方也有免费链接。现在试试"董事会会议办公桌"。这是产生最多邮件询价的关键词，而且我认为正是这个带来了老板级消费者。呃……没有广告，而且我们的链接处于第三个免费位置。没广告？我重新看了下竞价推广，没错，我为该分组的每次点击支付 7.50 美元。这个价格比我的其他广告单次点击费用都要高，那为什么谷歌不给显示呢？难道是偶然？我知道谷歌向不同的消费者展示不同的结果，也许谷歌校验了我的互联网地址，知道是我在搜索这个词，于是我去用会计的电脑搜索"董事会会议办公桌"。还是没有广告。那再试试"模块式办公桌"。有广告。我回到自己的电脑前，用谷歌找了代理站点，隐藏自己的真实搜索地址。接下来的 45 分钟时间里，我尝试了业务比较多的几个城市：休斯敦、彭萨科拉、旧金山、纽约和芝加哥。这些地方都是同样的结果——"模块式办公桌"广告有显示，"董事会会议办公桌"广告没有显示。

第二天上午，我重新进行了测试。"模块式办公桌"和"董事会会议办公桌"的广告都有显示，而且屡试不爽。下午三点的时候，我再次通过代理搜索，"董事会会议办公桌"广告又没了。下午结束的时候，只有"模块式办公桌"广告仍在显示。

为什么"董事会会议办公桌"到下午就不再显示了呢？为什么这个广告如此重要？4 月份那会儿，当询价数量开始减少的时候，我认为是经济不景气导致的。后来伟事达小组成员说他们没觉得，是我自己搞砸了市场营销。我有段时间很相信他们的说法，但之后又觉得是淡季到了——学校询价的多，老板询价的少，因为学年即将结束，假期即将开始。但如果是因为老板们最喜欢的广告在他们搜索办公桌的下午时间根本没有显示呢？我不确定就是"董事会会议办公桌"广告给我们招揽了老板级客户，但它曾经带来最多的邮件询价，而且"董事会会议办公桌"打造了一种大权在握的领导才用的又大又昂贵的办公桌形象。可是我们所显示的是什么？是"模块式办公桌"。咨询这类办公桌的往往是需要灵活度的机构，因为他们买不起精美的会议办公桌。然而，这不是我们所青睐的买家。

那为什么谷歌显示了"模块式办公桌"，却不显示"董事会会议办公桌"呢？我觉得可能是因为"模块式"概念的搜索量比较大。这种广告每次点击的费用很低，却能为谷歌带来更多收入。当竞价推广费用开始变少的时候，谷歌会关闭其他广告，只留着"模块式办公桌"广告，直至每日预算耗尽。到了一天结束的时候，也就是老板们有时间买东西的时候，针对他们投放的广告消失了。

我不知道这种情况持续了多长时间，但在我于 4 月份推出"模块式办公桌"广告之后不久，询价数量就开始减少了，而且增加推广费用无济于事，可能是因为新增的费用都被浪费在把"模块式办公桌"广告推广给更多人。谷歌的算法认为每次点击都是好的，它根本不在乎这一次点击对我有用与否。

如此看来，"模块式办公桌"广告占用了其他广告的预算。这是我的猜测，我没办法证实。我没有足够的数据证明哪种广告促使哪种客户打来电话，所以我可能猜测有误，但"董事会会议办公桌"广告在下午三点消失是不争的事实。我可不可以想办法告诉谷歌优先显示"董事会会议办公桌"广告？这个问题提得好，于是我把下午剩余的时间全都用在寻找方法上，结果却一无所获。我充满挫败感地回了家。

第二天是 7 月 4 日国庆节，我一早带着亨利去参加了当地的游行，他玩得很开心。我说服南希在家照看他几个小时，然后去了公司。我努力想办法在不取消"模块式办公桌"广告的条件下保留"董事会会议办公桌"广告，但我想不出来。这太让人沮丧了。谷歌的"帮助"功能形同虚设，而且竞价推广根本没有"帮助"栏。与我必须应对的诸多任务一样，我找不到最佳突破口，可是我也没有时间或资金去聘用一个顾问。

我脑子里一直在思索大油罐项目的情况。自从 6 月 21 日那封邮件发出去之后，对方就再也没了消息。进入 7 月份，我彻底放弃了希望——8 月份下旬交付是不可能的了，所以想象一下我在 7 月 4 日收到希瓦的邮件是多么惊讶。她指示：就用我们提供的设计图纸。可笑，那些图纸基本派不上用场啊。难道我要浪费一天时间去设计一个我认为能行的产品？我在回复中问她设计图纸是否显示了箱柜的位置，这些设计图纸是不是简图，箱柜可能布置在房间的其他位置。再次惊讶：希瓦的老板发来一张带比例尺的设计图，上面显示了箱柜的位置。但这个设计非常古怪，显然是某个对办公桌生产一无所知的人做的。办公桌的各种尺寸都不标准，肯定会很难组装。再想想看，这可是 4 万美元啊。我回复说明天就发一份设计图。第二天上午，我决定静下心来。4 个小时后，我给他们发了一份完整的计划书，提出了一个切合实际的设计，总价是 47884 美元。至此，我已经对拿下这个业务不抱太大的希望，但我终究是尽力了。

回到家里，我一有空就会继续想办法优先显示"董事会会议办公桌"广告。最后，在一个竞价推广顾问的网站旮旯里，我找到了答案：重新调整整个账户，把我想要优先显示的广告放入独立分组，预算也要独立。如此一来，我可以确保这些广告在我指定的时间内全时显示。我要为"董事会会议办公桌"、"定制会议办公桌"和"模块式办公桌"设定独立分组，其他的放入一组，形成 4 个竞价推广和 4 种推广经费。

我以为重新调整会很简单——不就是把文件从一个文件夹拖动到另一个文件夹里吗？可惜事与愿违。谷歌没有把广告从一个竞价组移动到另一个竞价组的机制。相反，我只能手动重新输入原有广告组的所有信息，才可以生成新的广告组。每一个文字都要准确无误，每一个竞价都要合情合理，工作量极其庞大——广告有十几条，关键词有上百个，每一个关键词都有其竞价金额。这种工作可不敢交给实习生做，虽然我并没有实习生。这种事既无聊又特别重要，跟我的许多职责如出一辙，但至少我可以在家用笔记本电脑做。于是我在星期五开始动手，挤出一点时间就利用起来。大部分工作都是在深夜做的，那时候亨利已经睡着了。

星期日上午，我把亨利送回学校，然后径直回公司继续处理竞价推广项目。几个小时后，我离启用新的竞价策略只有一步之遥。它会起作用吗？它能把老板们招揽回来吗？我不知道。几天前构思出来的这个理论现在看来仍然煞有其事，但我把大部分时间都用来思考怎么去实施，而不是想出别的办法。既然事已至此，于是我点击"保存"按钮，变更开始生效。

7 月 9 日，星期一，我公布了数据：进账 17510 美元，支出 30317 美元。上周的初始余额是 98009 美元，一周结束后的余额是 85202 美元。新订单呢？只有一个，价值 9636 美元：某个亿万富翁的女朋友决定涉足时尚圈，需要一张大桌子来展示样品。他打来电话，要求定制一张 10 英尺长、4 英尺宽的板条式桌子，越早交付越好。我试了一下鲍勃的建议，确定当天下午晚些时候再联系讨论计划书。计划书很快制作完成，第二次通话就拿到了定金。这一次就这么简单。

还有一个好消息：询价数量达到了 14 个，假日周能有这个量真是让人惊喜。我说明了对竞价推广的调整，断定询价数量增多就来源于此。我还告诉大家，销售团队今天要参加第一次培训。总而言之，这次例会的基调比过去几周积极多了。

上午 10:30，销售团队开车 4 英里到了鲍勃的办公室。这是我们的第一次公司月度咨询课程，另外还要参加每周一次的团队培训课程，共持续 8 周。鲍勃首先概述了今日课程内容：销售行业入门。这个课程他显然讲了几万次了。我的"鬼话检测仪"进入高级戒备状态，但随着他的讲解，我开始放松了。不知怎么地，他用关于我们的生活目标的问题把我们所有人都吸引住了。他的回答表明他是真的关注我们每一个人。这是个焕然一新的鲍勃。他的销售职业范不再那么强烈，转而投入到把一群木匠变成销售大咖的挑战中去。一个半小时很快过去了，回公司的路上，我问其他人有什么想法。大家对于课程进展如此顺利都感到惊讶——尤其是丹和尼克，他们三周前初次见到鲍勃的时候都对他印象不好。他那时候看起来既傲慢又冷漠无情，今天却感觉好多了。

到了公司，尼克接到了一张大办公桌（长 42 英尺）的订单，价值 31362 美元。他的客户是俄亥俄州一家较小的家具公司，为当地大学提供了许多橱柜。有人要求他们生产一张新的董事会会议办公桌，他们发现自己不知道怎么做，于是通过谷歌寻找货源。鲍勃——那家公司的老板——担心那所大学会从我们这里直接购买，所以一直避免我们与客户直接接触。我们把办公桌卖给他，他再转卖给那所大学。这个业务分 4 次支付，鲍勃首先付了 8000 美元定金。

星期二的时候，尼克把我叫到他的电脑前。"记得萨姆·萨克斯顿提到的那个跟客户一起观看计划书的屏幕分享软件吗？"我对那次谈话略微有点印象。萨姆总跟我强调这个软件的价值，我却无动于衷。"我好像找到了，是叫'Glance'吧？"好像是。尼克继续说道："我觉得这个真的挺好用的，可以在跟客户通话的时候展示草图大师模型，比只展示静态图片好多了。"我们在各自的办公室里试着操作了一次。我们发出的计划书的确精美，但模型在眼前放大缩小，既可以从外向内看，还可以从下往上看，这种体验完全不同。尼克问我能不能拿一个客户试验一下。他给客户发了计划书，安排好今天下午打电话复核。约定时间到了，丹和我坐在尼克身后，我们非常好奇这种程序怎么操作。

尼克打电话给客户，我们等着对方叫来几名同事。尼克首先询问他们有没有疑问。还真有：办公桌能容纳多少人？放在办公室的哪个位置？选用什么木材？数据接口放在哪里？这些问题都在计划书里写得清清楚楚，至少我们认为写得明明白白，也许实际上并不清楚明白吧。然后，尼克告诉客户："嘿，我有办法让你们更好地理解这个设计。我可以实时展示我们制作计划书使用的模型。"他告诉他们登录方法，等他们接通之后，我们会听到"叮"的一声。我们听到一阵敲字声，接着对方说道："好了，登录了。"什么反应也没有。尼克对客户说："要等一段时间。"我在心里数着。10秒，20秒，30秒，到了42秒的时候，我们听到"叮"的一声。

接通之后，尼克放大和缩小模型，从不同视角展示了办公桌，然后拉回视角演示了办公桌的位置。客户的问题立刻就转变了方向，大家开始更关注我们的意见，而且他们的疑惑消失得一干二净。尼克按照鲍勃的建议约好下次的联系时间，然后挂断了电话。"哇，刚刚真是太厉害了，"我对他说，"我下次打电话也要试一试。"丹说他也想试一试。

当天下午晚些时候，我在车间转了一圈。车间的脏乱已经超出了可控范围，让所有员工做清洁工作根本起不到作用。回办公室的时候，我顺路看了看威尔·克里格。他在这里工作23个月了。2010年8月，在我聘用一名新钳工一周之后，威尔打来了电话。他刚刚下岗，看到了我忘记撤销的招聘广告，反正也没什么损失，于是我同意见他一面。第二天他到公司的时候，看起来没什么出众的：身穿T恤衫和牛仔裤，留着长长的马尾辫，胡子乱七八糟，还一身赘肉。但他的简历很突出。他毕业于一家知名职业学校，待过三家公司，曾代表美国细木加工组参加过2009年的世界技能大赛——相当于木材加工行业的奥林匹克竞赛。

我让他做了标准木工车间测试，总共4页的测试包含50个问题，涉及数学、几何、读图、机器辨识、木材和安全程序。在2007年，我做了很多招聘工作，发现面试很少能体现申请人的技能，于是编了这么一套测试题，结果证明它能有效地筛除资格不足的申请人，替我省下了不少力气。申请人用多长时间答题都行，还可以向我提出任何问题，我交代他们仔细核对自己的答案。大多数申请人用了一个小时完成，有些则用了三个多小时。我把测试题递给威尔，他翻了一遍，皱了皱眉，就开始答题了。他只用了 19 分钟就完成了——创下了新纪录——而且分数还很高，我当场就聘用了他。

威尔集精湛的手艺、追根究底的思维和受人喜爱的性格于一身，这是十分罕见的，而且他在上班第一天就开始帮我解决问题。我让他先去喷漆间上班。原先的喷漆工叫老顽固，他神经兮兮的，工价又高，又爱偷懒，但手艺的确很好。他知道如果我解雇了他，产品就没办法交付，客户就不会支付完工款，我就会完蛋，所以他只把工作做到我没办法解雇他的程度，一分不多，一分不少。要找一个好手艺的喷漆工实在太难，而且我不确定雇用的新人能在我现金耗尽之前上手，所以我就放任了许多年。接受聘请的时候，威尔随口提到他懂喷漆，于是我就安排他去喷漆间。他的手艺从一开始就充分展示出来，老顽固知道自己对我的"掌控"力即将消失，一周后就辞职了。

威尔独自在喷漆间大展身手。他加班加点，把老顽固遗留下来的半成品全部做好。一个月后，一切尽在掌握之中。他找到我："那个，公司的罩面漆都是手工小批量混料，这严重影响了我的工作节奏。有时候喷一张大桌子喷到半截，漆就用完了，有时候混的料太多，做的又是小业务，只得扔掉一大堆。我们可以买一个混料泵，喷漆的时候能自动混合罩面漆。那样会节省大量时间，而且不会再浪费没用完的罩面漆。"

等等，我的员工发现问题并提出了解决方案？就连车间运营经理史蒂夫·马图林都没这么做过。威尔的想法有些道理。我提出一个白痴问题："混料泵是什么？"

他解释道："你知道要把催化剂混进罩面漆里边，让油漆凝固吧？我是手工混料的，每次只能混一夸脱①，因为一旦混入催化剂，罩面漆立刻就开始凝固，在

---

① 夸脱是个容量单位，主要在英国、美国及爱尔兰使用。1 美制湿量夸脱≈ 946 毫升；1 美制干量夸脱≈ 1101 毫升。——编者注

它完全变硬之前，我只有 15 分钟时间。混料泵有两个容器，一个装罩面漆，一个装催化剂，两条料管在喷枪端部汇集，喷漆时才会混合罩面漆和催化剂，所以只会把要用于木材上的罩面漆催化。我不用再手工混料，也不会产生浪费，而且喷枪上没有储料仓，体积更小，更轻便，更好操作。"听起来不错。"多少钱？"他低下头。"不知道。"我让他去问问价格。

第二天，他又找到我说："我问过混料泵公司的销售代表了，每台泵大约 1 万美元，我们需要两台，一台做表面保护层，一台做罩面，总共要 2 万美元。就这些了。"他正准备往回走，我喊住他："你每天手工混料要多长时间？"他说估计得有 2 ～ 3 小时。"混多少罩面漆？这些罩面漆值多少钱？"2 ～ 5 加仑[①]，1 加仑是 135 美元。"扔掉的有多少？"一半。"每天浪费 2 加仑就是 270 美元。3 个小时，不，保守一点计算，2 个小时的混料时间，我给你的时薪是 85 美元，那就是 170 美元。我们每天浪费 440 美元，一年算 220 个工作日，就是 96800 美元。买了这些混料泵，3 个月就能回本。"他提出一个切中要害的问题："你有 2 万美元吗？"我没有，但我可以每月支付 600 美元，分 3 年付清 2 万美元。我让他去拿来正式报价，他蹦蹦跳跳着去了。

几个月后，我看着他给一块大桌面喷漆。他穿着防护服，戴着呼吸面罩，喷枪伸到一臂之外，随着他的动作前后缓慢移动。喷好之后，他过来问我有什么事。没事，我告诉他。"我就看看。你做得太棒了。"

他笑着接受了夸奖，然后也夸了我："那个，你说让我去买泵那会儿，我还有点不敢相信。以前那些老板连花 5 美元买新设备都不肯，更别说花 2 万美元了。"我思考了一下："以前也没有员工让我花 2 万美元去买设备。"这是实话。我经常见到木工把时间浪费在摆弄半坏的工具上，买新的也还不到 100 美元。"需要买新的就告诉我一声，"我诚恳地说道，"我很乐意为这种东西花钱。你浪费在倒腾那东西上的时间够买一台新的了，更何况还事倍功半。"

威尔笑着说："嗯，我上一个老板就是那样的人。"我说他的上一家公司已经破产了，他哈哈一笑："好吧，咱们公司可不一样。"借他吉言！

---

① 1 加仑（美）≈3.79 升，1 加仑（英）≈4.55 升。——编者注

威尔独自做了一年喷漆工作，每周加班 15 ～ 20 小时，后来他告诉我，他有个做喷漆的朋友正打算换工作。可不可以告诉朋友让他联系我？我心想，为什么不可以？威尔看人很准，知道我需要什么样的工人，于是我就这么聘用了戴夫·福华里。他的手艺跟威尔一样好得不得了。

戴夫·福华里上手之后，威尔问我他能不能去车间做些实际的木工活。我说可以，只要史蒂夫·马图林能给他安排活计就行。这个问题不难，史蒂夫立刻安排他去解决最棘手的生产问题。解雇爱德华多之后，史蒂夫安排威尔·克里格去制作办公桌底座，让我颇有些惊讶。底座比桌面好做，这不是屈才吗？再转念一想，爱德华多的工作台在车间的另一头，而且他的活经常出现误差，导致喷漆不顺，也许史蒂夫觉得安排手艺最好的工人去做底座，就能解决误差问题，也省得他在车间里来回跑。车间经理是省事了，却有些埋汰威尔了，不过威尔毫无怨言。他把东西搬到爱德华多的工具台，开始了工作。一周之内，精良的底座很快组装完成，时间比爱德华多少了一半。之后不久，威尔设计并制作了液压夹具，进一步提高了生产速度。

跟威尔聊天让我的心情略微好转了些。他总是在思考如何改善工作，而且喜欢征求我的想法。他让我明白，我的员工是真心想留在这里工作，否则他们早就弃我而去了。

第二天，我一大早就起床参加我们的第一次销售培训课程。丹、尼克、埃玛和我共有 8 节课，每节课都针对桑德勒销售法的一个方面。来听课的不止我们几个，左边是某家健身馆的一群绿衣壮汉，右边是某家管道公司的一群红衣员工，其他人的服装各异，有商务风格的，也有穿背心短裤的。四分之一的听课人员是女性。我年纪最大，比所有人都年长至少 20 岁。唯一的老板？难说，但估计差不多了。

上午 7:30，讲师到场。我原本以为还是鲍勃·瓦克斯授课，但我想错了。新讲师身材粗短，头发微秃，他介绍说自己叫罗伯特·辛顿。和鲍勃·瓦克斯一样，他也很精神。罗伯特大致讲了一下他是怎么进入销售行业的：穷苦人家的孩子，生活的社区脏乱差，一步步打拼到现在的位置。

辛顿从一开始就吸引了大家的注意力。他让我们逐个自我介绍，说出来这里的原因。众人的销售情况各不相同：有些想留住主动上门的客户，比如健身馆的那帮人；管道公司销售人员则需要说服客户做维修或维护；有些人每天就全靠打推销电话——这是最难的销售方式了；还有我们——不需要寻找客户，但必须让客户了解复杂的销售流程，才能拿下订单。让人惊讶的是，仅仅几句话，有些学员就给人一种愉悦感和趣味感，有些就给人一种无趣感，叫人恨不得离他们远远的。大多数人介于二者之间——既不让人反感，也没有明显的魅力。

自我介绍完毕，辛顿开始了第一节课。他问道："所有客户的共同点是什么？"一片静寂。过了一会儿，健身馆的一个人说道："他们都需要某种东西？"辛顿摇了摇头。"谁再来说说？"辛顿转身在白板上写下四个大号大写字母：P.A.I.N。"痛苦 (pain)！他们都遇到了问题，这个问题困扰着他们。这个问题可以是需要某种东西，但往往不是这么回事。毕竟，有时候你和客户开始对话之前，他们根本不知道存在你所出售的东西，却还是买下来了。是什么促使他们改变了想法？他们连自己是否有需要都不知道，但他们身处痛苦之中。你，"——他在屋里指了一圈——"你，还有你，还有后边的那个，你找到了，找到了他们的痛苦之源。你花时间去认识他们，略微探究，找出了问题所在。"他用了大半个小时展开阐释这个主题，我们听得津津有味。他走来走去，指来指去，在白板上写字，提出问题，说笑话，讲故事——通常跟他犯的错有关。

他不断强调一个重点：弄明白对方的身份，了解对方在决策机制里的地位，因为这决定了他们的痛苦层次。老板的痛苦是要做成买卖，但负责基础工作的执行助理有着不一样的痛苦：老板。她要跟老板紧密共事许多年，那我们就要想办法让她在老板面前显得优秀称职。规模中等的公司客户看重的是名声，所以她要选择一家名声好的公司，证明其他公司也做出了同样的选择。她采购来的东西要非常非常好用，以免出现问题的时候被人指责。在开车回办公室的路上，我一直在思考辛顿所说的话。痛苦，多么明显的问题，我们怎么就没往这个方向去想呢？

丹和尼克回来之后，我们谈了谈痛苦这个话题。他们也有种醍醐灌顶的感觉。尼克谈到了"品牌优势"公司一位名叫金尼的客户，她似乎就有很多痛苦。她要我们设计一张大尺寸 U 形办公桌，长 10 英尺，宽 10 英尺，不使用的时候能折叠起来推走。她需要 30 张，每张的预算只有 1500 美元，而且一定要在 9 月 1 日交付。

然而尼克随后提出的问题都没有得到回复，她多次提到办公桌上要有"品牌"，却从未说过到底是什么。另外还有预算的问题。我们的折叠桌腿套装特别适合这个业务，但她所给定的尺寸太大，单块桌面是不行的，应当是各自带有桌腿的 3 张办公桌拼成 U 形，可是桌腿套件的价格加上 3 块桌面的生产成本总共要 2100 美元。他陷入了两难境地。我说可以试试把尺寸减到 9 英尺 ×9 英尺，用两块桌面拼成 U 形，每块桌面只需从一张 5 英尺 ×10 英尺的面板切割出来，同时配两套桌腿——每套 275 美元——剩下的那点钱刚够人工费，运费就挤不出来了，但我们还能怎么办？

尼克开始着手设计 3D 模型。他预约了金尼在下午 4 点钟打电话，想用 Glance 向她展示模型。我问他对于她的痛苦有什么看法。他回答道："她让我很痛苦。她的邮件内容让我一头雾水。我一直要求她解释'品牌'是什么，她完全不理睬。预算也成问题，时间也成问题。如果要 9 月份装运，我们现在就得开始动工。"痛苦还挺多啊。"她能拍板吗？"尼克不太确定。我们感觉可能性很小，因为她连自己想要什么都说不清楚。根据我们的经验，有决策权的人往往非常明白自己想要什么。

"要这种办公桌的其他人怎么说？"有 3 个家具经销商向我们询问 10 英尺 ×10 英尺的折叠滚轮 U 形办公桌的价格，但他们提供的细节比金尼还少。看得出来，他们是想给"品牌优势"供货，因为这个设计实在太独特了。金尼肯定给他们打过电话，而他们也不知道怎么做，于是就找到了我们。

金尼进退维谷。留给她下订单的时间所剩无几，而她联系的那些人又做不了。我告诉尼克："我觉得我们可以逼她往前推进。能不能让她老板参与进来？不如你马上联系她，看看她能不能让她老板拿主意？"他打电话给金尼，说要确认下午的电话预约，而且时间紧迫，她到底能不能拍板。她说这需要老板的授权。

尼克问老板能不能参与电话会议。他听了一会儿，然后汇报说："她说她会尽力试一下。我感觉她很不高兴。"

再次打电话给金尼的时候，她的老板莫妮卡居然也在。我们用 Glance 向她们展示了两块式 U 形办公桌模型，还演示了如何折叠和移动。扣除运费，每套办公桌要 1377 美元。若是在一个月前，我会发给她一份计划书，确认所有细节，然后坐观其变，但现在没时间了，于是我提出了一个大胆的问题："这个业务你确定要做吗？如果星期五之前没下订单的话，我们就没办法按时完工了。"莫妮卡无视我的问题，只问我能不能先做一套，运给她看看。我觉得可以，关键是谁来承担费用。我说出了疑问，她说她可以按 1377 美元的报价支付。我对此有点不大乐意。像这样的业务，大部分成本源于设计和建模，无论生产一张还是一百万张，区别并不大。报价 1377 美元的前提是生产 30 套，所有的设计费用都分摊到里面了。即便如此，要想挣钱，还必须保证车间生产万无一失。我开始讨价还价："这样吧，你订购一张，支付设计费，看中了再订购剩下的，设计费用可以通过赊账抵消，你看如何？"

她说她得想想。我穷追不舍："考虑的时间不多了。现在已经是 7 月中旬，你想在 9 月 1 日拿到货。我们很想做这个业务，但也需要时间才能做完。"她问我第一张办公桌加设计费要多少钱。尼克和我核算了一下成本：5466 美元。她说要跟老板汇报一下。尼克和我面面相觑：她也有上司？我们以为她就是老板呢。她继续说道：发一份 5466 美元的正式报价单，她会尽快做出决定。

第二天，我第一次尝试使用 Glance 给休斯敦某家会计公司的两个买家做演示。他们要在多个城市设立新办公室，老板想全部配备一模一样的会议室办公桌。这个订单量可不少啊。

我们用 Glance 全方位浏览了我的设计，他们非常心动。这可比静态文件提供的信息多了太多了。然而我却觉得有点古怪，因为我看不到他们的表情，没办法判断什么时候该说话，也不知道他们什么时候会提问题，而且这个软件本身就让人精神紧绷：实时演示随时都可能出错——不知道某个具体问题的答案，报错了数据，或者在错误的时间点咳嗽或打嗝。我的声音令人愉悦还是惹人烦躁不安？我讲得引人入胜还是枯燥乏味？该不该搞点幽默？这种体验跟发送书面计划书有着天壤之别。

大部分信息依靠视觉传达，但在我操控模型的时候，谁也不说话的那种感觉非常不舒服。我们习惯了一边播放图片一边不断对话，一旦不说话就显得外行。我真的需要找个棒球解说员或者没什么事也能说个不停的专家讨教一番，但是真的有这个必要吗？也许在这种时候，沉默恰如其分。我们用 Glance 演示的次数太少，还没有找到感觉罢了。

这次通话没有敲定，但他们对我所做的努力表示感谢，然后确定一个月内再次联系。我觉得我做得还行，可惜没能直接拿下订单。

星期日那天，在旧金山待了一个月的彼得打来电话。他的工作进展顺利，他为公司编写了可以接受 PayPal 付款的代码，老板对他大加赞许。"你自己做饭了吗？吃得好不好？"我的担心是多余的——他们公司提供一日三餐，公司的冰箱里塞满了各种零食，每天晚上都请他吃大餐。"你晚饭的时候还在公司啊？"原来旧金山的这家网络公司上午 10 点上班，深夜才下班，有时候甚至要工作一整夜。大家都有工资拿，所以管理层鼓励所有员工全时刻工作。我觉得有点吓人，但对彼得来说，这就像喝凉水一样自然。我们聊了大概 45 分钟，他一再保证一切都好，然后挂断了电话。我不舍得挂断，我太想念他了。

在星期一例会上，我仍旧没什么好消息向大家通报的。7 月份前两周的销售额只有 42648 美元，询价数量比上个月略有增加，但老板级的人一个没有，每次交易都饱经周折。现金仍在减少，进账 17086 美元，支出 26188 美元，我手头剩下 76101 美元。预期现金收入是 67707 美元，多亏了那张大号办公桌订单，这个金额略有提高，但下周的工资和信用卡账单要花去将近 6.5 万美元，我将只剩下仅够维持数天的运营资金。待完成订单量一如既往地接近于零——两周半。我没提裁人这回事，可人人都知道为期不远了。

我回到自己的私人办公室。销售方面没什么大事，客户的几封邮件很快就处理完毕。我现在该做些什么？迪拜那边没有传来大油罐业务的任何消息。欧式家具呢？我什么时候才能见到他们承诺的大批订单？也许我应该催促一下，请他们过来，吃顿饭，喝喝酒，看看后续会有什么进展。我给奈杰尔和米洛什发了一封邮件，不到一个小时，他们就回复了：好啊，乐意登门拜访。我打电话给奈杰尔，把会面日期确定在 23 日。

接下来形势有了一些转机。"品牌优势"的莫妮卡的老板批准订购原型办公桌，她支付了全额 5466 美元。这一次的邮件里终于全是好消息：三笔尾款，总额为 7275 美元。到了下午 3 点钟，丹收到那家律师事务所——他在 5 月份给他们发过计划书——的消息，说可以开工了。这个业务价值 13884 美元，定金 6942 美元。丹高兴得手舞足蹈——这是他在近一个多月里拿下的第一个订单。我也很高兴。虽说月销售额仍然落后于目标，但这毕竟增加了现金储量。这一天下来，现金总量达到了 95784 美元。

星期二上午，我收上来等着明天拿工资的员工填写并签名的一堆工资单。自从 1988 年以来，我一直都在采用工资单，这将是第 601 次。公司老板在这个程序上动手脚省钱的办法有很多。由于提供薪水发放服务的沛齐公司参与其中，某些显眼的伎俩，比如逃工资税，是不能再用了，但可以更改医疗保险费用金额，省下大约 1000 美元。不过，无论公司财务状况多么差，我从来都没有那么做过。

我制作了 20 人的工资单。他们在过去两周的工时是 847 小时，每人大约 36 小时，其中 8 个小时为带薪休假。车间的几个工人休了无薪假——他们知道活不多了，待在家里可以延缓无事可做的那一天的到来。这在短期内能给我省下一点钱，但如果不把业务做完发运，我们就拿不到钱，而我又需要现金。上一次工资是 23014 美元，这一次应该也差不多。老会计帕姆告诉我，今天要支付的账单总额是 14130 美元，其中一半要付给材料供应商——木材和五金公司。金额较大的要属独立蓝十字架保险公司的 7595 美元，我恨死他们了——自从进入新世纪以来，他们每年都要把保险费用提高 10%～20%。有一份账单是我经常延期支付的，但三周之后，他们通常会发来一份注销通知。这个月快到期了，我只能支付。

账单和工资至少要耗掉 3.5 万美元现金，我将只剩下 6 万美元，可我还有两张信用卡要还。第一张是竞价推广的。今年年初的时候，每月的应还款金额在 1 万美元左右，本月则由于增加每日预算达到了 1.4 万美元。还款日期是 18 日，离现在只有两天了。那张信用卡的透支限额是 2.7 万美元，如果全部延期到下个月，很可能就要刷爆了。唉……

另外一张信用卡的应还款金额是 30330 美元，比平常略高，因为我向鲍勃·瓦克斯支付了 8500 美元定金。这张卡的限额是 6 万美元。竞价推广的信用卡最低还款额度是 280 美元，另一张卡的最低还款额度是 303 美元，如果只偿还最低额度，剩下的全部延期，短期内的现金还剩下 43747 美元，总比我一下子全部还清好得多。这能为公司争取两周的存活时间。我用这两张信用卡每花出去 1 美元，就能得到一个价值 1 美分的积分，目前谷歌竞价推广那张卡上有 45751 点积分，另一张卡上有 387017 点积分，总计 432768 点积分为我的现金总额增加了 4327.68 美元。

我打心底里对借钱持怀疑态度，但如果采购东西能让我挣钱，并且我确定自己有能力偿还的话，我也会破例。我不介意赊账购买混料泵，因为几乎立刻就回本了，但延期偿还信用卡只不过是延迟结算期。这不是投资，而是绝望之举，下个月的资金状况只会更差，要还的更多，之后怎么办？

你可能会说，为什么不找银行求助？他们不是一直贷款给公司吗？是，没错，但我这样成立已久却几乎不能盈利的公司，财务状况还在不断下滑，他们是不肯贷款的。银行只想得到一个结果，那就是连本带息把钱拿回来。他们只肯跟制定完善的偿付计划的公司合作，而且如果这个计划未能兑现，他们能得到许多抵押品。他们对拯救身陷旋涡的公司不感兴趣，而我显然就正处于这种境地。一切都乱了套，我这些年来苦苦挣扎却没有积累像样的现金储备，说明管理不善，销售业绩下滑说明市场营销做得不好。假如我在几周内就可能关门大吉的前提下衣着光鲜地跑去银行，只能证明我个人判断力严重不足。

回想 2003 年，合伙人入股公司，在他的一再坚持下，我们办了信用卡。他打电话给为他的前几个公司贷款的银行，我们在一周内就拿到了 10 万美元贷款。那时候只需以个人资产担保就行。他家财万贯，我有房子做抵押，但在一年之内，那笔贷款就花得一干二净，直到 2008 年秋季才还清。之后，合伙人未经我的同意，拿走了所有运行资金，注销了那个账户——他担心我们会拖欠贷款，不愿意自己的信用评级受到影响。那一次经历和随后的种种体验使得我不愿意从银行借钱。即便有人肯借钱给我，也是以抵押我的个人资产为前提。假如公司真的关门大吉，我还想留着自己的房子。

我决定全额付清竞价推广账户上应偿还的 1.4 万美元，部分偿还另一张信用卡。我准备兑付 40 万点积分，再从运营资金里挪出来 2500 美元，相当于只借了23830 美元。12.99% 的利息不算太高，第一个月只有 258 美元。我比较担心的是偿付本金，但如果现金耗尽，我想偿付也做不到，所以尽量延长公司生存的时间是我最好的出路。

星期四上午，销售团队再次来到培训教室。鲍勃在讲自我管理。正如他所说，一些特定的个人习惯带来了销售上的成功。第一个就是坚持不懈。每个销售员都会饱经挫折，可能失败的比例较大，比如我们跟客户做成交易的比例是25%，也可能几乎次次失败，就像旁边那些拨出去一二百个电话只能做成一两笔交易的苦孩子。鲍勃告诉我们，绝不能妄自菲薄，这是常有的事，要克服这种情绪。接着他给我们讲了几种技巧，首先要以具体事物去设想成功——想想你心心念念的那辆车，想想你心心念念的休假。他建议我们买一个日记本，把期望得到的东西用杂志剪纸贴上去。我们应当每天翻一翻，告诉自己，打完下一通电话，写出下一封邮件，发出下一份计划书，就会离自己的目标更近一步。

我哑口无言。我不需要通过开奔驰或去非洲度假证明我取得了成功，但鲍勃的话让我陷入对成功的思考。成功对我意味着什么？我到底想要得到什么？第一是治好亨利，但这不现实。其他的呢？家庭生活和和美美，生意虽然挣不了多少钱，但至少我经营了 26 年，做出了不少好产品。我几乎再没别的追求了。

如果不需要再担心钱的问题，那我就真的满足了。我厌倦了紧绷着的感觉——处处掣肘，心永远吊在嗓子眼里。我整夜辗转难眠，午饭后又强撑着不睡。我知道手握大笔现金的感觉有多么美好，今年年初我就体验过。当时我以为自己终于找到了门路，可现在我的自信心消失得无影无踪，回到了过去 5 年焦虑不安的状态。要得到多少钱才能让我满足？我的心理预期是多少？我该在自己的成功日记里贴些什么？也许是 15 万美元存款和源源不断的业务。公司要欣欣向荣，要有上升趋势，而不是奄奄一息。

我渴望成功吗？所有人都渴望成功吗？不一定。比我不幸的人太多了，有些人在索马里忍饥挨饿，邻居们没有像卢旺达人一样谋杀自己的邻居，我们全家不用担心纳粹来袭，把我们送往毒气室。我离最糟糕的生活还差几百万里，我没有权利抱怨任何事情。

我瞥了一眼左边的一个健身馆销售员。他在本子上写了"雪佛兰卡玛洛"，还加了两条下划线。这个场景把我拉回了现实，即便我没有被投入奥斯维辛集中营的生命危险，并不代表我必须接受失败。我的工人和他们的家庭全靠我过日子，那么我的目标就是支付他们的工资，自己赚点钱，把公司带入正轨。我要仔细聆听鲍勃的教诲。

20 日星期五当天，我们拿下了三个小业务，当月销售额上升到 73468 美元。销售业绩依然很差，但还有 7 个工作日，我们已经超过了整个 6 月的销售额。询价数量也略有提高，共有 16 个电话询价和邮件询价，只是还没有人确定要下订单。

工资支付完毕，信用卡账单偿还了，医疗保险费付了，供应款也付了，这个星期总支出 54307 美元。幸运的是，我在星期三和星期四又收到了 7 笔总额为 21994 美元的款项，过去 5 天的总收入达到 41627 美元，所以净支出 12680 美元，还剩下 63420 美元，差不多够维持两周。

星期一早上，我感到一丝宽慰。整个周末我都在忧虑中度过，几个负面想法一直在我的脑海中循环：现金、辞人和失败。现在到了工作日，至少我有事情可做了，而且欧式家具的人今天要来吃午饭，够我忙上几个小时了。

我在 7:30 走进车间。车间里保持着近期的乱糟糟状态。我告诉史蒂夫·马图林今天上午有客到访，需要打扫一下。他一如往常地什么话都没说，但在回办公室的路上，我看见他手里拿着扫帚，把车间工人都聚到了一起。我在例会上公布了上周的销售数据，还说了说现金储备量，但没告诉他们我延期偿还信用卡才剩下这么多钱。

欧式家具的人在 11:30 到达，我隔着窗户看见奈杰尔、米洛什和杰夫从一辆黑色宝马轿车上下来。他们上一次到访还是一年多以前的事情了，我希望他们别注意到这次的员工人数减少了。这一次一定要顺利，他们的追加订单可是现在的救命稻草。

上周谈话的时候，奈杰尔说欧式家具正考虑在美国另行开设一家组装桌椅的工厂。我们公司还有许多空地，而且如果由我们来做桌面，组装办公桌也会更加便捷，我的业务和收入会更多，但由于缺少德国工厂使用的组装夹具，我不确定我们的成本能否像他们那样低。然而这事暂时先不考虑吧，我换上一副笑脸："我们在车间里大概走一遍吧，我想让你们看看这里的情况。"

我首先带他们看了那张大学定制的大号办公桌。场面很震撼，底座已经组装完毕，工人们正在安装顶部面板。桌面正中央有个错综复杂的图形，用激光切割的字母和图片拼接而成。欧式家具的人礼貌地"啊""哦"了几下。紧接着，我带他们去看了货梯旁边的地方，这 5000 平方英尺的空间特别适合作为组装区。可到了那里之后，我发现这块区域让人看着很不顺眼。东西摆得到处都是，光线不足，有的灯泡不亮，有的灯泡灯光闪烁不定。我努力让他们忽视那堆废物，但这绝对比不上欧式家具的工厂。

参观结束后，我带他们去公司同一条街上的小鸡酒吧烤肉店。欧式家具的人特别喜欢这里——分量足，环境好，跟他们常去的市中心餐馆相比，尤其显得大方不做作。我们喝了几瓶啤酒，拉了拉家常，接着我问奈杰尔桌面订单的状况如何，我们能不能把组装业务也拿下来。气氛立刻变了样，他的表情从"正常人类"转变成了"公事公办"。他开始不断地避重就轻，说要由总部做决定，他们会评估各种方案，考虑各种因素，确保每一个决定都要全面而审慎等。

我不甘心被人搪塞。"得了吧，奈杰尔。你就不能替我说句好话吗？我们地方够大，离你们的市场也近。你就不能帮帮我吗？"他的表情从"公事公办"变成了"近乎惊惧"。他想说不行，可他的性格又让他不能直接拒绝。他又扯了一通，那感觉就像采访政客一样。

我们从餐馆步行回到公司。大家都一言不发，欧式家具的人在手机上戳来戳去，我怒火中烧。到了他们的车前，我们礼貌地道了别。上楼梯的过程中，我一直在反思这次会面。看来除了目前这些零零星星的业务之外，他们是不肯给别的了。

回到销售办公室，尼克笑意盈盈地说："搞定一个！"这是华盛顿特区某家律师事务所下的订单，价值 12221 美元。好消息接连不断，第二天我跟旧金山的某家对冲基金公司进行了电话会议，我找出我们准备好的模型，打开 Glance，一番讲解之后，对方通过信用卡付了款。8134 美元到手，本月销售额达到了 93823 美元。

星期四的销售培训课程内容是"免费咨询"，由鲍勃·瓦克斯讲授。他说道，买家遇到了问题，生活中或公司里的某件事不够理想，他们需要通过购买来改善现状，为此才找到卖家。他们说："我遇到了一个问题，你会怎么帮我解决它？"听起来有些耳熟。这正是我们做生意的流程：等待咨询，向潜在客户提出一些问题，再给出解决方案。

鲍勃接着讲述了之后如何进行。由于买家的层级不同，结果也不尽相同。如果买家是老板，那就给出全面的计划，这位老板级买家会根据你提供的信息迅速做出决定。这也跟我做销售和买东西的体验相契合。直接给老板发送计划书并不是坏事，鲍勃接着说道，但如果对方是身处大公司的中等买家，其唯一的职责就是评估卖家并做出采购决策，那问题就严重了，因为他们不着急做决定，并且他们对于成功采购的标准与老板级的买家截然不同。

老板级买家不会锱铢必较，但中等买家会斤斤计较；老板级买家想早点买完结束，中等买家则想尽量拖延。后者靠整天做同一件事向领导展示其敬业态度和审慎精神，喜欢同时接触多个卖家，拿着卖家带有丰富而详实的信息和报价的计划书，让这些卖家互相竞争。如果卖家在第一轮激烈竞争里表现积极，中等买家会提出修订，然后是反复修订。何乐而不为呢？倒霉的卖家迫切地取悦买家，不断进行修订，每次修订之后，买家又有了新的选择，又可以在老板询问项目进展的时候展示他们有多么努力。

精明的中等买家夸赞每一个卖家的计划书，承诺很快就会下订单，再让步一下就会大有作用。他们可能会把一个卖家的最佳构思透露给他比较看中的另一个卖家，也可能按兵不动。也许这个业务从来没那么重要，也许老板看了那么多方案之后就直接取消了这个项目。突然之间，中等买家消失得无影无踪，他们不再接电话或回复邮件，或者只发一句简短的通知了事："我们决定再想别的办法，谢谢你的辛勤付出。再见！"

尼克向我扬了扬眉：咱们被这样玩过好多次了吧。丹递给我一张纸条："加利福尼亚州卡利重工业公司。"没错，还有尼克的空军基地业务，还有那个要尼克做了 23 份计划书后永远消失的凯泽家庭基金会。

说完问题之后，鲍勃开始谈论解决方案。首先要弄清楚对方的身份。遇到这种情况，就要根据客户在公司的等级来制定策略。跟你直接打交道的是决策者吗？其 DISC 性格是不是"支配"？如果是这样，那就提供他们需要的信息。如果打交道的是大公司里的中等级别人员，任务就艰巨多了。要逗弄他们，只提供足够表明你们就是最适合这个业务的公司的信息，不要泄露重要信息。你们可以对客户说任何东西，用各种案例说明你们如何为其他客户解决问题，也可以通过罗列作为你们客户的那些重要公司来展示自己的信誉，但是永远不要交出能够解决客户问题的具体方案和书面计划书，永远不要给中等买家提供能让他转交给其他人的任何东西，一旦他转交给别人，你们就被晾在一边了。

鲍勃告诉我们，只有在确定交易后才能提供具体的解决方案，比如切实的、不可变更的决定，比如采购订单或定金，把他们拴住，再提供他们所需要的一切，甚至超出他们所需要的一切，让对方明白选择你们公司是多么明智，而且要确保你们真正有这个实力。之后再索取推荐信和介绍信，这些能让你避开以后的中等买家。

第二天，丹、尼克和我愁眉苦脸地回顾了遇到这种情况时被人当作傻瓜一样摆弄的所有经历，然后开始策划以后的应对方法。丹给马里兰州的某家大型计算机公司发过一份计划书，现在对方要求修订。他正准备发送修订版，我们决定不给她完整的计划书，只用 Glance 向她展示重要方面。她想知道的内容我们都会告诉她，但在她确定我们为优先供应商之前，我们绝不会提供书面的东西。这个客户的截止日期快要临近，新办公楼建设已经启动，迁入时间也已确定。她曾说她喜欢我们的产品，打算与我们合作，现在我们要证实一下她是不是在说空话蒙人。

丹在星期五又拿到一个价值约为 1 万美元的订单。这个买家在 3 月份联系我们，想要定制一张 12 英尺的办公桌。丹发了一份计划书，定价 10940 美元，结果音讯全无。现在这人来讨价还价：1 万美元，今天就下订单。丹问我行不行，我说："当然行啊！来者不拒。"利润率已经被我们抛之脑后了。本月销售总额是103823 美元，太惨了。三周过去，月销售额目标才刚刚过半，唯一的安慰是销售额比上月好了一点。本周的询价数量还可以，共有 16 个电话和邮件询价，与上周持平。7 月份第一周的询价数量是 17 个，达到了 1 月份的平均数，而且比第二季度好了很多——从 4 月 1 日到 7 月 1 日，每周的平均询价数量少于 12 个。重新架构竞价推广起了作用？也许，可能，不，只是也许，这些询价里有很多来自推荐和续订，而非源于竞价推广。询价数量增多似乎只是随机变化。

本周不需要支付工资，本月其他的所有大额账单都已经偿付，所以仅支出了4148 美元。车间运营依旧每天消耗将近 7000 美元，但这些账单随后才会到期，而且即便进账只有 19748 美元，现金量仍然增加了。到星期一那天，我的账户里将会有 79021 美元，足够维持两个星期以上了。

周末转瞬即逝，这是亨利下星期三回来之前的最后一个周末了。在整个 8 月份和 9 月份的前两天，他都会和我们待在一起。他前三周会去一个日间夏令营，之后就没别的活动了。我脑子里不断想起中东之旅，自从答应发送纸质产品目录之后已经过去了差不多两个月，我还什么都没做。每次想到这个事情，我对于花钱构建此类关系的欲望就会消失，能够掌控长期高价项目的自信心也烟消云散。何况一旦花大把时间设计和印刷产品目录，我就会忽略其他更有潜力的业务。我不想把钱浪费在回报遥不可及的宣传册上，再加上从鲍勃·瓦克斯那里学来的经验，放弃这个做法的理由更加充分了。我担心鲍勃建议的方式在中东客户身上行不通，而且由于时差太大，通过 Glance 召开电话会议几乎无法实现。

我决定彻底放下这件事。我对自己说，科威特和迪拜的人绝不会为此烦心，他们当时无视我的存在，以后定然不会怀念我。然而，我内心深处依然有些顾虑。无论潜在的业务多么渺茫，决绝地放弃对我来说还是很难的。

在星期一例会上，我说我们的情况比以往略有好转。现金多了，询价数量上去了，做了几单业务，待完成工作量还有 3 周，没有人辞职。在这一天剩下的时间里，电话不断，邮件来来往往，客户陡然间增多。到下午 4 点钟，我已经谈了4 个潜在客户，并且把他们指派给了丹和尼克。三个准备下订单的客户也给了回复。第一个客户是纽约市皇后区电子产品商店老板，这几周我都在用新的销售方法跟他联系。他订购了一张价值 11650 美元的塞缝石办公桌。第二个是尼克的客户，这位密西西比州室内设计师想为一所大型大学提供一张办公桌。尼克在 3 月份给她发了一份详细的计划书，自那以后，她就不断要求提供样品、图纸、更多样品和更详细的图纸。在整个春季期间，我们都逆来顺受地遵从了她的要求。上周，她要求我们提供一整套工程图样，再三保证说客户已经开始施工，很快就会下订单，只是需要知道楼层钻孔图。免费咨询到此为止！尼克委婉地告诉她，拿不到订单就没办法提供这些图纸。我们对于这个做法充满了不安，这实在是太激进了。结果呢，她拿出了 28 英尺长的办公桌的订单，27620 美元入账。后来我们又接到三个急于交付办公桌的中等买家的电话，我们采用了新的销售方法，他们谁也没有反对。他们不知道我们应对潜在买家的方式已经彻底转变了。

午饭后，当地一所私立学校的校长登门拜访，想为他的办公室定制一张办公桌。他想要一张 6 英尺的圆形办公桌，可我们手头没有。慢着，我想起来欧式家具的那张原型办公桌。我把它拉出来组装好，他被它的组装方式折服了。他只有1800 美元，但这张办公桌放在仓库里挣不到一分钱，我告诉他这张办公桌值多少钱，就按他现有的钱卖给他了。他非常开心。让欧式家具惊慌失措的那些所谓的瑕疵？他觉得不是问题。我深感知音难觅，那张办公桌就是没问题嘛。

第二天是 7 月的最后一天，我在上午 7:30 见到了鲍勃。他的办公室干净整洁，一眼看去全是销售类书籍、顶级销售员奖状和墙上贴着的激励海报。我心情很好。昨天的订单把本月总销售额拉到了 144893 美元，其中两个客户支付了定金，我们还拿到了几笔尾款，总计 28062 美元。现在银行账户余额是 107083 美元，足够今天支付工资和未来几周的运营。自本月初以来，询价数量一直保持稳定，而且多亏了 Glance 和培训课程，我们转变了应对询价的方式。"谢谢你，鲍勃，"我最后说道，"你真是帮了大忙。"

他说："哦，那就好。我很高兴你们的状况有了好转，我就知道会这样。但是要做的事情还有很多，这才刚刚开始。"接着他问了我几个问题。现有的潜在客户有多少？如果每一个订单都能拿下，会有多少收入？这些客户都是什么人？能否确定老板级、助理级或低等级客户的人数？有没有对他们进行质量评分，以便确定主攻方向？有没有跟丹和尼克召开定期销售会议？有没有监督他们的所有电话会话？会话结束后情况如何？他们心情如何？他们是乐于采用新方法，还是只是奉命行事？

对于上述大多数问题，我只能给出简单的否定回答，但最后一个问题引起了我的思考。尼克似乎比以前更上心了，因为新方法对他来说更顺手。首先尝试 Glance 的是他，而且他擅长电话会话。丹似乎因为应对客户时没有既定流程而显得有些慌乱。以前我们都用同一种方式应对所有询价者，现在的流程变得灵活了。我们必须在会话过程中判断哪些内容可以展示以及哪些内容不能告知对方。我把这个情况说给鲍勃，还提到在 6 月末停掉了他们的佣金。

"等一下，"他说，"你为什么要停掉？"我说明了资金状况，还有那份评估报告强调我不追究销售人员的失败。停掉佣金似乎能给他们施加一些压力。"管用吗？"不好说，至少效果没有那么立竿见影。他们在停掉佣金之后一周内的销售业绩很差，但以其他事情作为参考，现在似乎能看出一点苗头了。"你省下了多少钱？"至少几千美元。"你知道为此丢掉了多少业务吗？"我不知道。6 月份距目标少了 14 万美元，7 月份还差 6 万美元，我坦诚说我不确定销售业绩下滑是不是他们的错，这可能是竞价推广的缘故。

"如果不是他们的错，之后也没有立刻开始疯狂地推销，那你为什么还要停掉佣金？"我说我几个月前就停了自己的工资，不想再一个人承受这份痛苦。他对我的这个说法不以为然。"你这么做根本没有道理。在我看来，他们完全按照你的方法去做了，却受到了惩罚。这在接下来的几个月里对我们有弊无利。你以为所有问题都解决了，成功在望。你错了。他们距离高效销售还有很长的路要走，以后的挑战会让他们碰得灰头土脸。你需要他们全身心投入，之后给予奖励。相比他们全力销售所带来的业绩，你省下的那点钱微不足道。如果他们采用了新方法，而且业绩提高了，那就把佣金还给他们。"

我为自己的愚蠢羞愧难当，但鲍勃的批评还没完。我对客户了解过少，这是绝对不行的。一旦业务增加，就会出现混乱，再者，如果没有掌握客户的更多信息，我就无法掌控销售流程。他告诉我，我需要制定一个客户关系管理体系，而且是越早越好。培训时间结束，我有太多东西需要反思了。

回到办公室，我的第一个任务就是支付工资。要不要立刻把鲍勃的建议付诸实施，重新启用佣金制度？自从上次发工资之后，我们的进账达到了 100862 美元，2% 的佣金是 2017 美元，差不多够支付鲍勃一个月的服务费用了。决定权在我手中，我可以选择支付佣金，也可以选择不支付。我决定再等两周。到那时候，形势可能会更好一点，支付佣金也就理所当然，但如果形势变得糟糕，我还要留着那笔钱。

"品牌优势"的原型办公桌已经在车间里做好了。这个设计并不复杂，我们只需用一块预覆膜碎木板切出桌面，再贴上封边即可。因为客户的预算所限，这个成品不太华丽。我站在两张办公桌前——左右各一张 J 形办公桌，把它们拼成巨大的 U 形。

桌腿的位置能保证桌面沿旋转方向保持平衡，防止桌面在卡锁打开之后从水平骤然变成垂直。我操作了一下，非常顺利，可我还是有点不安。每张桌面都超出了桌腿的最大承重，桌面放平的时候不成问题，但在垂直折叠状态下，桌面的全部重量都施加在 8 个小螺栓上，使之看起来有些不牢靠。

然而我们制作原型的目的就在于此。最好的解决办法是用三块桌面拼成 U

形，但那样会超出预算。我让鲍勃把这一套发往"品牌优势"，由他们决定这样行不行。我还说要运送组装完毕的，做些支架放在折叠好的办公桌下面，以便在运输过程中支撑桌面重量。

今天是 7 月份的最后一天，我拿到了当月最终的生产和发运数据。完成业务总值 115337 美元，这个较低的数据表明过去三个月订单较少；发运业务总值 141659 美元，略高于完成业务总值。会计告诉我，只要每月发运总额超出支出总额，我就有利润产生。我在 7 月份达到了这个目标，主要是因为我特别留意控制现金流。这个月仅支出了 141557 美元。从理论上来说，我的利润是 102 美元。然而现金储量依然在持续减少。7 月份的进账是 126489 美元，支出是 141557 美元，现金减少了 15068 美元。若不是延迟偿还信用卡，现金状况会更糟糕。总而言之，等明天进入 8 月份，我的账户上将会剩下 82942 美元。

第 8 章

8 月：翻身仗

日期：

2012 年 8 月 1 日，星期三

初始银行余额：

$82941.70

相对于年初现金差额（现金净额）：

−$54212.61

年初至今新合同金额：

$1010615.00

再见，7 月。你好，8 月，万祈多福。这天我给所有人（除了我自己）发放了工资，开始了这个月的第一天。完成这个任务之后，我去了亨利的学校。夏季课程已经结束，他将在家待到 9 月 1 日。和往常一样，我去接他的时候，他总是很开心。他真的是很喜欢坐在车上随着震耳欲聋的音乐摇摆。我把他交给南希，继续回去工作。南希仍然不肯带着他出门，不过他从明天开始就要参加为期三周的特殊需求孩童日间夏令营了。

本周的询价数量令人欣喜，到目前已经有了 15 个。华盛顿特区郊区的某家国防供应公司下了一个价值 13834 美元的大订单。自从去年 11 月份以来，他们一直压着我们的计划书，今天却突然发来了订单。

星期四，我随着亨利一早就醒了。他在黎明时醒来，非要听他最喜欢的披头士专辑，而且一定要把音量调到最大。南希和休在一片喧嚣中沉睡。趁着他认真听每首歌，随着节奏大声呼吸的时候，我做了早餐。听到不喜欢的第 14 首时，他把音响扔到房间的另一头，轰轰隆隆地下了楼。我给他拿来早餐，他安静地吃

完了。几分钟后，一辆厢式旅行车来到我家门前，把他接到了夏令营。呼！7 个小时的宁静时间。夏令营的人会在下午 4 点钟把他送回家。

我赶紧去参加销售培训课程。今天这节课让我提不起兴趣。罗伯特·辛顿讲的是开发客户，也就是如何寻找可能需要你的产品的人。我们不用开发客户，潜在买家会找到我们。我们没有资源去进行持续的客户开发，只能依赖谷歌。回到办公室，我开始考虑制定客户关系管理体系。鲍勃上周提出的质疑凸显出一个大问题：交易完成后的管理很完善，但缺乏拟写报价单之前的询价管理体系。我必须赶紧制定一个，以防错过某个潜在买家，同时不需要询问丹和尼克就能掌握他们的动向。我不想为此花太多钱，也不想弄得太复杂。不要买新软件，要并入我们的 FileMaker 数据库。为了节省开支和缩短学习时间，我决定亲自编程。

这种事情已经不是第一次了。在我这样的小公司里，老板要自行摸索出公司运营方式，设计一些掌控实际状况的体系。幸运的是，我觉得这个挑战挺有趣的。假如我只想着生产家具，那我肯定忙得不可开交，但公司也就不会发展壮大了。如果缺少合理的方法来处理信息，我们将会陷入混乱之中。

思考信息跟日常工作大不相同，难点在于利用数据想出描述现实状况的好方法，把公司描述与公司活动对应起来。作为老板，我的职责是掌控公司描述和公司活动，持续修改描述，使之符合现实。我的员工们做不了这个工作——他们只负责流程的一部分——唯独我能把控全局，决定记录什么以及如何记录。

我有两个信息体系。第一个是对车间状况、员工情绪、客户迫切程度的主观感受，这来源于观察和谈话。第二个是源于各个独立领域的客观、实际数据：QuickBooks 里的账目体系；FileMaker 里面的合同与产品体系；服务器上的邮件和客户文件夹；云存储的竞价推广数据。作为补充数据库的共享谷歌文档数据表也是来源之一。还有一些可以追溯到 1997 年的 Excel 表格，之后我才开始使用计算机处理文件（在公司设立 12 年后）。上述子系统互不连通，靠使用者传递它们之间的信息，整个公司里唯有我知道怎么整合它们。

整个体系既不完善也不合理，随着我使用软件的能力提高和计算环境发生的巨大变化，我一直凑合用了这么多年。回想 20 世纪 80 年代中期，我用的最复杂的设备就是计算器。之后的十多年里，我用 3×5 卡片和软木板记录所有业务，现在这些都被十几个不同的软件取代了。我的职责是评估这些软件，弄清楚如何应用，再教会我的员工，因为公司规模太小，资金太少，只能由我这个老板亲力亲为。

我从来不会摒弃有用的软件。我经常在原有软件上添加新的功能。多数旧版软件都有一两个比较突出的功能，没有必要用新的取代它，所以我就保留了下来。如果新的软件有别的功能，我也会采用，只是不知道这样做好不好，也不知道有没有人发明一个软件满足小规模定制家具公司的所有需求（想必没有）。万事万物的发展就是这样的，如果软件的功能符合我的需求，作用很大，那就继续用，没有人管着我不让用。

某些软件我掌握得很熟练，其他的则只知道皮毛，能做些简单的工作。我准备把新的销售追踪系统加入 FileMaker，而 FileMaker 就是一个谜。我们的数据库是合伙人的女儿萨沙编写的，她于 2003 年至 2009 年在我们公司工作。它十分精巧，对于我们的运营至关重要，我用了这么多年，却依然不知道它的运作机制。我对于改动它有些担忧。万一我在尝试添加功能的时候不经意地造成了破坏呢？那就惨了，所以我一点一点来。单单在谷歌上搜索从哪里入手和如何从使用模式改为修改模式就用了好几个小时。幸运的是，FileMaker 的设计本身就易于修改。一天下来，我做了几处简单的修改，比如字体颜色和文本框的位置。做完这些，这个程序仍可以在我的电脑上运行。我用丹和埃玛的电脑试了一下，发现我的更改通过网络传递出去了。太好了，一切尽在我的掌握之中，现在我可以着手制定客户关系管理体系了。

当天晚些时候，当我载着亨利沿费城绕第二圈的时候，彼得从旧金山打来电话。他有些紧张。"今天公司发生了一件怪事。老板把所有人召集到一起，说投资方觉得我们公司要不行了。"这就怪了，他们是出版电子书的，跟许多网络科技公司不一样，是实打实的创收模式。我问彼得："他们什么都没卖出去吗？"他说做成功的唯一一本书是激励创始人开设创业公司的《你的第一家创业公司就能挣钱》。真够讽刺的。收入增长趋于平缓，投资者便失去了兴趣。他们准备让所有人下岗，把网站运营调成自动模式，能收多少钱就收多少钱。今天上午有一半员工都被解聘了，剩下的立刻降薪30%，连医疗保险也不支付了。他们想让彼得再留几个月，确保网站运营正常。他已经从前六个星期的工资中攒下了2200美元，所以还能再撑一段时间。

接着他问道："他们从那么多人里选中我留下来，我是不是应该坚持到完成任务？"我在想，也许你应该回来。他的房租是月付的，所以随时都能走掉。我告诉他："首先，你不欠你老板任何东西。他没有信守承诺，你也别把自己的忠诚浪费在他身上。我觉得他们让你留下来是因为你能做那个活，而且最廉价。换作是我，我也会这么做。别管那些混蛋了。你想回家吗？"呃……不想。他喜欢做实打实的工作，何况又喜欢那座城市。他没说出口，但我觉得他是担心被打回孩子的原形，不想放弃新的成人生活。我提了个建议："你当初是怎么找到这个工作的？不管你用的什么办法，再试一次。现在就去，别犹豫。你首先要为自己着想。抖擞精神，再不行就回家。你学到了很多工作方面的经验，经历了问题老板带来的挫折，但你要记住，老爸支持你。不管你有什么需要，跟我说一声就行。"

8月6日，星期一。例会前在车间巡逻时，我看到史蒂夫·马图林站在一张准备送入喷漆间的办公桌前。桌面是火红色的樱桃木面板，封边是坚固的樱桃木，底座是桃花心木。慢着，我们以前从来没有用过这样的木材组合。这是不行的——乍看之下，两种木材没有什么区别，但二者的纹理不同，合用起来看着有些古怪。

我问史蒂夫这是怎么回事，他转身看着我，然后说道："图纸上就是这样。"是吗？我看了一下。最初的计划书里有一份办公桌模型图，上面清楚地标出了桌面和底座木材均为樱桃木，但下一页的切割列表和备注却写着桃花心木。

我知道这是怎么回事了。所有示意图都是设计师安迪·斯塔尔制作的，他经常重复使用以前项目的部分示意图，这完全可以理解，但他应当把所有文本中的木材种类更新替换一下。这一次，他没有更新。我估计他是急着把示意图发到车间，免得车间工人久等。

回想 1998 年，安迪刚开始做设计，我们每年只有 50 个项目。自那以后，项目数量翻了四番，我们添置了计算机数控车床，设计工作就更多了。这些全都是安迪一手操控，他还负责订购车间用的所有木材。让一个人做好这么多工作是不是不公平？也许是不公平了点，但安迪似乎能跟车间步调一致，特别是自从销售业绩下滑之后。我知道这种错误是难免的，而且我没把他的工作量当成问题，所以才没给他找帮手。

我问史蒂夫怎么没有早些发现问题，他耸耸肩。我努力压制自己的怒火。"你应该负起责任。你的职责是核对示意图，确保万无一失。安迪的工作很繁忙，肯定偶尔会出现错误，所以才要你复核示意图，发现问题，在投产之前解决问题。明白了吗？"他轻轻点了点头。我叫他用樱桃木再做一个底座——虽然示意图上不是这么写的。

我回到办公室，心里仍然憋着一团火。这个错误至少要耗费 1000 美元。我整理一下思绪，开始了例会。上周的数据终于全面开花。订单有三个，分别是国防供应公司、我接待的那家网络科技公司和一家银行，总金额为 48812 美元。我们针对后两家采用了新的销售方法，不用空等几个月就拿下了订单。询价数量也很多，总共有 22 个电话和邮件询价，老板级和公司级买家都有，是本年度目前为止最好的成果。除去工资支出，现金收入多于支出。月初余额 79021 美元，进账 39940 美元，支出 32040 美元，上周现金收入增加 7900 美元，总计 86921 美元。对比 1 月份，我仍然少了 5000 多美元，但唯有这次所有指标都是正值。

结束会议时，我概述了史蒂夫出现的问题，要求大家高度警惕示意图中的错误。"我估计大家很快就会更忙了，"我充满希望地说，"所有人都要盯好自己手头的工作，检查设计图，核对木材跟第一页是否对应。如果觉得有问题，要说出来，告诉史蒂夫，如果他不在，就告诉我。错误会让我们功亏一篑，所以一定要在生产出错之前找出错误。好了，大家有什么要补充的吗？"令我吃惊的是，史蒂夫开口了。

"要不是因为安迪弄出这么多烂示意图，我们也不会出这种问题。"

大家惊得说不出话来。以前开会的时候，除非我向史蒂夫提出问题，他是从来不吭声的。我们都等着史蒂夫解释清楚，但他什么也没说。他觉得该说的都说了。

安迪的脸红得像猪肝一样。安迪向来镇定而彬彬有礼，只有极少见的生气的时候才会立刻变成怒火喷发的火山。现在火山要喷发了。他"噌"地站起身，对史蒂夫吼起来，史蒂夫也不甘示弱。其他人都饶有兴趣地看着两人对峙。这可比甜甜圈有意思多了。我吓得呆若木鸡。我厌恶大吵大闹，自己也尽量不这样，而且我从来没见过我的员工吵架。

我从中调停。"别吵，别吵，别吵了！这不是解决问题的办法。安迪，你犯了错误，道歉。史蒂夫，你应该发现错误。以后跟安迪核对一下，纠正错误。其他人，这不是我们互相沟通应有的方式。以后再遇到问题，我要大家集中精力解决问题，而不是互相指责。"我看着史蒂夫和安迪，两人已经平静下来，脸上都带着尴尬。我要让他们互相道歉再握手言和吗？我能把这次纠纷转变成好兄弟重归于好的机会吗？可能不行吧。"好了，大家都回去工作吧。例会结束。"

我看着史蒂夫走出去，然后去了隔壁安迪的办公室。"你没事吧？"他点点头，然后跟我道了歉。"我刚刚不应该那样。我也不知道自己哪根神经搭错了。我承认粘贴切割清单的时候没看到桃花心木备注，他也应该看出来才对。"我问他是不是工作量太大了，他说他能应付得来。接下来怎么办？我可以相信他的说法，也可以花大力气找个人来提高设计能力。招个学徒工？可是只有安迪懂绘图和计算机数控车床编程，而且他的工作量已经超出负荷，或者接近极限了。工作量会回到正常状态，还是进一步减少？那样我该怎么办？我觉得立刻采取行动不一定能有好结果，所以我决定相信安迪的判断力，暂时搁置。

当天下班的时候，威尔·克里格私下里找上我。我心里立刻想到了最糟糕的结果：他要辞职了。我不知道没了他我还能怎么办。这一天够让人烦心的了，现在又要失去手艺最好的工人。我打起精神，把他领到我的办公室。"怎么了？"我问道。他犹豫了一下。"呃……我最近一直在想……"他顿了一下，"我想让你提高工资。我在这里工作两年了，可工资仍跟来的时候一样。"我松了口气，这就好办了。"你想要多少？"我很乐意给他提薪，但在这种谈判中，第一个出价的就陷入了被动。他想要加的估计很少吧，比如在现有的时薪25美元基础上加1美元。

哪有这样的好事。"我想要时薪30美元。"算上他的加班时间，这就接近年薪15万美元了。哈。他的优点：精明能干，有创新思维，掌握多种技能。他跟大家和睦相处，把他同样能干的朋友招了过来。他富有职业精神：严格界定私人生活和工作，从不搞神神秘秘，也不疏远人。他对于自身和公司都很看重，我想让他满意。

我想不出来反对的理由。可是30美元时薪是车间工人的最高工资，史蒂夫·马图林就拿这个数。如果我给威尔加薪，话一传出去（肯定会传出去的），史蒂夫也会要求加薪，可我不想那么做。车间总是一团糟，他又对人爱答不理的。由于无视爱德华多的盗窃行为，他仍在我黑名单上。还有今天上午的那场闹剧不可容忍，只是整个春季和夏季公司的问题比这严重得多，我一直在避免采取任何行动。

在思考这些方面的时候，我想出了一个策略。这个策略可谓一石二鸟。我告诉威尔："好，时薪30美元没问题。说实话，你拿30美元或者更多都是应得的，只是现在没办法再多给你了。我还有件事需要你去做。30美元是领班级别的工资，但是你现在没有做领班的工作。你是个好工人，却没有承担领班的职责，没有参与策划和管理。史蒂夫·马图林一直在负责这些工作，恐怕你对这些完全不了解。"我对这一点十分有把握。威尔才26岁，自从技校毕业之后，他做过三份工作，任何一份都不涉及管理职责。"加薪的话，你的职责也要加重。我想让你全面负责车间运营，所有事情都归你管。整个车间只有你对喷漆和加工都了解，你有头脑，一天之内就能弄明白鲍勃·富特的工作内容。我需要一个人掌管所有事务，我觉得你有这个能力。最为重要的是，在我看来，大家都欣赏你、尊重你。还别说，连我都欣赏你，尊重你。但是提拔你会冲撞一些人，那些比你年长又比你在这里工作时间长的人，不过我会支持你。你意下如何？"

他有些吃惊，犹豫了一下才做出回答。"那史蒂夫·马图林怎么办？我很敬重他的。"没错，作为工匠，史蒂夫的确很优秀，但威尔不知道我跟他之间存在的问题。"史蒂夫的事由我解决。如果你愿意，你可以让他就做现在的工作，管理车间工人和操作计算机数控车床。我想让你负责各个方面。这是新设置的职位，以前从没有让谁这么做过。"当然了，我是个例外，可是我实在抽不开身。我被困在了办公室，而且车间运营变得太过复杂了。

威尔思考了一会儿，然后重复了我的话，把我的安排变成了他自己的意愿，而且他的语气更加热情有力。"我想要这个职位。我能做好。"他坚决地跟我握了握手。

开车回家的路上，我反思了给威尔升职加薪的合理性。我内心认为这么做是对的。我之前并没有这个打算，但我和史蒂夫·马图林的纠葛困扰了我几个月。如果再继续下去，说不定哪天威尔会干脆再找个别的公司，或者自己开家公司。我任何时候都不愿跟自己的员工对质，而威尔的加薪请求让我破了戒。之所以容忍史蒂夫·马图林的不合格行为，是因为我没有勇气去解决这个问题。小公司经营的"禅机"在于：只要老板愿意，解决方法（有时候）会自然而然地出现。然而明天跟史蒂夫·马图林的谈话将会很难堪。

我一整夜都在反复衡量所做决定的对与错，醒来给亨利收拾一番去日间夏令营对我来说是一种解脱。接着我去了公司，第一个任务：跟史蒂夫谈谈。他在自己的工作台悠哉地享受晨间吸烟的快乐。我坐下来，向他道声早上好。他点了点头。我开门见山地说道："我决定对车间管理人员做一个调整。我打算设立一个新职位——运营经理，负责办公室之外的所有事务，包括车间工人、喷漆和发运。"他小心翼翼地看着我，但什么话也没说。于是我继续说道："我准备让威尔·克里格担任这个职位。"没反应。"也就是说，从现在开始，你要听从他的指挥。我希望你们两个能紧密合作，希望你能在各个方面予以配合。"没吭声。"你有什么疑问吗？"

他吐出一口烟雾，不过没吐在我脸上，然后把烟头扔进一桶水里。"你这是要给我降职？"

"不是，你现在的管理工作由你和威尔共同分担。他可能接手你的一部分工作，也可能是全部，或者维持原状，这都看他的意思。"我们俩都明白这是我的辩解之词。这肯定是给他降职了，他丧失了权力。我继续说道："你在这里干了这么久，我不会给你减薪。你的时薪仍是 30 美元，但要管理的事情减少了。你可能会更喜欢这样，工作变少了嘛。"在我提到减薪的时候，史蒂夫退缩了一下。我估计他觉得分权却没减薪有些不合理。"你有什么疑问吗？"没有。"我会在星期一例会上宣布这个决定。与此同时，我让威尔·克里格学学如何转换角色。正如我之前所说，无论威尔做出哪些变动，我都希望你全力支持配合。"他一句话没说，一动也不动。我起身回了办公室。

上周的电话突然多得应付不过来，而且自从采用新方法之后，整理询价信息变得比以往更加复杂。打电话的次数多了，用 Glance 屏幕共享的次数多了，我们三个人讨论每个询价电话另一端的人的身份以及应对不同类型买家的策略的次数也多了。

与往年一样，我们今年这个时候也收到军方的许多询价。他们的财政年度结束日期是 9 月 30 日，预算有结余的高级军官就会想办法花出去。升级会议室似乎是最流行的选择，所以他们会让低级军官去寻找办公桌。举一个例子：

先生，

我们计划采购一张符合我们需求的定制会议办公桌。我可以发送一份设计图。你们是否位列总务管理局名单？正常情况下生产定制办公桌需要多长时间？

联邦承包和开票规则非常复杂。我们与总务管理局的关系如何？假如这个买家想从我司采购，政府是否允许？即便他们愿意从我司采购，财政年度末尾的军方客户并不像私营客户那么上心。曾有人告诉我，军方指挥官喜欢索取大量计划书和修订书，然后再从中选择一个最符合心意的。我是乐意与军方做生意的，因为车间工人喜欢制作他们的炫酷标志，联邦政府付款也靠谱。不幸的是，大多数军方项目以这样的结局告终：

先生，

十分抱歉，由于资金问题，我方无法进行此次采购，此事以后再议。

我们不能用新方法应付军方询价，因为基本上是接触不到决策者的，所以我们决定继续发送书面计划书。对于其他客户我们都全面使用新方法，丹和尼克觉得他们是在引导客户做出承诺，而不是仅仅发送计划书，然后听天由命。

星期四的销售培训课程非常棒。鲍勃·瓦克斯给我们讲解了名为"预先约定"的技巧。这个技巧很简单：在跟客户谈论业务之前，首先概述计划谈论的内容，询问对方是否赞同，对方是否有其他的议程安排。预先约定的原因有两个：迫使我们深入了解自己的谈话重点，从而以一句话描述清楚；确保客户做好准备听我们说，避免被其他问题干扰。如果他们被其他问题分心，你可以直接指出错位之处。

我惊叹于这个技巧的魅力。鲍勃教的内容大多是常识性的，但每一节课都与其他课程相辅相成，形成了一套紧密结合的销售策略。为什么我就没想到这些呢？由于战术刻板僵化，我在这些年里失去了多少业务？想想鲍勃在我们第一次见面的时候把这些技巧都用在我身上，我就想笑。我当时就感觉到自己被人操控，特别不喜欢这种感受，但我还是毅然决然地相信了他。我最担心的是销售业绩下滑，我需要他的帮助，我很高兴他的确帮到了我。

到了星期三，尼克跟匹兹堡市的某个建筑师做成了一笔生意。他采用新销售方法，让她在进行设计之前就开出了委托书。他给她报了价，说她绝对没有时间进行别的设计。她发来一份签署好的合同，承诺很快就会寄来支票。这个业务价值17206美元。丹和我眼睁睁看着他钓上来一条大鱼，只能沮丧地继续攻关我们的项目。截至星期五，我们收到了22个电话和邮件询价，其中同样包括了老板级、中等、军方和无足轻重的买家，前两个要着重看待，最后一个应付一下就行了。

我在星期五盘点了一番。本月销售总额是66209美元，按照这样的节奏，这个月是达不到15万美元了。略让我欣慰的是，现金总量没有太大变化。进账27169美元，支出27860美元，净支出不足为虑，下周之初将会有86230美元余额。

在星期一的例会上，我公布了数据，接下来就要宣布职位变动了。"还有一件事，我决定改变车间运营方式。我准备让一个人，但不是我，负责所有运营事务，包括生产、喷漆和发运，这个人担任运营经理，其职责是确保所有人协同工作和生产顺利。这个职位由威尔·克里格担任。我想大家都知道他是不二人选。他给我提出了很多改善车间运营的好主意，而我希望趁我们还有运营能力的时候推进项目。"暂停一下。接下来说什么？把选择他的其他理由全说出来？谈谈史蒂夫·马图林？我不想提及任何负面的事情。工人们大多都很高兴，向威尔点了点头，只有两个人例外：史蒂夫如我预期的那样阴沉着脸；罗恩·戴德里克也有些愠怒。他比威尔年长，资历更深，在上一家公司就是负责车间运营的。以前他也给我提意见，我很欣赏他，但别的工人不喜欢他——他总是以引人厌恶的方式指出他们的错误，在哪里做事都弄得乱糟糟的。他从来没有主动向我要求承担更多责任。我盘算着待会儿跟他谈一谈。

　　例会结束后，我问威尔能不能在去车间之前聊一聊。我们来到我的私人办公室。我首先问道："你打算从哪里着手？"威尔说："我想先把车间打扫一遍。要是杰西回来就好了。"知音啊！我们已经两个月没听到他的任何消息了。我又提了一个问题："你打算怎么安排史蒂夫？"威尔早就处理好了这个问题。"我上周跟他谈过这事了。我准备让他继续操作计算机数控车床。我自己也要学着如何操作，但这需要一段时间。我会从安迪那里拿来示意图亲自复核。分配工作方面，我会维持史蒂夫的方式。我手头还有些活，我会尽量继续生产。"

　　听起来合情合理，但我还有些别的想法。"这个入手点很好，但这个职位的责任比你想象的多得多。我真正想让你做的，首先是多花时间观察其他工人做工。史蒂夫还想待在自己的工作台做工吧？"威尔表示赞同——史蒂夫并不擅长管理。我继续说道："现在每个人的工作方式略有不同，但不可能个个都是最佳方式。我不知道哪个工人明白做特定任务的最佳方法，不过我估计也就是你或史蒂夫了。"他们是车间里手艺最好的工匠。"但任何人都有可能。罗恩·戴德里克也很懂行。他在几家公司待过，工作经验比其他人多，所以他可能知道一些别人从来没听过的方法。"威尔对此似乎不以为然。罗恩太傲慢了。我接着说道："除了管理车间的基本问题之外，还有两个大问题摆在你面前：史蒂夫和罗恩。这两个人的生产能力非常强，他们生气的理由很充足——史蒂夫是因为被你夺权而生气，罗恩是因为自己没有被提拔而生气。所以我要你向他们证明我选对了人，而最好的办法就是你尊重他们，听取他们的意见，表明他们的想法和手艺同样受到重视。"

威尔点点头，我又给他提了最后一个建议。"你在车间的时候，我要你像我一样做管理。我虽然没什么钱，但这家公司维持了 26 年，所以我对车间运营还是懂一些的，而且大家都没有辞职，说明我的管理方式没那么糟糕。我的原则就是认真对待每一个人。别因为相貌、来自哪里或不喜欢某个人的讲话方式而轻视他们。公司的员工来来去去，人人都有优点和缺点，你要忽略他们的缺点，发挥他们的优势。一定要平心静气，永远不要大喊大叫，甚至别抬高音量。如果有人做得好，当场当众表扬他们；如果有人做得不好，领到没人的地方讨论讨论。我不喜欢把时间浪费在指责犯错上面，直接去找出问题，想办法防止以后再次发生。还有别忘了倾听，让手下的人都有机会说出自己的想法或缘由，你再做出最终决定。这就是做老板的法门。你都听懂了吗？"威尔想了一下，然后开始回答我。正如星期五那天一样，他用自己的话对我重述了我的建议。我松了一口气，看来他都记在心里了。"你做好准备了吗？"我最后问道。他说他准备好了，然后就去了车间。希望我没选错人。

回到家里，南希给我说了一个坏消息："他们把亨利从车上赶下来了。他们说他打了驾驶员，想把他从夏令营除名。我一整天都在打电话恳求他们重新考虑，他们终于同意他明天继续去夏令营，但是我们要自己开车接送。"驾驶员一口咬定亨利从后面扯住他使劲摇晃。"正开车的时候？"听起来有些难以置信。他喜欢盯着窗外，跟着音乐前后摇摆。我们商定我早上送他过去，她晚上接他回来。

第二天早上，经过一个小时的车程，我停在了夏令营门前。我早到了 15 分钟。一个拿着写字夹板的女人告诉我，夏令营 9 点开门，我得在车里等着。等待期间，载着参加夏令营的人员的公交车和厢式旅行车一辆辆开来，那个女人引导他们开往一条环形车道，他们排成队在那里等着。没有人下车，所有车辆上的特殊需求孩童都坐着静静地等待。

离 9 点还有几分钟的时候，夏令营职工从小屋里出来，排队站在车子旁边。

职工很多，大多数是女性。大家都在等待，不过指导老师满面笑意地向厢式旅行车和公交车上的人挥手示意。到了9点钟，拿写字夹板的女人吹了一声哨，第一辆厢式旅行车打开车门，十几个孩子鱼贯而出。几个指导老师跟他们打了招呼，带着他们去了小屋。指导老师们都很热情，大多数参加夏令营的孩子也很开心。每辆公交车和厢式旅行车都遵从同样的程序，总共有14辆，看来得等一会儿了。

我和亨利一起走进夏令营，一个接近30岁的年轻男指导老师走过来做了自我介绍："我叫罗伯特，负责照看亨利。他今天怎么样？"他握住亨利的手，领着亨利去了其中一间小屋。我问拿写字夹板的女人，亨利昨天跟公交车驾驶员发生了什么事。她似乎很高兴见到我。"哦，我听说那件事了。当时就是在这里发生的，那会儿公交车正等着孩子们下车。"我明白了。亨利跟一群孩子待在一辆厢式旅行车里，不知道要等多长时间，这分明就是导火索啊。我问她，如果我妻子和我负责接送，还收不收他，她说："当然啦，我们很喜欢亨利。除了那个驾驶员，我们对他没有任何意见。"呼！每天早上送他要花去两个小时，但这会给我妻子减轻一些压力。

星期三下午。这周该付工资了，竞价推广信用卡账单也到期了。另外一张信用卡的本息达到36644美元，下周也要到期了。其中一个订单来自华盛顿的一家大银行，他们的规定是货到后30天付款，也就是货物交付之后一个月才能收到他们的款项。我的现金储量有些危险了。我努力让自己相信那些变动一定会发挥作用，本月之初的大笔订单绝非侥幸。但那些询价都像它们表面那样好吗？

星期四上午，我们又来参加销售培训了。在上一周的课程里，罗伯特·辛顿用一个小时讲了人情关系。如果买家和卖家经常沟通，那么通过与客户闲谈来建立人情纽带就至关重要。这说的就是我们啊。辛顿教我们技巧，但他没有提到我感兴趣的东西——个人魅力。有些人风趣，适于交谈和相处，有些人则让人恨不得赶紧避而远之。我不觉得自己的个人魅力超凡出众，我不善于闲谈，这个问题可能比较明显，所以我们原先的销售过程才那么不受控制。计划书展现了我们的专业技能，但缺乏人际交往。辛顿的话让我想到，努力去与买家友好交谈比真正的交谈更重要。这就像做礼拜之前唱圣歌一样，是为了把买家和卖家从他们一天的烦乱中隔离出来，只专注于对方，为实打实的行动揭开序幕。"你有优势去敲定交易，也可以在没有优势的条件下扭转局势，比如了解竞争对手的计划书，得到一次修改标价的机会，获得对方的推荐。"

星期四当天晚些时候，又来了几个大业务。丹的那位马里兰州客户有了后续消息，订购了三张办公桌，总值 33180 美元。"品牌优势"的原型办公桌发运两周后，他们终于决定全部订购。他们对原型办公桌没有任何意见，只是仍旧要我们在 9 月初发运。为了这 40266 美元，我们一定满足他们的要求。

星期五，尼克拿下了弗吉尼亚州某家运输公司的订单，那张 18 英尺的办公桌简单到我们闭着眼睛都能生产出来。算上这个订单的 16042 美元，本周销售总额达到 89488 美元，是 2 月以来销售业绩最好的一周。丹的计算机客户和"品牌优势"寄来支票敲定交易，真是锦上添花！我们收到了 62795 美元现金，工资、竞价推广信用卡还款和供应商货款总共支出 45903 美元，我的银行余额比星期一多出了 16892 美元。

在星期一的例会上，我告诉大家，截至目前，本月的销售势头很好，离月末还有两周，销售总额已经达到了 157128 美元。待完成工作量排到了 8 月底和 9 月初，将近一个月了！希望车间能提高生产速度。7 月份的生产总量太糟，工人们的生产总额只有 115337 美元，远低于 20 万美元的目标。我暗自希望威尔·克里格能帮忙扭转颓势。我能为他提供什么帮助吗？单单提出这个问题都让我觉得古怪，但我习惯了车间领班那样的态度，不知道该怎么改变了。

威尔的帮手不请自到。午饭过后，鲍勃·富特来到我的办公室。"有个人想见见你。"一个高大结实的年轻男人对我咧嘴一笑，然后伸出了手。劲可真大！"老板，我叫内森·约翰逊，想找一份工作，什么工作都行，我体力好，脑袋机灵，干活勤快。您今天招人吗？"我之前没考虑过招人，但既然他来了，我们的业务量也有所增加，也许是该招个帮工了。

"我们的确需要一个打扫卫生、清理垃圾的工人。这样的工作你有兴趣吗？"

他又咧嘴笑了一下。"当然啦，老板，我肯定愿意。我什么时候开工？"等等，兄弟。"我还没决定雇你呢。你写个简历，记得加三个备询人。发传真或电子邮件都行，我会打电话给你的备询人，如果我觉得满意，会打电话叫你来面试。简历上别忘了写电话号码。"内森说会在明天一早给我简历。走着瞧吧。

星期二上午 7:30，我说服南希开车送亨利去夏令营，然后去参加伟事达会议。我邀请威尔一同前往。客座讲师讲了他把自己平庸的会计公司转变成人人乐于工作又能为客户提供良好服务的场所并且大家都有钱赚的过程。我也希望自己的公司能像他的那样。讲话的第二部分谈到了如何转变公司文化。他要求员工遵守 36 条准则，还制定了一套程序来确保员工切身实践这些准则。每周以其中一条准则作为团队会议的中心议题，员工要讲述自己如何践行这条准则。36 周过后，所有准则都轮了一遍呢？则从第一条准则重新开始。

看着商务名片上印的这些准则，我思索着如何应用到我的员工身上。对于第三条"把优秀当作一种生活方式"，我的员工能给出鼓舞人心的范例吗？对于第十条"做个有趣味的人！世界上的问题比我们自身的问题严重多了。看开点！无忧无虑，笑脸待人！"，史蒂夫·马图林能做到吗？

在会议休息的几分钟时间里，我问威尔有什么想法。"这种做事方法非同凡响，这一点是肯定的，而且很多准则都很有道理。我们也应该尝试一下。"听到这话，我有些吃惊，因为那些内容我都是一只耳朵进，另一只耳朵出了。威尔继续说道："其中有很多我们都已经在做了。有些你一直在跟我们讲：'一切为客户着想'或者，'不指责，只找解决方案'。还有'以解决问题为导向，不要制造问题'，这正是你上周要我践行的内容。还记得他说如何培训新人，应该把所有准则都告知新人，确保新人明白公司预期和该做什么吗？我们应该借鉴一下。"他说得对。威尔先回公司，我留下来跟组员说最近状况略有好转。调整销售流程的过程乐趣十足，但要说真正解决了问题还为时尚早，我刚刚让主意很多、精力充足的新人取代了车间经理。组员们很高兴我终于采取了行动。

午饭过后，我惊奇地发现内森·约翰逊的简历就放在我的办公桌上。他写了三段工作经历，没有笔误和语法错误。内森在一家当地搬运公司工作了将近一年，此前在一家临时办事处待了六个月，再往前有 4 年空白，最开始是在麦当劳工作了一年。他写了三个备询人：搬家公司的同事、他母亲和一位牧师。

我打电话给那位牧师，他说自己是某个浸礼会教堂的牧师。我告诉他，他被列为了备询人，问他是否认识内森。"内森尼尔·约翰逊吗？当然，我认识他。内森尼尔近些日子表现很好。我敢说在我遇见的那些年轻人之中，他是个好苗子。他来教堂已经有……好些年了。他是个很有活力的小伙子。"我问他，如果有我这样的职位空缺，他会聘用内森吗？他说会，内森尼尔肯定很称职。我安排内森明天上午 11:30 来一趟，然后告诉埃玛查查他的背景资料。

接亨利的时候，指导老师罗伯特说亨利很活泼，比起别的孩子乖多了。他笑着说道："昨天有一个孩子拿着剪刀追我来着。上周我还被咬了一口。"他给我看了看胳膊上的月牙形疤痕。罗伯特在这个夏令营工作了 7 年。在学校上课期间，他就到自闭症支持教室做助手。做助手可不容易，我曾亲身体验过那些教室。那罗伯特在夏季假期做什么呢？一样的工作。罗伯特是那些照顾亨利这一类孩童的人的典范，他们是真的喜爱孩子，竭尽自己的全力去照顾那些特别难应付的孩子。我不禁在想，为什么有的人致力于帮助孩子，有的人却在制造家具？人的内部机制如何决定他们做什么样的工作？无论我在哪里工作，都注定要当老板吗？抑或我更适合当员工，却在偶然之下当了老板？

第二天上午，我盘算着 Chase 信用卡的 36644 美元账单。目前手头的现金比过去几个月多了很多。本周刚进入第三天，周一的 95835 美元余额又增加了 31018 美元。我昨天支付了一大堆木材供应商款项和医疗保险，还剩下 113898 美元。销售业绩还不错。就在昨天，我第一次采用 Glance 沟通的那家会计公司发了订单。本月的销售总额达到 172490 美元，我可以连本带息偿付账单。但这样是不是太鲁莽了？还本付息之后就只剩下 77254 美元，星期五还有一堆别的账单到期，下星期二又要开工资，月末还得付房租，到劳工节①所有业务趋于减慢的时

---

① 劳工节，即美国的劳动节，定在每年 9 月的第一个星期一。——译者注

候，这些加起来总共会有 5 万美元。我决定 Chase 信用卡只还一部分，留着应付采购之类的事情。这次先还 1.5 万美元，剩下的延期到下个月，看看劳工节之后情况如何再做决定。

解决财务问题后，我找来威尔·克里格，问他愿不愿意一起面试潜在帮工。如果我决定聘用内森·约翰逊，新人就会交给他管理。他很乐意。"清理垃圾浪费了大量时间。工人们本应该大力生产办公桌，而不是挪垃圾。如果你觉得他可以，来叫我一声，我跟他谈谈。"

内森·约翰逊在 11:25 来到公司，我领他去了小会议室。我真觉得他块头又大又结实，这身材当国家橄榄球联盟后卫球员都足够了。"你简历上写着过去两年做了搬家公司职员和临时工，此前有 4 年空白期，再往前在麦当劳工作。在那 4 年时间里，你做了什么？"我怀疑他可能坐过牢，但埃玛的背景调查没有任何结果。他去服役了？在国外旅游？或者只是四处乱跑？

突然之间，他开始紧张起来，但他仍旧笑意盈盈而且带着惊人的自信回答了我的话："哦，人年轻的时候嘛，近墨者黑，难免会犯错。"

"所以当时你在坐牢吗？"他犹豫了一下，然后承认了"因为什么？"我不知道这么问是不是合法，但我不想聘用一个有暴力犯罪前科的人。"听着，我只想听你说句实话。我之前想到你可能坐过牢，如果我不想给你机会，绝不会打电话叫你来面试。你的牧师对你赞不绝口。说说怎么回事吧。"他略微放松了一点。他和几个朋友抢劫了一个当地毒贩，没有伤人，但他们被捕了。过去两年来，他一直在努力做个好人，他说如果能得到这次机会，他一定不会让我失望。我的确很乐意聘用他。他很守时，充满自信，给我留下了好印象。威尔见了他，证实了我的看法。"如果你想让他试一试，我没问题。"我给内森 12 美元的时薪，全职岗位，外加福利。他很开心，下周一就来上班。我看着他挺直腰板走出大门，一副刚找到新工作的男子汉模样。皆大欢喜，这是我最好的决定之一。

我们在星期四又拿下了一个价值 15419 美元的订单，距离月底还有一周，本月销售总额已经达到 187909 美元。星期一例会上，我简要概括了好消息：上周销售收入 30781 美元，月销售总额 187909 美元，收入比支出多了 7880 美元。询价数量与本月最佳纪录持平，达到了 23 个。之后我介绍了内森。"给大家介绍我们的新帮工，内森·约翰逊。他以后负责杰西的工作，打扫卫生和帮忙搬运物料。"

我一直在反思伟事达讲师关于引导新人的话：告诉他们公司如何运作，说明他们该做什么，在他们自己得出结论之前，把所有信息都告诉他们。我让鲍勃·富特晚走一会儿，然后去了我的私人办公室。

"内森·约翰逊就完全交给你管理了。上周面试的时候，威尔跟他谈过。威尔觉得他还可以，只不过打算让你带他。我要你做的事情有这些：不要给他扫帚就不管了，我要你告诉他帮工的职责有多么重要，保持车间清洁能让其他工人提高效率，人们期望他尽职尽责。到装卸区装卸材料对于车间运转至关重要，如果他做得好，人人都会尊重他。他可以向你提出有关车间运营的任何问题，也可以随时找我提问。你能做到吗？"鲍勃说绝对没问题，马上就去跟他谈。太好了。

威尔·克里格正在车间里把一块 5 英尺 ×10 英尺的三聚氰胺板搬到计算机数控车床上，这张板重约 150 磅，他挪来挪去，总算挪了上去。"这是'品牌优势'的料吗？"他说是。"全部切割要多长时间？"他说到明天中午就能切完。"桌腿什么时候到？"如果我上周寄去支票的话，供应商今天就会发运。我的确寄去了。"品牌优势"的这个业务总额为 40266 美元，但桌腿套装成本就有 15574 美元，再减去板材、装货箱和发运成本，余额距离我心目中的底线还差一点。

星期三上午，我们到鲍勃·瓦克斯的办公室参加了第二次月度公司会议。我们做了汇报，自从采用他的新方法，又通过讨论桑德勒销售法解决客户问题之后，这一个月打了翻身仗。他的建议有时候管用，有时候却不奏效。我们举出了几个自认为他的销售法不奏效的例子。令我吃惊的是，鲍勃赞同了我们的判断。他告诉我们："每家公司都自成一个体系，而我想去了解这个体系。只有灵活变通才能提高效率，根据当前的形势灵活应用培训内容就可以了。"这话让我安心了许多。

一个小时后，鲍勃和我进行了私人咨询培训。他提出了第一个问题："佣金那事你怎么解决的？"我说月初的时候担心现金不够用，没有采取任何行动，不过现在形势大有好转，我在昨天已经付了佣金。"你把欠的全给了？"呃，没有，只是上次结工资之后的佣金。"他们有什么反应？"当然是高兴了。他们两个比过去几周更开心了，我认为能卖出去产品是让他们高兴的最主要因素。他们不再觉得自己成事不足，而且我们在 6 个月里第一次接近月度目标。也许他们看得出来我的心情也好多了吧，虽然现金方面依然储量较少。没错，我调整了推广和销售方法，但万一我做了别的可能引起其他问题的事情呢？我在后果未知的情况下就改变了竞价推广设置，我怎么能预知以后做的事情不会引发更大的问题呢？

"谁都没办法预知，除非什么也不改变。那样的话，竞争者就会跑来跟你争业务。"鲍勃说得对。即便我做出的调整并不一定总是奏效，也得冒险一试。

星期四，南希和我大胆尝试了一把：带亨利去纽约市。我们计划带他去时代广场，如果顺利的话，再吃一顿午餐。到达广场的时候，他开始哭闹，不过我们领着他在人群里穿梭，他就被这座城市的新鲜劲吸引住了。我们在一家餐馆匆匆吃了一顿饭，回去的路上，南希和我为这次快乐之旅唏嘘不已。看着他在时代广场盯着那些灯光跳来跳去，我们也很开心。我们习惯了他总是状态不好，像这次大部分时间都很乖的记忆并不多。

星期五上午，我带着亨利去了车间。鲍勃·富特和内森·约翰逊在制作"品牌优势"的装货箱。办公桌已经生产完毕，鲍勃说下午 4 点搬到装卸区，预计今天就能装运。很好，莫妮卡每天都在催我们确定发运日期。回到销售办公室里，尼克说电话都快打爆了，昨天拿下了一个价值 12698 美元的订单。本月的销售总额达到了 200607 美元，这是自 2 月份以来第一次实现月度目标。他运用新方法得心应手，他的月度销售总额也证明了这一点——6 个订单，总值 115465 美元，占 8 月份总销售额的一半多。我做成了 3 笔交易，销售额为 50340 美元。丹比我更惨，只做成 2 笔交易，价值 34802 美元。

我应该继续忍受丹的表现吗？我应该追究销售员的责任才对，但转念一想，月销售目标实现了，我自己的业绩也不怎么好。如果我的业绩比不上尼克，就不能说新方法是通向成功的必经之路。我决定再给丹一段时间。

第 9 章

9 月：车间文化及变革计划

日期：

2012 年 9 月 2 日，星期日

初始银行余额：

$76626.16

相对于年初现金差额（现金净额）：

− $60528.16

年初至今新合同金额：

$1211222.00

　　星期日那天，我开车送亨利回学校。到了之后，我跟他的舍监安妮聊了一会儿，她问我要不要招帮工。"我们这儿有个工人，"她用芬兰口音说道，"他非常想找一份工作。"她使劲夸赞这个名叫克里斯蒂安·谢尔德的小伙子。我礼貌地听完。"听起来不错，不过我上周刚招了个人。转告克里斯蒂安，给我发一份简历，但我承诺不了一定要他。"先看看他能不能照我说的做吧。找个人做内森·约翰逊的替补也挺好的。

　　开车回到家里，我一下子瘫了。当然就一小会儿。明天要开车去弗吉尼亚州纽波特纽斯市见一个潜在客户，我已经对他使用了所有新方法，他也非常期望推进一步，只是对于接下来的安排十分坚持：去他的办公室一趟，向他表明诚意。这可是价值 10 万美元的业务，所以我同意了。624 英里的漫长路程，还要在廉价旅馆住一夜，这就是我的劳工节假期了。

　　星期三回到公司之后，我看到"品牌优势"的装货箱摆在装卸区。我答应他们上周五就发运的啊。我找到鲍勃·富特，要求他做出解释。他充满了歉意。

"他们星期五没来，昨天派来的卡车又太小，所以司机留了一张便条，说明天再来。"好在装货箱当天就运走了，算他走运。"品牌优势"将在交付后的第五天支付 22448 美元，我真的很需要这笔钱。银行账户余额是 76626 美元，这周虽然不用开工资，但要付房租、电费和其他供应商款项，算起来超过了 2.8 万美元。下星期二的工资大约是 2.5 万美元，我的运营资金可能会降到 3 万美元以下——离失败不远了。

丹和尼克在处理 8 月份的询价。上个月的询价数量创下了新高，每周平均数量从 6 月的 11.8 个和 7 月的 16.8 个一路上升到 21 个，其中有续订的，还有欧式家具的。竞价推广调整奏效了吗？也许吧，还需要一段时间才能确定。

8 月份的其他数据就不怎么好看了。生产总值只有 144926 美元，算中等水平，发运总值比较糟糕，只有 102881 美元。考虑到 6 月份销售业绩较差，这在情理之中。那时候的活不够车间工人干的，不过他们还是来上班，而且我也支付了薪水。我还在 9 月份所需的材料上花了很多钱。8 月份支出总共 197926 美元，按照财务计算方法，支出总额中减去发运总额，我损失了 95045 美元。现金流没那么糟糕，8 月初是 82941 美元，月底剩下 76626 美元，净流出 6315 美元。

除了继续向前之外，我也没有别的办法。丹、尼克和我一门心思攻关客户。昨天，也就是假期之后的第一天，非常平静，只有 1 个询价电话。不过星期二有 5 个潜在客户询价，而且拿下了本月的第一个订单。有个老客户订了一张桌面来匹配他的办公桌，这个订单价值 3422 美元。

第二天上午，我们三个结束了销售培训课程。最后一课：经常合作的客户突然不再联系，该怎么应对。我们通常会就此放弃，再找别家，但鲍勃提出了一个更好的办法。

"对他们说'不'，迫使他们明说不再合作。做起来很简单：给他们发出'最后通牒'。发一封邮件，或留个言，说你最近没办法推进业务了。先对此表示歉意，然后说打算不再联络，再找别的客户。只说这些，别的什么都不要说。如果客户还想合作，或者他们只是想吊你胃口，肯定会立刻回复。相信我，他们一定会回复。如果客户真的不想再合作，你没收到回复，那就把他们从名单上划掉，去开拓一片新天地。"

鲍勃还提出了一个很有用的战术:"假设你担心客户想找你的竞争对手,或者把你的构思告诉了别人,或者其他的你认为可能出问题的事情,就用这种平和的方式对付他们。这个技巧叫作'我非常担心'。你可以这么问:'客户先生,我非常担心你会……'"鲍勃让我们列出交易可能出错的方式,然后再列出答案。我们担心的东西太多了:客户可能把业务交给别人,可能凑不够钱,可能向决策者推荐别人,等等。鲍勃继续说道:"不管你担心什么,都要告诉客户,而且要坦诚相告。这不是强迫他们做什么,而是以退为进,让自己显得可怜。如果客户还有点人性,就会同情你,你们就能把问题摆在台面上,然后再解决问题。"厉害!我迫不及待要试一试了。

上完课后,我和鲍勃握了握手:"你教得很棒,讲的内容太有用了。"鲍勃笑了。这种话他听得多了,但是从我跟那些心满意足的客户打交道的经验来看,这种话永远不过时。

课程结束了,不过我们还要跟鲍勃学习到明年6月。我每月见他两次:一次是一对一指导,分析我作为销售经理的表现;还有一次是和丹、尼克、埃玛一起的小组指导,我们将会回顾销售进度,听听鲍勃的建议。每一次指导要耗费1200多美元,但我坚信这钱花得值。第二天,这种好心情再次升华。我拿下了价值14326美元的订单,丹比我更厉害,拿下了21039美元的订单,尼克暂时没有收获,但他保证说大鱼很快就会上钩。这一周因为节假日变短了,但我们拿下了38787美元,而且还剩下半天时间呢。真不赖。

"品牌优势"的莫妮卡一通电话把我的好心情消灭得一干二净。她非常忧虑。货是运到了,但30张办公桌有5张的桌面在运输途中震散架了。我真想摔下电话抱头痛哭,可惜那样对谁都没有用处。于是我让她发来照片,再三保证一定会尽快尽力修好。"我派人星期一就到你们那儿。这事就交给我们了。"

莫妮卡还是忧心忡忡。办公桌星期一就要做标牌了——我仍然不知道这是什么意思——要为下周五的第一次活动做好准备。我把情况给威尔·克里格和鲍勃·富特讲了一遍。鲍勃显得尤其沮丧。我问他:"你不是像第一回那样做了支撑吗？"他说只做了两个装货箱的，最后一个没做，因为他们急着把装货箱运到装卸区。我真想揍他一顿，可那样也于事无补啊！

他主动要求前去亚特兰大市。肯定要你去啊，我心想。这一趟可够他受的：早早坐飞机去，忙上一整天，住一晚廉价旅馆，再早早飞回来。我们三个盘算着怎么加固桌面。我们决定往现有的螺孔里拧入螺纹金属嵌件，再用车身黏合剂把桌面粘到底座上。我给鲍勃订了机票，然后就回家过周末了。

星期一上午，惊喜来袭！希瓦从迪拜发来一条信息：

由于董事会办公桌事宜尚未做出最后决定，需你方发送一份修订版计划书。请查看附件中的 6 楼平面 CAD 图纸，办公桌需容纳 36 人就座。

自从 7 月份发出最后一份计划书以来，他们再无音讯，我以为他们已经找了别人。看来没有，那我现在该怎么做？如果这个业务起死回生，我要试试新销售方法能不能在外国客户身上奏效。

她发过来的新设计十分古怪：桌面是空心矩形，沿内边有一条为电源和数据盖板预留的断断续续的封边。封边等距布置，较长的封边与盖板宽度相等，放在其他封边中间。他们要求盖板和较长的封边都可以拆卸，而且要两套，一套是与办公桌颜色匹配的乌木色橡木，另一套用灰色皮革包裹。

这根本说不通啊。为什么不选择其中一种？就那么定了？而且重要信息仍然没有提供给我，比如目标预算或时间要求。希瓦连什么时候提交计划书都没讲。我可以用电子邮件把这些问题发给她，但这有悖于我们的新销售策略，于是我要求通过电话讨论这个项目。

9 月 10 日星期一的例会很简短。收入比支出多了 8484 美元，手里现在有 85110 美元。房租到期日是星期五，明天跟工资、信用卡账单和其他供应商货款一并支付，支出金额将超过 6 万美元。"品牌优势"还欠我 22448 美元，所以今天一定要把他们的办公桌修好。

鲍勃在午饭前打来电话。"情况非常严重，"他说，"那个被忽略的装货箱里的 5 个桌面的螺栓被扯掉了。我打算按之前讨论的那样把嵌件拧进去，再用黏合剂粘一下。我觉得既然来了，最好把所有桌子都收拾一遍。"我让他放手去做就行。

　　我把剩下的时间用于完善自创的客户关系管理体系。这个系统自 8 月份就投入了使用，现在已经开始像回事了。丹和尼克帮我决定记录每个客户的哪些信息，采用哪种方式在 FileMaker 里管理这些信息。有潜力的询价、询价负责人、哪个销售员的交易率较高，这些全都一目了然。前提是销售员也要使用这个系统。

　　在修改 FileMaker 的过程中，我们争论过花费大量精力去收集记录更多信息是否值得。记住，许多询价并不一定会转变成业务，耗费大量时间记录那些没用的询价会打消积极性。我真希望不用我们动手，数据就会自动记录，但这是不可能的。最后，我说他们两个可以商定哪些需要记录，哪些不需要记录。我很高兴两人没有排斥这个系统。它将帮助他们处理更多询价，而且我需要这些信息作为评判他们的依据。

　　鲍勃在星期三从亚特兰大回到了公司。星期二那天，他忙到凌晨 3 点才结束。所谓标牌的真相也终于揭开了。原来他们是要把卡车和公交车上那种印花商标贴到桌面上，每次活动更换一次。

　　我不知道莫妮卡和金尼为什么没把这个事情告诉我们，要是早知道桌面上会贴商标，我们肯定会用长螺栓全部拧进桌板，让整个结构更结实。我得搞清楚他们能不能付款，于是我问鲍勃："你离开的时候，他们满意吗？"他说不知道，因为"品牌优势"的所有员工早在他完工之前就走了。

　　我感谢他的辛勤付出。他在紧急状况下做得很棒。他的动力是什么？他这么做是为了自己，还是为了公司利益？他的命运与公司繁荣息息相关，但不像我与公司的联系那么紧密。如果公司破产，他可以挥一挥衣袖离开，我却只能陷入债务的旋涡。

　　到了星期四，我终于收到了希瓦的回复。她不肯通电话，所以我把问题发给了她：什么时候交付办公桌？目标预算是多少？什么时候要计划书？可惜我再次错过了她的工作日时间，最早也要到明天才能收到回复。

　　这一周的每个早上，我都会去车间转一圈。虽然有了新帮工，车间却跟以往一样：到处都是灰尘；每台机器旁边扔满了形状各异的边角料；工作台周围摆满了工人们不舍得扔的木材。工人们像喜欢倒腾东西的搬仓鼠，整个车间变成了他们巨大的巢穴。

现在就要看到更换史蒂夫·马图林的效果是不是太早了？ 8 月的生产总值的确不行，但原因很清楚，那就是活本来就不多，但上个月销售业绩很好，9 月的第一周也不错。什么时候才能看到威尔·克里格把车间管理得更好一点呢？我努力抑制持续膨胀的不耐烦情绪。

星期四下午，这个问题突然自己变成了更容易回答的版本：我该怎么帮助威尔改变局势？我发现自己陷入了史蒂夫·马图林做管理时一团糟的同一个行为模式：放任车间经理按照自己的方式进行管理，而我什么也不说。我对威尔的能力深信不疑，但他以前从来没管理过人，而且这个问题太过复杂，他必然需要我的帮助。

这本质上是车间文化的问题。车间变成了史蒂夫·马图林的性格写照：只埋头工作，不沟通交流。每个工人都有自己的一套设备，跟其他工人没有太多交集，也很少得到做事的最佳方法方面的指导，自然会导致错误和结果不一致。我们交付给客户的产品往往十分精良，但这通常要经过一定程度的返工。每当办公室的可纠正的错误导致了问题，车间工人从来不会告知安迪·斯塔尔做任何改动，所以他的错误会反复出现。

我们的车间文化源于我最初做员工管理的模式。那时候，我对于怎么当老板一无所知，但我终究坐到了那个位置。我该怎么做？哪种员工行为应该鼓励？我以前从没在别的家具公司工作过，也不认识这行的人，只能通过书籍和杂志学习。那上面都写道：理想的木工是英勇而孤傲的工匠，他们用技术魔法解决所有问题。勤奋的工人在必要时使用现代机器，同时保有对传统手工技能的尊重。这些知识来源从来没提过团队合作、员工管理，也没讲过协调销售人员、设计部门和车间，或者运用科技提高车间运营效率。

史蒂夫·马图林是我在 1994 年招聘的首批员工之一，到了 1996 年，我提拔他管理其他车间工人，我则继续负责所有销售、设计、管理和交付事务。史蒂夫就是英勇而孤傲的工匠原型，当时我并不知道他不适合规模扩大、业务增加且必须顺应科技发展潮流的公司。他被困在了过去。他以身作则，不在乎追随者能不能跟上他的步伐。他工作勤勉，速度也快，期望其他工人单靠观察来学习他的方法。他不愿意花时间和安迪·斯塔尔一起完善设计，也从来不会主动告知我车间动态，或者就如何推进征求我的意见。我任由他这么逍遥了 15 年。他从来不是最让人头疼的问题，但当其他问题都解决之后，他就是了，他那令人无法容忍的态度和威尔·克里格的能动性共同导致我替换了他。现在有了新经理，我却重蹈覆辙，只专注于销售，任由车间经理走向失败。我需要改变，立刻就要改变。

受到埃德·柯里和鲍勃·瓦克斯的启发，我决定安排威尔定期开会。我计划进行远离车间干扰的超长会议。我要讨论——什么？想起什么就讨论什么。我希望自由而坦诚的想法交流能帮助我们制订一套变革计划。

星期四上午，我在威尔的工作台前找到他。看见我过来，他停下了手头的工作。我告诉他："我最近一直在思考针对车间运营实施变革。因为忙于销售培训和编写程序，我没有把车间变革当作工作重心，现在那些事情都已经完成了，我打算明天下午抽时间和你坐在一起，讨论一下你的计划，让我知道最近的进展。讨论不只是几分钟时间，我估计至少要一个小时。这样可以吗？"他觉得这个想法很好。

星期五一大早，希瓦的助理发来一条信息。他们要在 16 日星期天之前拿到最终设计和报价，交付日期是 11 月中旬。跟上次一样，交付日期最让人头疼，即便这张办公桌是发往纽约市，8 周时间也太紧张了。减去运输时间，这几乎是不可能完成的任务，但为了敲定这笔业务，我决定进行最后一次尝试。如果能跟她谈谈，也许可以再争取一些时间。我发了一封邮件，安排星期天上午 6 点进行电话会议，如果她不愿意，我就放弃这个项目。

刚点完"发送"，莫妮卡就打来了电话。昨天是交付后第五天，我给"品牌优势"发了一封邮件，征求许可从他们的信用卡上扣除所欠的 22448 美元。我兴高采烈地跟她打了招呼："嗨，莫妮卡。我可以从你们的信用卡上扣除尾款吗？"

她脾气暴躁地回答道："不行，不能扣除。你遇到大麻烦了。那些办公桌装不进卡车。"我大吃一惊："什么卡车？"她说他们租了两辆卡车，把 30 张办公桌运往每一个活动地点，结果没办法全部装进去。"这怎么要怪在我头上？"她气急败坏地说装不进去就不付款。我的大脑开始飞速运转。让她自己处理，我就拿不到钱，于是我强作镇定，告诉她我们会尽一切努力帮忙。如果她能发来卡车的内部尺寸，我会想办法把办公桌装进去。我问她能不能跟她老板聊一聊。"他现在很忙，估计没办法接电话。"呃……我尽量保持语气缓和："是吗？还有事情比这更重要？我是肯定能解决问题，但我要先跟他谈谈。如果你想早点完事，他就必须跟我谈话。"听到问题能解决，她平静了下来，说她会请她老板打给我。

我紧张不安地等着来电。30 分钟后，莫妮卡发来卡车的内部尺寸，我用软件做了卡车模型，不到 10 分钟就解决了问题。马上制订一个计划，发给他们？我决定再等等，看看那位老板会不会打过来。

一个小时后，"品牌优势"的总裁马克·琼斯打来了电话。我对他选择我们做这个项目表示感谢，对双方遇到的诸多麻烦深表同情。他很感激。"嗯，这个项目从一开始，呃，就乱七八糟的。"听他的意思，这都是我们的错？好吧，就一个装货箱没处理好，但我马上就修好了啊。我指出这一点，告诉他现在的问题的确不归我们管。我们管不了他租用多大尺寸的卡车，如何打包办公桌也不是我们的责任。莫妮卡拿到原型办公桌的时候就应该早做打算。马克表示赞同。我给了他一点甜头。"莫妮卡发来了卡车尺寸，我为你们制定了解决方案，一辆卡车装 15 张办公桌还有余量，但我希望在发送方案之前拿到尾款。"

他好长时间没说话。"还欠多少？"我说还欠 22448 美元。他又好长时间没说话，然后说道："保罗，我跟你说句实话，我现在没钱了。我们这边什么都不顺当，第一次活动做完之后才能拿到钱。"他这是想拖欠款项？我可以随他自行解决问题，然后祈祷能拿到钱，问题是什么时候？如果他们一直不顺当，就永远拿不到钱。也许他是想试探我会不会就此罢手，会不会威胁他要找律师算账，或者先少收一部分，等着以后再结清。我想出了一个办法。我问他："部分付款怎么样？"他回答道："我现在可以付 1.5 万美元。"鉴于他们此前的表现，我非常担心他们没办法走出当前的困境，可我现在又特别需要这笔钱。"可以从信用卡上扣除吧？"马克说信用卡刷爆了，不过他会在 15 分钟内写一张支票，然后发给我图片，星期一我就能拿到支票。要相信他吗？只能这样了。如果下周不能兑现支票呢？到那时候再说吧。15 分钟后，他的秘书用邮件发来一张签好的支票的图片。

尼克说："我一早上都在听你处理这个烂事。我想告诉你，我拿下了 3 个订单。"干得漂亮！又有 27401 美元进账。他继续说道："第一个是闪亮木星公司，你绝对想象不到，我让他们支付定金，他们叫我直接扣除全款。他们想在这个季度全部付清。"除了那 1.5 万美元，我星期一还能拿到 18871 美元。太好了！

这一切都是在午饭之前发生的，一个小时后，我就要跟威尔·克里格召开第一次会议了。我该讲些什么呢？首先要让他明白他现在是管理人员，不再是纯粹的工人。我要让他从我的立场去看待问题，以免他把时间浪费在实施从车间层面看似合理但由于他所不知的因素而被我否决的计划。如何让他从我的角度思考？我决定先从我最近一直思考的问题入手：我支付的工资是否合理？

我怀疑某些工人的工资给多了，还有些工人去别处工作可能挣得更多，但他们没有意识到。等到他们想明白了，我就会失去重要的员工。我不知道他们在别处能挣多少钱，我只知道 6 月份和 7 月份裁人的阴影笼罩时，谁也没有辞职。为什么？我想听听威尔对此事的看法。

我做了一份简单的数据表。第一列是所有车间工人——直接归他管理的人——的姓名，威尔排第一个。第二列是各人当前的时薪，从 12 美元到 30 美元不等，总计 186 美元（这是未计入休假时间、医疗保险费用和税务的大概时薪）。下一列的标题是"其他公司支付的工资"，之后的一列标题为"我们应该支付的工资"。

威尔来了之后，我们一起回到我的私人办公室。我关上门，先用一个问题开场。"车间工作进展如何？"威尔耸耸肩。"就那样。""机器有没有坏的？要不要买新工具？"他说其中一台面板磨光机需要修理，面板拼缝机需要大幅度校正。"内森·约翰逊工作怎么样？"威尔的眉毛拧在了一起，但只说他还行。

我有些后悔没在车间进行这次谈话，因为我从威尔那里得不到信息，他也从我这里得不到信息。是时候转变策略了。

"召开这种会议的目标之一是你我坦率地讨论车间的现状，绝不隐瞒一丝一毫。我指望你如实说明你如何看待车间的状况，但如果你不了解我所知道的情况，就没办法从我的立场看待一切。"他点点头。"我接下来要你针对所有员工做出决定，其中会涉及评判员工表现，而且只有在知道他们拿多少工资之后，你才能正确评判他们的表现。很长时间以来，我一直在想每个人的工资是否合理，这就是我今天要和你讨论的内容。"

他思索了一会儿，然后问道："慢着，你要给我看所有工人的工资单？"他似乎有些不自在。"对，正是此意。做管理者就要了解工资状况，否则就没有评判依据。从长期来看，工资是公司的最大支出项。我想把这变成一门盈利的生意，大家知道公司挣的钱能够为将来提供保障，才会勤奋工作。史蒂夫做经理那会儿，我找不到实现盈利的突破口，所以我们磕磕绊绊地摸索了许多年。现在你做了经理，我不想再重蹈覆辙。我要你支持我，我也会支持你。先从这里开始。"我打开笔记本电脑，给他看了数据表。"看看吧。"

他看了一眼，等他反应过来自己看到的是所有人的工资金额时，他把笔记本电脑推到一边。"呃，这些东西不是我应该看的吧。"我把笔记本电脑挪回他面前。"你一定要看，这是另一种现实。你习惯于从工具和木制品以及工人做事的角度看待车间，我也是这么看待车间的，但我还看到了其背后的数据。做生意就是这样，数据与其他方面同等重要，甚至可能更重要。如果数据不管用，我们就走不到今天。"

在我说话的时候，他仔细地看着数据表。他首先说道："你给泰勒·鲍威尔的工资太高了。"我们用了 45 分钟时间填完所有空格。他说他不知道这些工人在其他公司能拿多少工资，我让他尽力估算一下，因为当我不知道具体数据时，我也会估算。于是他说出他认为每个人在现实世界能挣多少，我们公司该支付多少。这两列的总额跟当前的总额相差不大：现实世界的时薪总额是 182 美元，目前的是 186 美元。不过这是总数，我们回过头来讨论每一个员工的情况。当我要他总结各个员工的表现时，他全面评估了他们的优点和缺点。他显然一直在仔细观察他们做事。

我们一致认定史蒂夫·马图林拿着领班的钱却没尽到领班的责任：工资过高。

戴夫·福华里在喷漆间兢兢业业，技术一流：工资低了。泰勒·鲍威尔的时薪从2007年入职以来保持在25美元，威尔认为他最多能拿18美元。他干活速度快，但错误也多。他每次的做事方法都不一样，在我看来这说明他在努力寻找更好的方法，这是好事。威尔则不以为然。泰勒的实验行为往往导致返工，但即便如此，他完成工作的速度依然高于目标速度。威尔看的是成品质量，我看的是他一直超越生产目标速度。按照这个标准，他仅次于史蒂夫和威尔，但我们只给他安排容易做的活计，因为较复杂的工作他就会搞砸。暂时没有明显的解决办法。

我们评估了其他员工。威尔对于评判前辈的疑虑消失了，这次讨论收获颇丰。我最后总结道："员工实际所得工资跟应得工资出现了差距，我没办法立刻给少拿工资的人涨工资，我也不喜欢给员工减薪，那样太残酷了。如果我随意减薪，会引发实际麻烦。所以你的挑战是想办法让多拿工资的人做到工酬相符，这样我才能给少拿工资的人提薪。你了解这些人的工作方式，现在要为每一样工作制定一个规范。你要多花时间去指导他们，少花时间做自己的活。没关系，先付诸实践，咱们看看效果如何。"他带着深思的表情离开了，我对此次谈话的结果很满意。

到了星期日早上6点。昨天希瓦发来一封邮件，同意进行电话会议。她登录Glance之后，我展示了自己设计的完全符合她要求的办公桌。她可以看到办公桌在房间里的位置，如何布线，如何把封条从皮革转换成木质。她很受触动，但想先让我把图片和报价发给她。

我不想在她没有任何表态或者跟实际的决策者交谈之前发送任何东西，但她说这样不行。"我今天就要图片和报价，还有样品。有了样品，我们才能做决定。"

制作样品会很麻烦，更大的麻烦是发运。"制作样品需要一段时间，车间现在业务繁多，而且发运也需要一段时间。你确定需要样品吗？"她表示确定。这个业务价值47884美元，也许还能打开一个全新的市场，于是我给她发了图片和报价。

星期一上午，我向大家公布了销售和现金数据。本月前两周的订单总额是

65998 美元，聊胜于无，但不乐观。询价数量一直居高不下，上周共有 22 个电话和邮件询价。

我告诉员工们，销售可能还算可以，但关于现金储量的问题，我想不出任何办法去美化。上周的支出比进账多了 29719 美元。闪亮木星的全额付款帮了大忙，但上周结束时我手头只剩下 55391 美元，这是 8 天的运营资金。我现在不像 6 月和 7 月没人询价时那么忧心忡忡，但形势依旧非常危险。

例会结束后，鲍勃和威尔找我私下里谈事。又有什么事？鲍勃说他不待见帮工内森·约翰逊。为什么？"呃，他有点懒，干活很慢。清洁工作也没做好。"这话我赞同——车间比没有帮工的时候干净了一点，但绝对比不上杰西在的时候。鲍勃继续说道："他还问我要不要一起去装卸区溜达。就是坐在那里，什么事也不干。我当时都不知道怎么回答。我觉得他不能再待下去了。"我问威尔："你也觉得他不行吗？"威尔说他也觉得不行。"你不愿意去劝他做自己该做的事情？"他不愿意。"好，让他 10:30 来找我，我跟他谈谈。"我该跟内森实话实说吗？说因为他懒惰才要辞掉他？他会如何反应？他个头那么大，还坐过监狱。他的体重估计得比我多了 100 磅，如果他反应过激，我就完蛋了。

接下来的一个小时里，我脑子里一直在想象各种恐怖的画面。我不觉得自己是个懦夫，但我非常担心会出事。我拿定主意，最好的办法就是厚着脸皮撒一个谎。

威尔把内森带到小会议室，我们都坐了下来。我开门见山："内森，这个月销售业绩不好、现金短缺的情况你都听到了，我很遗憾，但是我现在没钱聘用帮工了。你是个好员工，只是我必须缩减开支。我会支付你一周的工资，让你缓缓劲，但你结束今天上午的工作，下午就可以走了。"

内森对我咧嘴一笑，起身伸出了手。他说很遗憾弄到这个地步，但他理解我的苦衷。他谢谢我多付的工资，说情况好转再给他打电话。事情进展如此顺利，我松了一口气。午饭过后，我问威尔："内森那边怎么样？他走的时候没闹事吧？"威尔说他一声不吭就走了，然后不自然地对我笑了一下。他觉得我是个懦夫？

我得为自己辩解。"听着，我可以告诉他真相，但那样有什么好处？跟他说资金短缺不算假话，而且能维护他的尊严。如果你觉得我做错了，我只能表示遗憾。"威尔说他完全理解我的做法。"只是别对我玩这一套，永远不要糊弄我，我承受得了实情。"

我回到办公室，想静下心来做些事情。键盘上放着"品牌优势"寄来的一封薄薄的联邦快递信件。1.5 万美元终于到了，这让我的心情略微好转了些。

威尔·克里格在下班的路上往销售办公室里探头看了一眼。我问他："关于帮工的事，你想怎么解决？我这里有个人，他在亨利的学校工作，感觉还行，他按我的要求发了一份简历。"威尔说听着还可以，愿意找个靠谱的帮工。

星期二，丹卖出一张价值 7376 美元的 10 英尺船形办公桌，收到总金额一半的定金。我们还收到 4 个业务的发运前付款和尾款，总计 30234 美元。第二天，尼克卖给一家国防承包大公司一张超大号办公桌，价值 13670 美元；丹跟一家跨国环境咨询公司做成了价值 15325 美元的交易。总销售额达到了 102369 美元，离目标稍微差点，但有了转机。

星期四，尼克一马当先，拿下佛罗里达州布劳沃德县警局价值 13581 美元的业务，丹用美国陆军价值 7471 美元的业务予以反击，尼克以某家工业激光制造商价值 18345 美元的业务结束了这一天。到了星期五，尼克以陆军的另一笔价值 20835 美元的业务结束了这一周的工作。这一周收获颇丰，7 个业务总值 96603 美元，月销售额达到了 162601 美元。

还不错，只是政府客户的业务全都采用到货后 30 天付款，那些钱要等交付后 30 天才能拿到。然而即便没有拿到这些定金，我仍然进账 68954 美元，支出仅有 19943 美元，现金比周一增加了将近 5 万美元，一周结束时，我手里的现金达到 104401 美元。如果政府买家能按我们喜欢的方式付款，那我手里就会再增加 2 万美元，但至少现在我手里的钱足够支付工资和偿还部分信用卡账单了。

在星期一的例会上，我心情愉悦地汇报了强势的销售业绩和现金增加情况，待完成工作量也很乐观——排了整整 7 周。我有些头疼地向员工们解释了政府业务的问题——承接了许多必须按时交付的业务，但是手头的现金恐怕不足以撑到完成的那一天。我们必须高效发运，寄希望于业务持续到来，否则就会没钱支持运营，但也不要绝望，必要的时候，我可以推迟支出款项。

星期一下午，我准备登录银行账户，却收到一条短消息："暂时无法登录账户。"这——？我又试了一次，还是一样的结果。再试一次，同样的结果。我不敢相信 PNC 银行竟然在工作日关闭他们的网站。我打开首页，它像往常一样加载成功。我又回到登录页面，仍然登录不了。我转头去忙别的事情，一个小时后，我又试了一次，还是不能登录。怎么回事？

即使在 2008 年秋季的大恐慌期间，我相信这家银行破产也会得到政府的救助。截至今天下午之前，我从来没有遇到不能查看自己账户的情况。幸运的是，当天结束的时候，账户可以登录了。当晚的《纽约时报》对此做了报道：伊朗黑客攻陷了 5 家最大的银行。我短暂地考虑了一下是否要把业务转到一家小点的银行，不过很快摒弃了这个想法。太麻烦了。我敢肯定这种情况不会再次出现。

结果证明我大错特错。接下来的两天里，我又有 4 次无法登录，不过每次都只持续了几个小时。这种事情让人心生不安，但是我仍旧没有采取任何措施。有些事情——尤其是涉及太多应对措施的——第一次发生的时候，我是那么紧张，但我竟然很快适应了，真是有意思。

9 月的最后一周，丹独占鳌头。星期二那天，他拿下第一个订单。这个没有定金的订单也是军方的，来自亚利桑那州某陆军基地，是一张价值 30045 美元的大号 U 形办公桌。星期三，他拿下了价值 9660 美元的模块式折叠办公桌业务。他本周的收尾业务是加利福尼亚州某总经销商的 23 英尺办公桌，价值 18055 美元。之后，我跟他握了握手。他拿下了价值 108971 美元的业务，第一次突破了月销售目标。尼克屈居第二，拿下 93832 美元。我的 17558 美元只能垫底。我深深地松了一口气。我终于不用再担心丹不称职了。

9 月份的新订单总金额是 220361 美元，截至目前的年度订单总金额达到 1431583 美元。假如每月实现月销售目标，原本能拿到 180 万美元的订单，我至少能再增加 25 万美元现金。

假设总归是假设，我终究要醒来面对现实：工资；信用卡账单再偿还 2 万美元；供应商货款。上周的支出金额比进账多了 28382 美元，使得 9 月份的期末余额（76019 美元）十分接近月初余额（76626 美元）。

在星期五与威尔·克里格进行的第二次会议上，我们回顾了当月的生产和发运总额。两个数据都还可以：生产总额是 195262 美元，发运总额是 221612 美元。我把整个月的支出金额控制在了 154674 美元，所以账面利润是 66938 美元。这证明了标准会计金额与真正重要的现金存在脱节。威尔对会计方面一无所知，但他对这种看待运营的新方式很感兴趣。"如果发运金额多于支出金额，我们就挣钱？"差不多，只不过还要考虑其他因素，比如设备折旧。我解释说，从短期来看，现金流不会与利润和损失直接相关，但如果发运金额持续多于支出金额，现金储量最终会增长。这可能需要一段时间，但肯定会发生。我信心大增。我以前从来没有过连胜的体验，而且总是因现金不足而被动不堪。

第 10 章

10 月：最佳帮手

2012 年 10 月 1 日，星期一

$76019.18

− $61135.14

$1431583.00

在星期一例会上，我谈论销售的语气很积极，解释现金状况的时候比较谨慎。我说明了军方业务的支付条款：换作普通买家，我们的现金会增加 3.2 万美元。我强调现在还有 8 周的工作量，必须赶紧全部做完，绝不能出错。大家的情绪是否有好转？大多数是有好转的。史蒂夫一如往常地阴沉着脸。我希望他能在听到好消息后忘记过去，振作起来。

这一周还有很多值得庆祝的事情。星期一下午，尼克从某个国防承包商那里拿到一个订单。两周前，他卖给他们一套价值 13670 美元的书柜，现在他们想把整个房间都装饰一下，于是又下了 77690 美元的订单。我们当天就从他们的信用卡上扣除了 50% 的定金。

到了星期二，尼克拿下一个金额较小的订单，价值 7460 美元。到了星期三，他实现了本周"三连胜"：某个为大型零售商供货的公司下了 19684 美元的订单。丹也拿下一个超大订单。那是当地一家医药公司的董事会会议办公桌，价值 66932 美元，他自 2 月就开始跟这个单了。

仅仅三天，销售总额 171766 美元！尼克的订单都支付了定金，我们还收到了一些发运前付款和尾款，这周的现金增加了 100056 美元，支出只有 34706 美元。自从 3 月份以来，我手里的现金第一次在一周结束之后超过了年初初始现金。

在星期五的会议上，我和威尔主要讨论如何完成这么多业务。我说有个现成的潜在帮工。克里斯蒂安·谢尔德按照我的要求发来了他的简历，我上周面试过他，在面试过程中，他说话含糊不清，出了许多汗，基本不和我对视，连问题都差点答不上来。但我对他印象不错，这都是木匠的常见表现。威尔说他值得一试。威尔走后，我打电话给克里斯蒂安，他说下周开始上班。

接下来的星期一全是好消息：大额订单，现金增加。我们的待完成工作量排了 10 周。我最后介绍了克里斯蒂安·谢尔德，他向大家挥挥手，但没有说话。

回到销售办公室，我们一致认为有些业务可能会到手，但这周更可能比较低迷。我们想错了。截至星期五，我们又拿下 75625 美元。我以一个价值 47816 美元的大订单获得本周销售冠军。第二天，我又拿下一个 561 美元的数据接口订单。丹在星期四拿下 11365 美元，尼克以星期五上午的 15883 美元大订单为本周的销售活动完美收官。这个月才过去两周，销售总额已经达到 247391 美元。

星期五那天，正当我为这一连串好事洋洋得意的时候，鲍勃·富特敲门进来。"呃，你有时间吗？信用卡刚被拒了。"鲍勃负责订购包装办公桌的厚纸板，我们通常每次购买 1 千张。

我登录账户，看到 7 万美元限额已经用掉了 67097 美元。我盘算着要不要全额偿付。我手头有 124087 美元，过去两周拿下的非军方订单定金还没到，偿付信用卡账单之后我就只剩下 56989 美元。我决定先偿付 2.5 万美元，寄希望于很快就能拿到更多现金。这一周结束时剩下 97042 美元，又回到了 1 月份的负值状态。还好，公司还能撑下去就行。

星期五下午，我告诉威尔，所有工人都要延长加班时间。"不只是你和戴夫。"我强调了一下。戴夫每周加班 15～20 小时，威尔比他少不了多少。"你们两个没办法独自支撑整个车间。通知其他人也加班加点，每人每周至少加班

5 小时。"

即使业务特别多的时候，我也很少要求工人加班。从我个人的车间经验来看，忙了一天之后特别累，就容易出现问题：着急结束切割，脑子里有个几不可闻的声音说可能出事，忽略这个声音，结果——我从来没被切掉手指，但曾经很悬了，待在急救室的时间远远多于拼命加班省下来的时间。

我吸取了自己的教训。我一直跟工人说，如果听到那个几不可闻的声音，立刻停下手里的活。这个办法似乎一直很管用，开业 26 年以来，公司从来没有出现过断肢的情况。现在我让威尔安排工人加快生产速度，但我不想让他给工人留下可以偷工减料的印象，不管是质量还是安全方面。

"你打算怎么通知工人加班？"威尔耸耸肩，说他会直接告诉他们需要加班。"你打算把他们聚到一起再通知？还是每次通知一个人？你打算具体怎么说？如果有人说不加班呢？"威尔显然没有想过如何传达这个信息。我继续说道："作为管理者，一定要在开口之前想清楚自己要说什么，否则站在一群人面前就会张口结舌，显得很愚蠢。把自己要说的话都写下来。我给你提两个建议，要么在星期一例会上讨论，要么在例会结束后把车间工人留下来开个小会，在车间里也行。你觉得哪一个更有效？"

他想了一会儿。"我不知道。在例会上宣布的话，所有员工都能听到。如果我在例会结束后宣布，那就只有车间工人知道，但这样就会显得不那么重要。他们已经干得很辛苦了。但话又说回来，如果不单单通过例会来说的话，可能会显得更紧要。"

"说得好。现在做出决定吧。"威尔提议两样都进行——我在例会上宣布加班，他再在车间小会上重复一遍，确保所有人明白这是强制性的。我喜欢这个想法，它比我自己想出来的还要好。

星期一的例会上，我着重提到了销售情况以及现金余额与之不匹配的原因：定金未付和军方订单。之后，我宣布要实行加班。大家一如往常地没什么明显反应。工人出门走向车间，威尔在那里等着他们。我在一旁看着，他们听他讲话比听我说话更认真。

剩下的时间里，我为两周前下了大订单的那家国防公司的首席执行官设计了一张办公桌。他们的生意一定很好吧。他们已经花了 91360 美元，现在老板又准备花出去大约 3.5 万美元。在设计办公桌的同时，我收到三张总价值 27213 美元的支票。

第二天早上，我到车间转了一圈。我擦了擦眼睛，仔细看了一下：5 月份后就没再来的杰西竟然在扫锯末。我找到鲍勃·富特，问他杰西从哪儿跑来的。他盯着我，然后反问道："这不是你安排的？"我把威尔喊过来，说道："杰西来了。"他用一副"还用你说，大侦探"的表情看着我。我说明了情况："我没有打电话给辛巴，他是不请自到。你想留着他吗？"威尔想了一下，然后说杰西来了之后，克里斯蒂安·谢尔德就能集中注意力学习制作底座了。

我打电话给辛巴："杰西今天早上来上班了，是你叫他来的吗？"他说没有，不过他很高兴重新开始我们之前的合作。我出去找到杰西，他对我咧嘴笑笑，伸手和我握手。我握住他的手——跟抓着一块砖头一样坚硬。"杰西，你这段时间跑哪里去了？"他一直笑，并没有回答。不懂英语，只懂扫地。我松开他的手，回了办公室。这是好事啊，员工数量回到年初的时候了。

星期二那天，我查了一下谁还没有付款，第一个就是"品牌优势"。自从上个月收到他们的支票之后就再也没消息了。我又给他们发了一份发票。整个上午我都觉得自己忘了什么事，突然之间，我想到了，要给迪拜发样品！9 月份给希瓦发的那份计划书没有任何动静，但是样品是应该几周前就发出去的。这个业务肯定黄了。如果没黄的话，她肯定会催着我发样品，对吧？我给她发了一封邮件，询问她是否还需要样品。第二天我没有收到回复，后来也没再收到。

在星期五的会议上，威尔说他准备用大量时间培训非常有潜力的克里斯蒂安·谢尔德。我很高兴。威尔正是我多年以来所寻找的人：精力充沛、创造力十足的领班，喜欢与他人共事，想方设法让公司盈利。其他的工人都是优秀的工匠，但他们都没有威尔的这种额外的工作激情。这种激情从何而来？他的家庭收入中等，父亲在一家仓库上班，但克里格一家有着深厚的机械天赋传承。他父亲和祖父什么都能做：焊接、木工、电气、管工、汽车维修……威尔从小就给他们做帮手。

14 岁的时候，威尔得到了当地橱柜加工厂的第一份有报酬的工作。他的车间师傅慧眼识珠，鼓励威尔去读当地的史蒂文斯职业学校。毕业后，威尔到当地一家锯木厂上班，之后又转到了一家橱柜加工厂。有一天，那家加工厂破产，威尔只能重新找工作，然后恰好看到了我的招聘启事。

威尔的背景——教育程度中等，读的中等层次的学校，从一份烂工作转向另一份不错的工作——是我手下工人的典范。有几个工人根本没读过大学，我怀疑戴夫·福华里连高中都没毕业。这没什么，我不看重文凭，关键是人怎么样。这些工人脑子好使，能把工作做得很棒。

看着威尔，我就看到了阶级差异。他聪明而有能力，农村出身又选择木工作为职业，所处的阶层很少有人发家致富，大多数甚至难以养家糊口。如果生在我这样的家庭，读一所像样的学校，他会有怎样的未来？也许他会凭借好大学的资历走向高级管理层。他会像我儿子彼得一样，充满自主探索精神。彼得自学了编写程序代码，而没有选择靠自己的双手做苦工谋生。本地学校为他提供了坚实的数学与写作教育基础，跟他自学的技能相辅相成，而且他还没读大学就直接得到了一份待遇丰厚的工作。假如彼得更感兴趣的是修理汽车而非计算机软件呢？如果他在修理铺拿着工人工资呢？他会被同学称为成功人士，还是当作浪费天资的反面教材呢？

我的同学恐怕也是这么看待我的吧。我在毕业后跳出了职业发展轨道，靠自己的双手谋生，一辈子都在奋力维持公司经营，从来没挣多少钱，也再没有拿到更高等的学位。我没有得到同行的认可——木工没有职业组织。现在的经济环境促使加工业转向劳动力最为廉价的国家，而我则深受其害。

我之所以能生存下来，在某种程度上是因为我的思维能力，而不是因为我的动手能力。我读过常春藤联盟校，我的设计水平和市场营销天赋以及开设的公司（虽然问题重重）都在发展进步，而且结出了像样的果实。如果销售问题真正得到解决，接下来的挑战就是弄明白如何在生存的基础上更进一步。我要提高自己作为商业人士的能力。为了让我自己和工人的日子过得更好，我必须从销售事务中脱身而出，跳出不间断的运营管理，否则我将没有时间或精力去采取措施，走向成功。

为此，丹和尼克必须成功。在这个基础上，我们要改变车间的运营方式。威尔似乎就是驱动这一变革的最佳人选。今天我看到了 18 年来从没见到过的事情：车间领班愿意花时间培训新人。

在星期一例会上，我汇报了当月销售数据：261371 美元。现金储量也很坚挺，定金收入扭转了上周的颓势：进账 78732 美元，支出 24310 美元，现金余额现在是 151104 美元。

第二天早上，我查看了工资单上的加班时间。工人加班工资是平常时薪的 1.5 倍，我觉得这是只赚不赔的方式。假设把他们前 40 小时的固定工资计算在内，由于无需支出普通费用，他们的加班工资几乎便宜了 25%。如果工人在加班时间保持生产力，那么加班时间越长，对公司的益处就越大。然而加班要求却产生了不同的结果。威尔·克里格和戴夫·福华里像往常一样加了很多班，问题出在其他人身上。克里斯蒂安加班 14 小时，值得表扬。罗恩加班 9.5 小时。鲍勃在第一周加班 3.5 小时，但第二周的正常工作时间还不够 40 小时。肖恩只加了 1 个小时的班，史蒂夫·马图林未加班。我感到困惑，谁不想多挣钱啊？

到了星期五，威尔和我讨论了这个情况。他已经找那些加班少的人谈过话，听了各种版本的借口。有些工人似乎挣够能支付账单的钱就不想在车间里多待一分钟。我们该怎么办？已经说明这是强制性的，但我们没有制度规定不加班会有怎样的后果。我可以制定一项制度，但应该怎么规定呢？就说不遵守就解雇？解雇一个员工可以起到杀鸡儆猴的效果，但解雇一个手艺好、难以找人替补的员工无益于提高短期生产能力。这是找不到明确的最佳解决办法的情况之一，我们决定暂时置之不理。

星期五下午，员工都走了之后，我盯着自己的现金数据表。过去一周又拿下了 98157 美元的业务，其中一部分客户支付了定金，发运前付款和已完成业务的尾款也在陆续涌入。本周进账 81852 美元。星期二那天发工资的时候，我很想也给自己签一张支票。我现在全靠公司欠我的钱的 3225 美元月息过日子，用这笔钱付完房贷之后，南希和我的其他支出就显得捉襟见肘：不买新衣服，不出去旅游，大部分时间都只吃通心面和芝士。彼得明年秋季就要读大学，我却没有钱支付学费。或许他会攒下一部分工资，或许我能拿到一些财务资助，但我不想做任何假设。

在给自己开工资之前，我想还清信用卡账单。剩下的 42097 美元欠款在星期六到期，而我刚刚支付了大笔工资和一堆供应商账单。81274 美元，再见了！这比今年里任何一周的支出金额都要高，我手里的现金只比年初多了 578 美元，不过还清信用卡欠款让我深深地松了一口气。

在本月的最后一天，我们又拿下 3 个订单，月销售总额达到 396697 美元。10 月份真是大丰收啊！

第 11 章

11 月：经营委员会

2012 年 11 月 1 日，星期四

$150716.50

+$13562.18

$1828279.00

11 月份的订单也会蜂拥而至吗？在过去的三年里，10 月的销售业绩总是高于 9 月，11 月又会再降下来，可是我大幅度调整了销售流程，今年应该会有不同的结果吧。

上个月的销售业绩固然喜人，现金储量却不像我预期的那样坚挺。10 月的信用卡还款从我的运营资金里抽掉了 67097 美元，年度现金净额虽是正值，下周支付工资、房租和大量供应商货款之后，就又跌回了负值区域。好消息是如果我们完成现有的全部业务，就可以拿到 249349 美元，这可比 6 月份低谷期的 50751 美元多太多了。

预期现金收入之所以上扬，原因在于我们接了 6 笔总价值 117644 美元的交付后 30 日结清的业务，其中 4 个是军方和大银行的，1 个是休斯敦会计事务所的，最后 1 个是亚利桑那州一家小型电子产品公司的。我知道如果交付的产品质量过关，军方和银行（熟客）肯定会按时付款。剩下两个客户不一定，但冒险总比无事可做好。

在录入 10 月份销售数据的时候，我一边看一边思考先做哪些业务。按照订单顺序生产肯定是最简单的办法，但每个买家对周期都有不同要求，有些想尽快收货，有些要求赶紧做完，结果我们做完的时候，他们还没准备好。许多订购办公桌的客户要么是翻新办公区，要么是要新建办公区，如果办公桌送到没收拾好的房间，难免会被当作工作台或脚手架，从而遭到损坏。完工的办公桌放我们这里毫无问题，问题是许多客户收不到货就不结清尾款。

不涉及建筑工程的客户可以在我们生产完毕之后就接收办公桌，那么把这些业务排在前面就比较合理，而且有时候我们的确是这么做的。但是车间工人讨厌中断手里的活再干别的，这会打乱他们设定好的生产顺序，导致更多失误。

过去十年来，安迪·斯塔尔和史蒂夫·马图林负责安排每日工作进度。两人早早来到车间，大概在早上 5 点半到 6 点之间，我估计他们会先看一遍进度安排，但我其实并不知道他们怎么安排的。这是我多年来忙得没有时间去解决的另一个问题。我决定在和威尔开会时提一下："你们如何决定每天做哪些业务？"

他说他每天早上去安迪的办公室看看哪些图纸做好了，跟安迪复核之后再拿到车间。他会核对所需的材料是否到位，很多时候材料并没有备好，要么是因为安迪没有采购，要么还在运输途中，要么就是被用于修正前一个业务的失误。如果材料缺失，他会回去找安迪，弄明白怎么回事，再让安迪多采购些。如果所有材料都已到位，他会用计算机数控车床切割出所需的部件，摆在手推车上，拉给他吩咐制作办公桌的人。我问威尔为什么是他在操作计算机数控车床，这一直是史蒂夫·马图林的活。

"我以前没操作过计算机数控车床，我想学会，再说万一坏掉的话，我肯定得在现场。安迪写的代码里有很多程序错误。"这些理由都很充分，而且指出了设计能力问题。我真的要再找一个人去操作计算机数控车床，但是没有合适的人选。这个工作跟手工活差别太大了，即便有合适人选，安迪也得花大量时间去做培训，我们的进度将进一步拖慢。我告诉威尔："安迪已经满负荷了，再压一根稻草，估计他会彻底崩溃。在聘用他之前，我自己做了 11 年，简直能把人逼疯。所以短期内没有解决办法，你有办法分担一下吗？"

我原希望他能把史蒂夫调回来操作计算机数控车床，腾出时间预检图纸和管理物料。从我的立场来看，这是最好的办法。但我的想法就对吗？我开始觉得每天在车间里走一趟并不足以了解其错综复杂的环境。威尔考虑了一会儿。"我不知道现在能采取什么措施。我还在学计算机数控车床操作，这个暂时不想中断。我会加强物料管理，但要是整天盯着物料，我就没时间管别的了。工人需要东西就去拿，物料又放得满车间都是，我跑去登记管理的话，就没办法操作计算机数控车床。"

"那你为什么不让史蒂夫·马图林操作？"

"他不待见那玩意，而且他制作桌面的手艺最好，比谁都快，让他去操作计算机数控车床，出的活就会变少，他会更不开心。"

"你是因为这个才加那么多班吗？"威尔说是的，他工作日和周末加班就是为了做好所有工作，而且既能拿加班费，又能学新东西，何乐而不为。

我们两个都心知有更好的办法去管理车间，可是公司没有解决问题所需的额外资源——资金或人力，唯一的办法就是在继续生产的同时进行适度调整。

回到最初的业务安排问题上，我告诉威尔，我们应当先做那些没有定金的业务。趁着手头还有资金，把它们先做完，运出去。如果能在 11 月份全部完成的话，就能在年底之前拿到余款，圣诞节奖金就有了着落。我也想往自己家里拿点钱，只是没说出口罢了。

11 月 5 日星期一，我公布了上周的销售情况和现金余额。我们拿下了 38093 美元的订单，但 11 月份到手的现金只有 924 美元。本周初始余额是 154463.95 美元，可这一周的支出肯定很多。例会结束后，我去了车间。我知道每一样机器和工具的功能，每一个项目、每一种木材都能如数家珍，也很清楚资金如何运作，这些还不够吗？在这行摸爬滚打这么多年，学了这么多本事，怎么还没有全面掌握？大家都辛勤努力，却总是磕磕绊绊。为什么？怎么才能掌控我们的流程？

我想我看出问题所在了。产品链的各个环节——销售、设计、生产、喷漆、运输——互不连通，拿到业务之后，各环节做完自己该做的就传给了下一个环节。史蒂夫·马图林，这位英勇而孤傲的工匠，就喜欢这种运营方式。威尔·克里格也在往这条路上走。即便他和我有沟通交流，车间却仍旧按原有的方式运行。威尔花了大量时间去管理产品链的所有环节，但他被计算机数控车床缠得脱不开身。即便他比史蒂夫更会做领班，也独木难支啊。车间那么大，工作那么复杂，工人那么多，做事的方法那么多样，有用的信息不会从一个人传达给另一个人，而是要先传达给威尔，这还是在工人们有意愿分享自己的想法和怨言前提下。他们都是史蒂夫·马图林带出来的，而史蒂夫不鼓励创新或沟通。尼克曾告诉我，在工作台做工那会儿，他曾想出许多改善工作的好主意，可讲给史蒂夫听之后，一次都没有得到赞许。最后，他再也不提意见，只按自己的方式做事，也不管别人怎么做。他自己的速度上去了，质量也提高了，可他的同事们呢，原本可以得益于更好的技术，却只能摸着石头过河，经常栽跟头。

我该如何鼓励创新和沟通呢？说些鼓舞人心的话？或者下死命令？把我的新想法讲给威尔·克里格，让他去做决定，这样能实现吗？我觉得这恐怕不行。可不可以在星期一例会之外定期召开会议，所有人都参与讨论运营问题？但这会占用大量的生产时间。所有人都必须参与才能发挥会议的最大效用吗？也许可以找一小组人，起到四两拨千斤的效果。

正当我苦思冥想时，埃玛带着邮件打断了我。那是独立蓝十字架保险公司寄来的大信封，一年一度的医疗保险续期日到了。公司规模小，用不上专门的人力资源部门，所以由我负责这个任务和其他的所有人力资源工作。

医生、医院和医疗保险公司一定觉得我这样的雇主的钱好挣，作为老板，斟酌每一种方案、理解保险政策太浪费时间，大部分会放弃挣扎，从而选择第一种方案。在 2005 年，向健康维护组织（HMO）为一名员工投保的成本是每月 206 美元，四口之家的保险费则为 606 美元。5 年后，也就是 2010 年，这些保险费用翻了一倍还多——单个员工的保险费达到 425 美元，家庭保险费上升到 1247 美元。鉴于保险费上涨，员工个人所缴纳的费用也逐年增加。现在，公司承担保险费用的 66%，员工需承担剩下的 34%。

为什么要给员工买保险呢？（我没有为员工投保的法定义务，不过这个政策可能会发生变化。）原因有两个：第一，我自己也要投保，以公司集体为单位投保，比以个人方式购买保险更划算。第二，我想让员工能长久安心地工作。通过津贴和福利，员工就能养家糊口，过上体面的生活，不再去想寻找更好的雇主。说我傻也没关系，我只不过想让他们成功发达，我很乐意助他们一臂之力。

然而，到了真正要选择保险方案的时候，我就不那么开心了。我又看了一眼独立蓝十字架保险公司寄来的东西，不耐烦地扔到了一边。这些东西毫无用处，没有把所有可选择的方案都列出来，更没有定价之类的描述。"打给你的经纪人！"是其反复强调的内容。

结果，我的经纪人在下午给我发了一封邮件。那是一张数据表，内容是本年度保险价格、续期步骤以及49种不同的保险方案。49种方案！感觉就像往无底洞里窥视。数据表上的某个标签详细描述我当前的保险方案，另有37项固定费用和共同费用①选项。每一个方案都是类似的体系。如果我打算在这家公司投保，就需要对比1813条信息，这还只是独立蓝十字架保险公司一家公司。我没时间去做这些。

我放弃了寻找更好的保险方案，投了和去年一样的。做出这个决定之后，真正的工作就开始了。独立蓝十字架保险公司不仅要知道可能投保的员工的姓名和地址，还要全名、社保账号以及所有家属的出生日期。他们已经掌握了其中一些信息，但我要复核一次，确保准确无误，然后再跟每位员工确认信息没有发生变更。这要做一整天单调的文书工作，然后还得在下次例会上向员工解释我的选择理由，发放签名表。

星期四，惊喜来袭：欧式家具发来一个价值10810美元的订单。丹在春季负责完所有的初步工作，然后就抛之脑后了。自从奈杰尔一帮人7月来共进午餐之后，他们就没了消息，而且自从6月中旬以来，双方就没再合作。其他客户开始下订单之后，我就没再管欧式家具了。

丹为这笔定金制作了发票。出于好奇，我把今年的欧式家具业务总值算了一下，结果只有47846美元。我对比了数据库中他们的业务耗时和获得报酬的工时，原来比预计工时多了100多小时。我为他们投入了很大心血，到目前为止却

---

① 固定费用是指每次就医、购买处方药等需要投保人自己支付的费用，保险合同上会明确规定。保险不同，固定费用也会不同。例如，固定费用为 $30，处方药的价格为 $40，则只需支付 $30。共同费用是投保人和保险公司共同承担医疗费用的金额，二者所承担的比例一般为 20/80 或 50/50。——译者注

得不偿失。

星期五下午，我查看了本周的数据。尽管今年销售流程发生了变化，11 月份仍然跟往年一样。我们只做成两笔交易，价值 18717 美元。进账现金更是糟糕，仅有 7661 美元，全是发运前付款和尾款。正如我所料，现金如洪水一样外泄，工资、房租和供应商货款共支出 66581 美元。本周现金减少了 41611 美元，又回到了年初的负值区间。

威尔和我在星期五查看数据之后，我问道："你多长时间召集所有工人开一次会？"他说偶尔会把加工工人叫到一起通知事情或者演示机器的正确使用方法。

"全车间的会议有过吗？包括加工工人和喷漆工在内的所有人。"从来没有。"那你怎么知道某个问题的最佳解决方法是什么？如何判断对加工工人有用的办法不会给喷漆间带来麻烦？或者运输方面？"他用提问的形式给了我一个回答："靠脑子想？"

我追问道："你确定这样能行？ 26 年来，我一直在思考各种事情，但是我觉得我的解决方法都来自幻想。我已经不知道到底是什么情况了。车间太大，大家都在角落里做自己手里的活。你们的工作方法我看不到，你也没有从我的立场去看待。这对于所有人都是成立的。你的解决方法可能正是我的问题之源。"

他表示赞同，于是我继续说道："你我之间的会议进展得很好。我希望扩大会议规模，着力于发现并解决生产问题。每个部门都要有人参加，从而提出对各个环节都有益的解决方法。这样做的好处是所有人都会同时听到，你不必在车间来回跑着解释你的要求。你觉得怎样？"

他思考了一会儿，然后问道："谁来参加会议？"

"我觉得不必车间所有人都参加，暂停生产的代价太高昂了。不过销售部、设计部、生产部、喷漆间和运输部都要有人参加，尼克、安迪、你、戴夫和鲍勃。我主持会议，推进议程。"威尔认为这个方法值得一试，我们商定下个星期四上午 11:30 召开。我决定称之为"运营委员会"。

星期一例会被用于处理医疗保险续期问题，之后我收到那家大型国防公司联络人让人心烦的邮件。他老板，也就是首席执行官，因为被发现与下属的桃色关系而被解雇了。这个消息上了《纽约时报》商业版块头条。

我对这个因私生活上了全国报纸的男人表示同情，但最担心的是失去这个业务。安迪还没有订购木材，我告诉他先等一等。

后来，联络人打电话确认这个业务取消了。我们聊了聊"接下来怎么办"，我指出这是一份已经生效的采购订单，并且已经展开了工作。他支支吾吾，我说取消可以，但是要赔偿我们付出的时间。我们商定，我留下 1.8 万美元定金中的 3915 美元，剩下的退回。

这个业务取消得不是时候。在拿到交付后 30 天付款的业务款项之前，现金将会短缺，11 月剩下的开支都要用手头现金和新业务的定金应付。唯一让人高兴的是信用卡账单。自从上个月付清之后，我们刷的金额不大，接下来的金额只有 5857.86 美元。如果没拿到新订单，月底的现金将跌到 4 万美元。此后，交付后 30 天付款的款项将会开始抵达，但这建立在没有发运延误和安装问题的前提下。

第二天早上，我登录国防部网站，看了看我们的发票状态。这个网站是为与军方做生意的公司设立的，有些下拉列表所描述的采购产品非常有趣，有固体燃油火箭推进器，也有海军巡逻艇，甚至还有西红柿。另外还有一个交付数量下拉菜单，少到几克，多到成筒乃至整火车皮。某个地方的低级军官收到了一火车皮的西红柿，就可以用这个系统确认货物准时到达且状况良好。30 天后，钱就会打到卖方的银行账户上。

我按照北美产业分类系统（NAICS）代码 337211 搜索了我们的业务：木质办公室家具。两个业务已经运到，但并未正式接收，所以我要让埃玛催他们完成书面文件。

星期三，丹拿下了科罗拉多州某天然气公司 19630 美元的订单。星期四上午，尼克从回头客那里拿下一个价值 32182 美元的大订单。这两位客户都答应寄送定金支票，下周即可拿到现金。

军方的最后两张办公桌组装完毕，即将装入板条箱。其中一张是亚利桑那州陆军基地的 U 形大办公桌，结合枫木和玻利维亚玫瑰木，特别华丽耀眼，U 形中心还镶嵌了一个大号的标志。另一张的客户是佛罗里达州某特种兵部队，木料选材中规中矩，但标志面板更胜一筹。U 形的两条延伸线上分别镶嵌了一个盾形面板，长约 3 英尺，宽约 2 英尺，阿帕奇长矛上趴着一只巨大的黑寡妇蜘蛛。工人们喜欢做这种活，军方的标志通常很酷，在新闻上听到客户的消息更是让人心情激动。奥萨马·本·拉登被击毙后，我曾设想过特别行动组聚在我们于 2010 年为他们生产的办公桌周围的场景。

我们在星期四召开了第一次运营委员会会议，各自代表一个生产环节的尼克、安迪、威尔、戴夫和鲍勃参加了会议。他们怀着些微忐忑的心情坐下来盯着我。今天不是星期一，而我们以前从未在其他时间召开会议。

我首先重述了上周跟威尔说过的话：所有人埋头干活那么多年，每个人像英勇而孤傲的工匠独自解决问题，没有发扬集体智慧，导致好想法无法上达管理层，也没有平台供大家讨论想法，判断其是否有益于所有人或会给车间的其他人带来麻烦，且没有办法确保好想法在一周、一个月或一年后仍在推行。这个委员会的目标就是解决上述所有问题。

我向他们讲述了委员会的作用机制：任何人都可以提出问题，任何人都可以提出解决方法，所有人都要思考这个解决方法是否会引发其他问题。委员会在每个星期四的上午 11:30 召开会议，会议持续时间不要求太长，如果所提出的问题不会影响生产链的其他环节，那么其他环节的人就可以离席回去工作。我以一个问题结束了讲解："谁先来？"

没人吭声，所有人都在等着别人先开口。接着，威尔·克里格说他注意到我们正在生产的数据接口盖板有问题。其他人明显松了一口气，这种技术性、有限定并且可以解决的问题是他们所能理解的。接下来的 45 分钟时间里，他们提出了各种方案，会议结束时，我们确定了大家一致认为行得通的解决方案。

公司没有白板或黑板，所以我在墙上钉了一大块硬纸板。会议结束时，我用 Sharpie 记号笔写了如下字句：

11 月 15 日，数据接口盖板：问题　解决　未解决

我告诉大家，每周讨论的问题都会写在硬纸板上。每次会议开始的时候先回

顾以前的问题，确定每一个问题的具体进展，判断是否正在持续得到解决或需要投入更多努力。我一直在思考如何记录工作内容，这个简单的办法似乎可以作为突破口。第二天，我问威尔对会议的看法。"很好，"他说道，"我觉得应该继续开下去。"

亨利在感恩节前的星期六回到家里。他将在家里待一周时间。星期一，他和员工们坐在一起，眼睛盯着甜甜圈，我则在汇报数据。上周的各个方面都很好。新订单金额为 52150 美元，其中一部分支付了定金。一周的支出也不多，仅有竞价推广信用卡账单和一些供应商账单。上周期末余额比期初余额多了 6561 美元，手头现金剩下 102105 美元。本周要支付的工资和其他几个账单以及国防公司的部分定金退款总计超过 7 万美元，如果没有现金进账，手头的资金将不足以维持一周的运营。

我很担心，但并没有像六七月份那样惊慌。所有的军方业务都已经发运，前三个已经安装完毕，没有任何问题，12 月中旬就可以收到付款。销售业绩也还可以，10 月份的订单还在排队。缩减开支，12 月份再卖出些产品，就没什么大问题了。

感恩节和圣诞节是接下来最让人头疼的节日。工人通常会在节前或节后休一天假，而今年的圣诞节恰逢星期四，30 个工作日要减去 6 天。更严重的是，运输也会放慢速度。卡车司机要跟家人团聚，送货会比平常耗费更长时间。我要确保所有业务在圣诞节之前装箱发运。

感恩节这一周的销售通常比较低迷，但今年十分反常。我们又拿下三个总值 38953 美元的订单，其中两个是丹的，总值 31048 美元，另外一个是尼克的。我照看亨利的时间多于上班时间，不过我会跑去公司收取寄来的支票。本周收入 27468 美元，支出 70674 美元，手头剩下 58899 美元现金，是 7 月以来的最低谷，并且比年初少了 78256 美元。如果现金余额能在年末回到 10 万美元，我就心满意足了。

我在下个星期一例会上向众人通报了数据。11 月还剩 5 个工作日，截至目前的当月销售总额是 110744 美元。本周拿下 9 万美元新订单的几率有多大？历史经验表明可能性很小，可是 10 月份有几周的销售额不止这个数目。我该乐观一点还是为最糟糕的情况做准备？我谨慎地假设本周不会再有新订单，但 12 月份肯定会有。本周的现金状况也不会太差：无需支付工资，信用卡账单、医疗保险和房租都已经付过了。即便本周没有销售业绩也能撑过，只是过了这周之后最好能有转圜。

星期一剩下的时间和星期二，我都在忙日常事务，不过总觉得心神不宁。星期三那天，我飞去旧金山见彼得。我住在姐姐家里，南希则留在家里照顾最小的儿子休，亨利回了学校。

星期四那天，我去了离工会广场几个街区的彼得的工作地点。这家公司的面积比我的小，而且挤满了人。彼得和同事挨着坐在一张长桌前，面前都放着一台大号显示器。剩下的空间里分布着几个小会议室、放满东西的厨房和摆着舒适沙发的休闲区。今天上午大约有 15 人上班，几个人对我笑笑，握了握手，但都很快把目光转回了屏幕上。

我让彼得给我展示一下他的工作内容。他的屏幕上有两列文本，都是计算机代码，对于我来说就是些乱码。右侧的文本与左侧对应，只是略有差异，比如字母或逗号，有时候是几行文本，不对应的都用不同颜色高亮显示。左侧的是现有代码，右侧的是彼得做出的更改。他长时间坐在椅子上，盯着这堆乱七八糟的东西，脑子里不断思索。

我问他：老板怎么判断谁做得好？他说，首先，好员工能够解决给定的问题。维持网站运营的代码就像一个持续发展的实体，加入新功能时，网站通常会更新，而当用户数量增加时，就要重新构建网站来应对上涨的访问量。这个过程很难把握。升级代码而不导致网站崩溃，就像在航行的过程中造船。出发的时候是一叶扁舟，进展顺利的话，最终能造出一艘航空母舰。

这种做法必然会产生问题。代码工程师尽量在代码上线之前进行测试，然而所有人面临巨大压力，无论代码是否完美，都要推动网站上线。如此一来，新的代码塞入现有代码，通常很少有人去记录，因而会跟已有代码产生奇怪的、不可预知的交互。

在我们公司，一旦办公桌被发运出去，就与我们的流程再没有任何交互。假如我们活在彼得的世界里，办公桌生产变更可能会导致以前生产的办公桌轰然倒塌或化作一堆火焰。另一方面，只要有网络，代码工程师可以在任何地方处理所有代码，我们所遇到的物流问题对于他们而言是不存在的。

彼得的公司以测试并投入新网站的代码数量衡量员工的生产力。他目前接近整个团队的最高点。他工作的时间特别长，有时候会在办公室连续待好几天。"每个人如何知道自己要做什么？老板怎么判断每个人的进度？"彼得解释说，老板定期跟每个员工会面，定期向所有人传达网站和公司的最新总体动态。这家公司的网站与许多创业公司一样没有任何收入。现金来源于投资者，他们期望得到业界巨擘——Face book、谷歌、苹果或亚马逊——的收购从而获得丰厚的回报。有些小投资者也在寻找需要资金的公司。

对于彼得来说，公司的梦想依然那么鲜活。现金不断注入这家新公司，用户数量在攀升，彼得和同事听说会有巨额年终奖，并且工龄满一年就能分得公司股份。

网站目前运转良好，彼得和我便四处观光旅游了几天。他似乎很高兴能从办公室脱身出来。他说他已经不锻炼了，生活里只剩下工作和睡觉。

在城里逛的时候，我们总会见到线条明快的白色通勤车。这就是著名的科技巴士，配备无线网络，提供食物，方便员工在旧金山和硅谷之间往返。其中一辆的侧面贴着谷歌的标志。后来，我查了一下这种车的价格：每辆大约50万美元。自从使用竞价推广以来，我向谷歌支付了627416美元，相当于为他们贡献了一辆巴士，外加一年的食物和驾驶员工资。

这让我想到去年的某件怪事。我在邮件里找到了一个小巧的硬纸盒，发件人地址是"加利福尼亚州山景城谷歌公司"。纸盒里是一个马克杯，杯子一侧带有"谷歌"的标志"Google"。没有说明语。这显然是谷歌想对稳定的客户表示感谢。那年我向谷歌支付的费用超过7.5万美元，结果就得到了一个价值2美元的马克杯。从那以后，我再也没有收到任何东西。没错，谷歌把网络搜索变得廉价便捷，将我通过其他办法结识不到的买家连通起来，但是酒店、赌场或餐馆会如何对待一个每天都花600美元的客户？想必任何一个都会用更好的方式取悦我。

我在星期四飞回费城。这一趟玩得很开心。彼得的软件工程师工作做得不错，至少做得很专业。他的私人生活比较差劲，没有时间去交朋友，而且旧金山不适合年纪太小的人去酒吧。不过他再三保证说自己过得很好，想一直待到明年秋季。

第 12 章

12 月：转型升级

日期：
2012 年 12 月 3 日，星期一

初始银行余额：
$66033.55

相对于年初现金差额（现金净额）：
– $71120.77

年初至今新合同金额：
$1917928.00

　　昨夜气温骤降，办公室里冰冷刺骨。车间里有天然气加热器供暖，迎风面的办公室总是更冷一点。寒冷的天气促使我缩短了星期一例会的时间。我先讲了 11 月份的销售业绩——仅有 121971 美元。我想多讲些好消息。11 月生产总值为 195699 美元，对于比往常少了 2 个工作日的月份来说已经很好了。发运总值更让人高兴，达到了 239579 美元。员工解散，我留下来反思没有说出口的事情。上个月的情况虽好，却没有带来利润。截至目前，年度生产总值达到 1834731 美元，发运总值达到 1851423 美元，支出 1906454 美元，无论是从现金流还是发生额的角度来衡量，我都亏本了。

　　个人业绩方面呢？丹在 11 月份拿下 71290 美元，位居第一；尼克只拿下 40087 美元，不过他的年度总额依然遥遥领先；我拿下 9670 美元，只能垫底。这是好事还是坏事？我不想做销售，近期也不太上心，暂且称之为好事吧。我决定忽略让人不满的销售总额。尽管采用了新销售方法，11 月仍旧重蹈了过去三年的覆辙。

星期二那天，我去鲍勃·瓦克斯那里听了第六次课。我们回顾了丹和尼克从7 月份以来的表现：大有提高。鲍勃提醒我目标远远没有达到，应该找人取代丹。我心知自己在圣诞节之前是不会解雇他的，那样太残忍了。我将在圣诞节后再仔细考虑一下。

我在星期六跟做生意不顺的朋友吃了一顿午饭。迈克·沃格尔与我在 2011年夏季相识，那时他刚刚辞职不久。他描述了自己的愿景：开一家集健身房、学校和木制品工作室为一体的公司。他要建一个设备精良的木工厂，以会员制形式招揽缺乏空间和工具的人，再提供木制品加工职业教育。我问他目前进展如何。"我租好了地方，需要改建一下。现在那里只是一个空空如也的库房。"选址不错，离满是潜在客户的富人区很近。

我问他打算什么时候开门营业。他说，运气好的话，一年就能把车间装配好。"时间有点长啊。你有多少钱？"迈克在华尔街工作了 10 年，生活很节俭，存了 20 万美元现金，家里的资产价值大约 10 万美元，还申请了 7 万美元的信用账户，他计划把这些全部用于建设以及运营，直至获得正向现金流。他签了 5 年的租赁合同，跟大多数商业租赁一样，需要他个人承担租赁期间的费用。他以自己的钱和房子为赌注，赌这个想法一定会成功。

我经常和迈克碰面，每次都会想起自己刚做生意那会儿的情景。最初的那几年，种种问题纠缠着我，现在用谷歌几秒钟就能解决，但其他方面我比较占优势。我不需要大额启动资金，5000 美元就够买一套简单的工具和支付前 6 个月的房租。南希当时做全职，工资够我们的日常开支。我也不需要先雇人再开业，我自己单枪匹马做了两年。再者，我只需向大家展示真我：公司规模非常小的经营者。在网络面世之前，我不用建设网站或通过社交媒体营销。人们知道，创业者就要有创业者的样子。

迈克在开门营业之前需要应对的问题比我多得多。在预期有所回报之前，他要建一家工厂，采购安装设备，招聘员工去与会员互动，招聘教师去教学。他还要设计课程，为会员和课程制定定价机制，制定包括网站、Facebook 主页和邮件等方式的营销策略。

去年 4 月开业那天又有了新的挑战。我原以为他可能招不来客户。会员制木工厂？这是什么东西？他要把这种新概念推介给一无所知的人们。迈克对此毫不担心，他更关注的是自己缺乏木工技能。他认为自身都不精通木工工艺，恐怕教不了员工。我安慰他，基本木工技能没那么困难，遇到任何技术问题，我都乐于提供帮助。

我们两个都没预料到最让他头疼的问题，这个问题自从开业那天就一直是我们谈话的中心：职员招聘。迈克没有领导经验，不知道该招聘多少员工。更严重的是，他需要技能熟练、能力出众的员工，然而他的商业模式给不了高工资。如此一来，他招来的都是些刚出职业学校大门、还没在别的地方找到稳定工作的年轻人。迈克雇了几个满腔热情的员工，但他们没有经验，拿着他那点微薄的薪水——基本时薪 12 美元——连糊口都难。我告诉他，这点工资得不到太多回报，员工肯定不会久留。结果证明我说得没错，他想留下的员工去了工资更高的地方，留下来的员工能力较差。一个名叫阿梅莉亚的员工特别忠诚可靠，但她经常犯一些愚蠢的错误，她负责网站、Facebook 页面维护，招待会员和收取款项，所以问题非常严重。

自打我认识他以来，他一直在抱怨阿梅莉亚。我曾建议他解雇阿梅莉亚，他不肯。他说无论怎样，只有阿梅莉亚了解她自己的系统，他不敢想象解雇阿梅莉亚再招聘新人这段时间该怎么度过，也不想在阿梅莉亚在职期间面试新人。

我觉得迈克不够成熟，压力在侵蚀他的身心。午饭时，他抱怨个不停。我说从很多方面来看，他已经做得很好了。我原本以为他连开门营业那一步都走不到，但他坚持到了那个值得庆祝的日子，而且目前为止没有破产。他总共花出去大约 22.5 万美元。他出人意料地签了不少会员，从 8 月份就有了正向现金流。真的，他应该为自己感到骄傲。他冒着巨大的风险，到现在都没有倒下，对于规模如此之小的公司而言，这就已经成功了。

他用一长串负面消息反驳我：他自己没拿工资，那 22.5 万美元的本钱是回不来了，更别提投资回报了。他真的厌倦了应对爱犯错的员工。我告诉他，虽然我从未遇到他这样的问题，但我理解他的感受。我们讨论了我给员工的工资范围。我确信自己支付的工资超出业界标准，因为没人辞职，但我毕竟招到并留住了能力出众的员工。我列出了与不同层次的工资相对应的能力期望：

最低工资（宾夕法尼亚州，7.25 美元 / 小时）：这个层次的员工我那儿一个都没有。这个工资对于无技能、年轻人或临时工可能行得通，但这不是我想要的。

10 美元 / 小时：起步工资。员工按时上班，工作速度稳定，但技术水平不高。能够正确完成简单的任务（比如清理垃圾、卸货），英语能力足够理解简单的指示。

12 美元 / 小时：如果 10 美元 / 小时的员工能学习一些技术，无需监督即可完成入门级工作，就可以提高工资。他们还需有效的驾驶证，必要时愿意加班（加班时间会按照宾夕法尼亚州相关法律支付工资）。能够理解深奥的英语口语。未受过培训但想提高技能的木工也从这个工资标准开始。由于此类工人需要管理者和同事付出较多精力，所以工资不能过高。他们必须立刻展现出良好的职业道德精神、求知精神，遵从领导的意愿，还要有木匠天赋。这种天赋并非人人都有，而且不是靠学就能获得的。

13.5 美元 / 小时：接受培训的工人会因其可靠、勤奋的品质以及技能提高而加薪。

15 美元 / 小时：从木工职业学校刚毕业的工人的起步工资。大多数培训课程所强调的技能在我的车间里派不上用场，我们很少用手动工具，设备也比学校里的复杂得多。这些新手员工仍需要大量的实践培训，我们还要判断他们是否有天赋和良好的职业道德。

18 美元 / 小时：既接受过职业教育，又具有一定的工作经验，或者其技能和职业道德获得前雇主的担保。我仍然要看这个人是否达到我们要求的速度和准确度，而我们的要求远远高于业界平均水平。

20 美元 / 小时：在我公司工作很长时间，了解工作流程，大部分任务都能完成，且不会出错。在员工能制作多种部件且不出错之前，会一直处于这个工资水平。这可能会持续一段时间——有些部件并不经常制作。此外，这个工资水平的员工不需要管理者经常指点。

25 美元 / 小时：掌握了其岗位的各个方面，能管理帮工，提出改善运营的想法。拥有同行工作经验的工人也拿这个标准的工资。

30 美元 / 小时：领班工资，完全掌握特定技能和业界其他技能。此类工人还应是精力充沛、富有创新精神的管理者，能够掌控所有车间活动，指导其他员工。他 / 她可以驱动程序创新，与我和其他办公室职员紧密合作。以我的经验来看，这个层次的工人会有大量加班时间。我支付加班工资，而不是通过提高基本工资来奖励这种行为。

以上就是我的工资等级制度。第一个等级的员工可靠；第二个等级的员工掌握足够应付日常生产的技能；第三个等级的员工掌握所有老式手工技能。我们是定制产品制造商，很多时候要做的东西机器也能做，但是需要投入大量时间去编程和进行机床操作，这时候大师级员工便可大展身手。他们可以参与进来，迅速做好棘手的部件，再转去做别的。

听完这些，迈克告诉我，他准备在元旦后把 3 个员工的工资提到 13 美元 / 小时。他不打算发放圣诞节奖金，也许他会带员工去吃顿晚餐，但这已经是他的能力极限了。

迈克走后，我开始思考要不要给工人们发圣诞节奖金。威尔·克里格和戴夫·福华里加了很多班，但他们已经拿到了加班工资。至于其他人，他们的加班时间都赶不上戴夫和威尔，也没有积极改善车间运营。丹和尼克不排斥新销售方法，但也没有深入思考探究。我知道谁最应该拿奖金：我。在销售不断下滑的危机出现时，是我竭尽全力拯救公司。我放下尊严，寻求帮助，然后反思了二十多年来的公司运营，发现运营缺陷。我做出了艰难的选择，应对其后果，而且自从 4 月以来就没再拿过工资。

圣诞节前的 11 个工作日很不寻常：什么坏事都没发生。威尔·克里格把车间管理得井井有条。机器没有出现故障，员工没有不合理行为，我们赶超了预计时间。丹和尼克拿下了价值 98388 美元的 6 个订单。现金大幅度增加：剩余的军方款项逐一结清，新客户付了定金，已完成的项目结清了尾款。两个新买家为了在年终之前把现金花出去，直接提前全额付款。从月初到圣诞节前夕，我们收入233170 美元，支出 150897 美元，净增长的 82273 美元使得我的现金余额超过了年初的初始余额。截至 24 日星期一，我的银行账户上共有 147111 美元。

星期一是圣诞节前夕，15 名员工共有 12 人到岗。在例会上，我说今年的销售业绩非常接近去年的总额。2011 年的新订单总额为 2138572 美元，而截至今天，我们的销售总额是 2066064 美元。我预计今年最后几天还会有订单，因为手持多余现金的老板们会急于花掉，从而减轻税负。

罗恩·戴德里克举手问道："还发奖金吗？公司有钱了，销售业绩也跟去年持平，去年你给我们发了一大笔年终奖，今年还会发吗？"

这个问题我一直在反复考虑。我吞了一下口水，给予答复："可能吧。我对现金量不是特别放心。虽然这月是正值，但今年大部分时间都是负值。奖金又很高昂。大家还记得去年拿了多少吗？"我那时候很慷慨，最低工资的工人总共拿到了 1.5 万美元，工资较高的每人拿了 4000 美元。

"我给了大家一个惊喜，发了 4.8 万美元奖金，这还不包括工资税，但当时的现金比现在多，所以我出得起。一年前有 28 万美元存款，现在只有当时的一半。"众人都绷着脸。"这样吧，下周一元旦前夕是今年最后一次工资日，我到那时候再根据现金量做出决定。不过我要事先声明，今年肯定不会像去年那样。我是真的没钱。"大家都是一脸不乐意，我有点反感。就算公司不景气，一整年的工资也按时支付，一分不少。在经历了如此艰难的一年后，他们还想拿奖金，我感到生气。我很想指着那些甜甜圈，告诉他们："伙计们，这就是你们的奖金。"但我忍住了。我结束了会议，回到自己的办公室。

圣诞节之后的那一天，我在上午 9 点来到公司。2013 年即将到来，我想多掌握一点客户的数据。我决定按照客户类型看一下询价数量和销售状况。客户类型不是指他们在怎样的公司上班，而是老板级、老板助理、大公司买家以及我找出并列入 FileMaker 的其他十几个类型。我怀疑"低层次助理"这一类型从来没有做成交易。我证明不了，但明年就会有确切的结果。

星期四那天，我们接到一通电话。惊喜，是"品牌优势"首席执行官马克·琼斯打来的。他们公司还欠我 7448 美元，他这是要付款了吗？

"保罗，我是真的很想付款给你，但恐怕是不行了。我们准备在元旦之后停止业务。弄到这种地步，我实在抱歉。我通知你一下，免得你一直等。"

我心不在焉地感谢他为我考虑，他借机解释"品牌优势"怎么陷入了僵局。他在广告业做了许多年，成为体育赛事品牌推广专家，然后觉得自己能挣到大钱，就自立了门户。他在 4 月份开始营业，说服一些客户在秋季赞助了一系列活动。各种麻烦事接连找上门，他的客户都没有续签合同，有些还没付款。他准备关门大吉，回去给别人打工。

我对他表示了同情，祝他好运，然后挂断了电话。也许他是在撒谎，想赖账，也许他根本不是当老板的料，也许他只是运气不好。跟迈克·沃格尔一样，他的商业模式从一开始就需要万事俱备。

星期五那天，威尔和我召开了今年的最后一次会议。说起当时并不觉得好笑的事情，我们都乐个不停；之后我问他有没有什么新年愿望。他说："我想让公司向生产线模式转型。每个人都只忙着做自己的办公桌，就会一团糟。总有些工人需要同时使用某台机器，而所有机械都需要校正。工人整天在车间里走来走去，浪费了大量时间。我想把这一切都安排妥当。"

我斟酌了一会儿，对他说年纪较大的员工肯定不太情愿。英勇而孤傲的工匠精神已经根深蒂固了，我不知道他们会不会容忍这种变革。我们商定先试一试，看看能不能行得通，不过都要等到明年了。

12 月 31 日星期一，元旦前夕，所有人都来了，我估计是想听听我对于奖金的决定吧。我向他们通报了各种数据。丹在最后一周拿下了价值 35749 美元的 2 个订单，12 月份的销售总额由此上升至 184333 美元，年度销售总额则达到 2102261 美元。上周还收入了一些现金——整个月的现金流都是正向的。我的银行余额为 217427 美元，因此，每个人会在工资之外再拿到 500 美元奖金。这个消息引得大家露出了一些笑脸，然而他们都记得去年的奖金比今年多得多。可惜的是，我拿不了奖金，我要给 2013 年多预留一些现金。

走之前，我和他们握了握手，感谢他们一年的辛勤工作。我尤其感谢戴夫·福华里，他总共加班 360 个小时，还有威尔·克里格，他临危受命，业绩突出。我感谢安迪·斯塔尔，他总与车间工作步调一致；祝贺丹和尼克超过了 2011 年的销售总额；谢谢埃玛帮我安排中东之旅以及保持办公室正常运转；感谢鲍勃·富特持续把产品运送出去，同时还负责管理帮工；感谢罗恩·戴德里克，他技术精湛，态度让人欣喜；感谢肖恩·斯洛温斯基、泰勒·鲍威尔和克里斯蒂安·谢尔德辛勤工作，做出了好业绩。我打起精神，走到史蒂夫·马图林抽烟的车间角落。"谢谢你，史蒂夫。感谢你的辛勤付出。"他握了我的手，但像往常一样一个字也没说，只是点了点头。

回家的路上，我思考着那些悬而未决的问题。史蒂夫·马图林现在一直阴沉着脸，但他的工作一如既往地无可挑剔。经过鲍勃·瓦克斯的培训，丹的业绩提高了，但他仍然时常达不到我的预期。他今年的销售总额是 647056 美元，尼克则拿下了 1034273 美元，我的只有 420932 美元。我不知道自己能不能从销售事务中脱身，也不知道明年不换销售员能不能实现 240 万美元的目标。

自从 9 月份发出最后一份计划书之后，迪拜再无音讯，不过我们发运了欧式家具 11 月份的订单，也拿到了付款。我觉得威尔细化车间分工、进行流水线式生产的构思比开拓海外市场更有潜力。如果车间一直能有订单做，就什么都不用怕。

我将会带着 178948 美元的运营资金进入 2013 年，这比 2012 年年初多了41794 美元。星期二回到办公室的时候，我将把销售数据和生产数据设定为零，开启公司的第 27 年。接下来的一年又会发生什么呢？

写下这些文字的时候，我开始了第 29 年的老板生涯。这些年来，各种挑战层出不穷，我忙得不可开交。但除了 2012 年，这些年都没什么可以言说的故事线。那么这个变故繁多的年份与其他年份有何共同之处？它们的共同之处在于：我永远无法预知第二天会怎样。我现在也做不到。这正是我在整本书里所要表达的思想：小公司运营本身充满了不可预知性。日常事务与随机事件交互的方式不可预知，在信息不完整时仍要做出重大抉择。最为重要的是，我要随机应变，做好应对任何挑战的准备。这是一件令人着魔的事情。估计等到事业取得成功，公司发展到需要雇人做所有日常工作的时候，我可能会感到无聊吧。不过我还没有到那个地步，我依旧每天去办公室上班，跟尼克和丹（现在厉害得很）打招呼，在车间转一转，看看情况如何。这是多么好的体验。尽管经济大潮扑面而来，我的小公司仍在运转，仍然在为开心幸福的客户提供高质量的产品。

我曾在引言里说过，我不会对读者说教。现在你明白其中的缘由了吧。我相信，拥有丰富的金融界、管理界或法务经验的你们，肯定会为我犯下的那些错误唏嘘不已。没关系，我相信有一项经验一定对你们有用：寻求帮助。找那些了解你、了解你的事务、愿意经常为你排忧解难的人。建议大家多找一些导师，免得你偏爱的建议来源出现错误。管理公司是一种非常孤独的体验。我敢保证，谁的问题都不是独一无二的，同行会乐意把他们的经验分享给你。

在向《纽约时报》投稿的这些年里，我与数百位读者通过邮件交流了想法。这种方式非常好，我特别怀念那种思维交流。如果你觉得我的建议能帮得上忙，请写信给我，邮箱是 paul.c.downs@gmail.com，我会尽力提供帮助。

最后，谢谢你倾听我的故事。

2015 年 2 月

BOSS LIFE 致 谢
Surviving My Own Small Business

2009年12月，我觉得自己的公司要倒闭了。我在网络上搜索如何应对公司倒闭，却没找到任何有用的信息。我写信给时任《纽约时报》编辑的洛伦·费尔德曼，主动请求记录自己的经验。他邀我为《纽约时报》投稿，开启了我的写作生涯。感谢他的指导、支持和友谊。

如果没有我的经纪人保罗·卢卡斯的鼓励，这本书就不会有面世的机会。2012年9月，他问我有没有考虑过写一本书。我说没有，不过可以试一试。我估计他所期待的故事并非你们刚刚读到的那种，然而他耐心地帮我完成了初稿，在我心里，他是出版界的佼佼者。

如果没有父亲安东尼·唐斯和哥哥托尼·唐斯多年如一日的支持，我的公司肯定挺不过头几年。

还要感谢我的妻子南希·碧·米勒和我的孩子们——休、亨利和彼得，即便我把我们的私人生活和财务状况公之于众，他们依然坚定地支持我、陪伴我。